陳劭芝，千高原
——著

U0068674

八大
創新理論

**一本專屬沒創意人士的
創新工具書**

- 模仿法
- 5W2H 法
- 組合法
- 換元法
- 移植法

創新是把設想變成真實的過程，
也是人類偉大而獨有的特質

右腦開發術、培養直覺思維、逆向思考法、
突破思維的慣性、腦力激盪法、八大創新工具

目錄

目錄

第十二章　團體創新

第十三章　天才的 8 個創新工具

第十四章　創新能力自我測試

目錄

第一章

創新無處不在

希望是隱藏在群山後的星星，探索是人生道路上執著的旅人。

—— 布拉赫（Brahe）

說到創新，我們立即會想起牛頓，想起愛因斯坦，彷彿創新就是他們這些人的專利似的。

其實不然。創新無所不在，在我們生活的每一個角落都存在著創新。人類學會了駕馭馬匹以代替步行，當他們覺得馬車仍不夠快時，他們就幻想著能夠像鳥一樣自由的飛，於是就有了汽車，有了飛機。人類也在不斷創新中得到飛速的發展。

今天的世界與昨天不同

◆ 世界是變化的

維琴尼亞·薩提爾（Virginia Satir）曾經說過：「當一個小孩子可以控制自己的大小便的時候，尿布已經不再是必需品，反而是一種累贅。」

在美伊戰爭時期，我們在電視機前看到美軍的導彈從地面、戰艦、潛艇內發射，幾乎全都準確命中目標，即使在距離目標數百甚至數千公里外發射，命中率依然高得驚人。現代化的戰爭就好像觀賞電子遊戲一樣，十分精彩，但相當可怕。

導彈的命中率之所以如此高，是因為引入了先進的自動導航技術，原理是首先設定準確的目標，計劃導彈的航程，輸入航程中的資料，包括地形、山勢和氣象變化等，一切就緒，便可以發射。但發射後的導彈絕非一成不變的依照原定的指示和資料航行，相反，它會不斷的向前發出訊號，接收回饋，分析資料，然後又不斷修正軌道，直到命中目標為止。

當確定目標之後，導彈完全是處於「變化」的狀態，不斷發出訊號、

蒐集資料、不斷變更修訂，然後建立新的平衡點，除了原定目標之外，是絕對不會有所謂的「絕對正確」的狀態。

人生也是處於「變化」的狀態，像導彈一樣，我們是在不斷改變的過程中尋找新的平衡點。改變必定會引起一些時間的不平衡，混亂和不安，這是再自然不過的事情。在改變的過程中，除了原則和目標之外，也是沒有所謂的「絕對正確」的東西。一些以往是必要的事物和概念，經過不斷改變和修正之後，可能會像尿布一樣，從必需品變成累贅，這也是再自然不過的事情。

正如薩提爾女士所言，改變是個人成長的必經歷程，一些人千辛萬苦在尋覓自己心目中那「絕對正確」的事物，找尋到之後，就希望永遠保持在這個標準的正確狀態當中，他們往往會把生命的大部分精力和時間耗費在尋覓和維持這個狀態，到頭來只是埋怨時運不濟，一生都不快樂。

世上唯一不變的，是「變化」本身。

◆ 科學的發展軌跡

在哥白尼的天文學革命之前，世界上幾乎所有人都相信地球是平的，地球是宇宙的中心，太陽月亮都是圍繞著地球轉動，持這些錯誤論點的人絕對不只是凡夫俗子，連智慧非凡的思想家亞里斯多德也對此深信不疑，他甚至推斷，世界的南極應該是一個極大的秤錘，平衡著地心，否則大地就會搖擺不定。

➤「為什麼以前的人是那麼愚昧，竟然毫不懷疑的相信這些錯誤的觀念？為什麼這種錯誤竟然可以支配了這個世界那麼長的時間？」

➤「為什麼智慧超群的人也一再的犯那麼低階的錯誤？」

➤「如果我身在其中，會不會同樣犯錯？」

　　以上是美國青年科學歷史學者湯瑪斯・孔恩（Thomas Samuel Kuhn）的思考。

　　一般人都相信，知識的發展是漸進累積的，是一件一件的添加上去，堆積發展成為一座知識的大山，是一個延續不斷的過程。但據觀察顯示：科學的發展在一個穩定的狀態下，會突然出現反常和危機，然後爆發革命，接著新的模式出現並完全取代舊的模式，科學甚至人類的發展都是由不同的模式交替而成的。發展的軌跡是這樣的：

➤ **常規狀態**：一種規範、一種價值觀一旦確立，就開始了一個科學的常規的漸進過程，這是一套模式的模組，人們會用這套常規的模式來思考和行動，沒有太多的懷疑，狀態是很穩定的。

➤ **遇到反常**：偶爾會出現一、兩個離經叛道，反這套邏輯的人，發出與眾不同的聲音，主流的價值觀會試圖修正或吸納他們，如果不成功便予以排斥或者懲罰，這樣一來，天才通常是孤獨和痛苦的。

➤ **發生危機**：用舊的思維無法解決新的問題，越來越多人對這套模式產生懷疑，舊模式維繫著的行為和價值觀體系出現裂縫，危機隨之誕生。

➤ **爆發革命**：危機帶來混亂，舊思維的條條框框和行為規則變得鬆弛，使人對舊模式失去信心，再不可能按舊的規則來達到目的了，需要更換新的，才可以擺脫危機。一場革命爆發了，新的模式成功取代了舊的，確立了新的常規狀態，又再次恢復穩定，等待另一個模式的出現。

　　這個過程其實就是創新的過程，整個取代的過程可以經歷數百年，但也可以只是數月、數天甚至是在幾秒鐘內發生。

生活中的創新

◆ 椅子是怎樣誕生的

椅子是離人最親密的物品之一，現在請思考一下椅子的起源。

大自然中很少出現像椅子這種形狀的物體。我們的祖先可能坐在身邊的岩石上或者地上的樹葉上。他們可能靠在樹幹上，或者山洞的洞壁上。他們可能只能將就著坐沒有靠背的草地，靠沒有座位的岸壁，直到有一天某個人進行了某種細微的創新思維。椅子看起來確實不那麼複雜，但是，它也並非完全是那種顯而易見的構造。與橫跨在小溪上的木頭明顯的構成了一座橋不同，大自然沒有提供椅子的形狀，它沒有將其直接交給人類。

創傷數十年來已經變得微不足道，不是什麼問題，這都是因為抗生素的緣故，而誰又曾想到像黴菌這樣的微生物會製造出能夠防止細菌感染的藥劑呢？

世界上的多數語言都有音標字母，它們的特徵更注重於表示聲音而不是人們的思想，這就是一種創新的解決方案。數百年以來，藝術家們都以一種模糊的透視法來表達他們筆下的建築物的屋頂和牆體線的交匯。義大利文藝復興初期建築師菲利波·布魯內萊斯基（Filippo Brunelleschi）和其他藝術家，透過認真思考光學對繪畫的意義和光線的路徑，終於使得文藝復興早期有了真正的透視畫法。帶子使我們冬季穿的皮製大衣的兜帽緊扣在我們的頭上，這看起來不是那麼複雜，但是加上那些不那麼明顯的小修飾，比如鈕扣、拉鍊和尼龍搭扣，我們的外套實際上就呈現了拉鍊發展的整個歷史。

各式各樣的小玩意、哲學思想、政治、符號系統、工業流程和其他許多進步都不是透過穩步改進得來的，而是透過在過去的基礎上大躍進實現的。這不是說累進式思維沒有什麼創造性的貢獻，大量的非常值得稱道的

創新思維最終產生的思想和產品都並沒有打破既定框架。但是我們這裡要說的是，當我們要考察真正的創新思維時，我們面對的是某種真正特殊的東西。

◆ 創新是 21 世紀的通行證

當你翻閱這本書的時候，正身處什麼地方？

你可能正在書店內，在公車裡，在月臺裡等候地鐵，或者正舒舒服服的坐在家裡的沙發上。不管你在什麼地方，請仔細觀察四周，一件小飾物、一張椅子、一支筆、一件衣服、一個垃圾筒、一臺電腦、一份報紙、一輛汽車……無論你看到什麼東西，它們都不會無緣無故的出現，我們大部分的生活所需，工廠的生產線，購物中心內的購物服務，餐廳飯店，甚至是社會的種種制度，也是不會無緣無故的產生的。

在這些東西出現之前，都是經過一些人的想像、設計和付諸行動，才可能成為現實的。當你來到一家餐廳門前，從門前的菜單廣告牌開始，安排宣傳，到吸引你的雙腳踏入餐廳門口，到你點菜，享受美味，直到結帳離去，整個流程都是經過設計安排，都是由一群人分工合作製作出來的；一位經驗老到的木匠，在沒有圖樣的情況下，也可以隨手製造一件獨特新穎、美輪美奐的家具，因為設計的圖樣早已經印在他的腦海中。

這些也可以說是一種創新。

創新是設想、熱情、行動和汗水的結合物，是把設想變成真實的過程，是人類偉大而獨有的特質。創新無處不在，創新絕不是科學家、設計師的專利，而是每個人生活的一部分，是你無法躲避的必要技能。

把一粒種子放進顯微鏡下進行分析，會發現它只是由組織、碳水化合物及其他一些化學物質所組成的，沒什麼特別。但是把它放在泥土裡，加些水和陽光，神奇的事情就出現了，它會發芽生長，開花結果，它可以是

養活眾生的稻米穀物，可以是為世界添上色彩的鮮豔花卉，也可能是為生命提供氧氣的參天大樹。

人的創新思想也像一粒種子，在醞釀尚未成熟的階段時，是多麼平凡和不顯眼，把它放在合適的泥土裡，加入養分和水，讓陽光照耀著它，它同樣會發芽生長，成為動搖世界、影響眾生、造福萬物的神奇力量。

創新，源自拉丁文，是「生長」的意思，也是源於古羅馬五穀女神刻瑞斯（Ceres）的名字。創新不是從天掉下來的恩物，創新源自地上，植根於泥土，影響著生活。

人類社會發展的進步的歷史就是不斷創新的歷史。人們從科學技術日益迅猛發展進步中，越來越深切的感受和認知到創新的重要和可貴。有識之士已提出了響亮的口號：「創新是 21 世紀的通行證。」

◆ 人生瓶頸要靠創新突破

「人生瓶頸」是指一個人遇到的「關卡」── 上不能上，下不能下，進不能進，退不能退，怎麼辦？唯有創新才是出路。

很多人不敢創新，或者說不願意創新，是因為他們頭腦中關於得、失、是、非、安全、冒險等價值判斷的標準已經固定，這使他們常常不能換一個角度想問題。

舉一個例子，假如有一個人有 100% 的機會贏 80 塊錢，而另外一個人有 85% 的機會贏 100 塊錢，但是有 15% 的機會什麼都不贏。在這種情況下，這個人會選擇最保險安穩的方式 ── 選擇 80 塊錢而不願冒一點險去贏那 100 塊錢，可如果換一下來設定這個問題，一個人有 100% 的機會輸掉 80 塊錢，另外一個可能性有 85% 的機會輸掉 100 塊錢。但是也有 15% 的機會什麼都不輸。這個時候，人們都會選擇後者，賭一下，說不定什麼都不輸。

　　這個例子使我們明白，平時我們之所以不能創新，或不敢創新，常常是因為我們從慣性思維出發，以至顧慮重重，畏手畏尾。而一旦我們把同一問題換一下來考慮，就會發現很多新的機會，新的成功。

　　其實許多最有創意的解決方法都是來自於換一下思考方式，在對待同一件事時，從相反的方面來解決問題，甚至於最尖端的科學發明也是如此。所以愛因斯坦說：「把一個舊的問題從新的角度來看是需要創意的想像力，這成就了科學上真正的進步。」

　　一位著名的化學家發現了帶離子的糖分子對離子進入人體是很重要的。他想了很多方法以求證明，都沒有成功，直到有一天，他突然想起不從無機化學的觀點，而從有機化學的觀點來看這個問題，才得以成功。

　　當然，作為在平凡生活中追求財富和夢想的普通人，換一下想問題的方法所獲得的成效，不亞於科學家們的新發現。

　　麥克是一家大公司的高階主管，他面臨一個兩難的境地，一方面，他非常喜歡自己的工作，也很喜歡跟隨工作而來的豐厚薪水 —— 他的位置使他的薪水有只增不減的特點。

　　但是，另一方面，他非常討厭他的老闆，經過多年的忍受，最近他發覺已經到了忍無可忍的地步了。在經過慎重思考之後，他決定去獵頭公司重新謀一個別的公司高階主管的職位。獵頭公司告訴他，以他的條件，再找一個類似的職位並不費力。

　　回到家中，麥克把這一切告訴了他的妻子。他的妻子是一個教師，那人剛剛教學生如何重新界定問題，也就是把你正在面對的問題換一個面考慮，把正在面對的問題完全顛倒過來看 —— 不僅要跟你以往看這問題的角度不同，也要和其他人看這問題的角度不同。她把上課的內容講給了麥克聽。這給了麥克啟發，一個大膽的創意在他腦中浮現。

第二天，他又來到獵頭公司，這次他是請公司替他的老闆找工作。不久，他的老闆接到獵頭公司打來的電話，請他去別的公司高就。儘管他完全不知道這是他的下屬和獵頭公司共同努力的結果，但正好這位老闆對於自己現在的工作也厭倦了，所以沒有考慮多久，他就接受了這份新工作。

這件事最美妙的地方，就在於老闆接受了新的工作，結果他目前的位置就空出來了。麥克申請了這個位置，於是他就坐上了以前他老闆的位置。

這是一個真實的故事，在這個故事中，麥克本意是想替自己找個新的工作，以躲開令自己討厭的老闆。但他的太太教他換一面想問題，就是替他的老闆而不是他自己找一份新的工作，結果，他不僅仍然做著自己喜歡的工作，而且擺脫了令自己煩心的老闆，還得到了意外的升遷。

一些專家在研究汽車的安全系統如何保護乘客在撞車時不受到傷害時，最終也是得益於換一下思考方式，他們想要解決的問題是，在汽車發生衝撞時，如何防止乘客在汽車內移動而撞傷——這種傷害常常是致命的，在種種嘗試均告失敗後，他們想到了一個有創意的解決方法，就是不再去想如何使乘客綁在車上不動，則是去想如何設計車子的內部，使人在車禍發生時，最大限度的減少傷害。結果，他們不僅成功的解決了問題，而且開啟了汽車設計的新時尚。

其實我們常常可以在日常生活中訓練自己換一下想問題的方式。比如說，一個年輕的媽媽想對剛買的嬰兒床做一下改造，使它能和自己的大床併在一起，這樣就可以省去夜裡的擔心和麻煩。結果，在她想拆除小床的護欄時遇到了麻煩。她想按照床的設計，保留一個可以上下伸縮的護欄，而拆除那個固定的護欄，可是那個固定的護欄還有著床的支撐作用，一拆掉，整個床就散了，這件事只好不了了之，直到有一天，站到床的另一

面，這位媽媽才突然發現，由於小床和大床併在了一起，所以有沒有移動護欄都是無所謂的，而這個護欄因為在設計時並不具有支撐作用，拆了以後，小床依然牢固，這個問題就得以解決了。如果她不換一下位置看問題，她可能總也看不到這一點，而使自己陷入煩惱。

在現實的生活中，當人們解決問題時，時常會遇到瓶頸，這是由於人們只在同一角度停留造成的，如果能換一換視角，情況就會改觀，創意就會變得有彈性。記住，任何創意只要能轉換視角，就會有新意產生。

要想真正發揮創新潛能，除了要有勇於嘗試與創新的勇氣，還必須精心的培育你的創造力。

這裡羅列的，是許多成功人士常用的方法：

（1）及時記錄下來一些想法

人們在工作、生活、交際和思考過程中，常會出現許多想法，而其中的大部分都會因為不合時宜而被人們放棄直至徹底忘卻。

其實，在創新領域裡，從來就不存在「壞主意」這個詞彙。三年前你的某個想法也許不合時宜，而三年後卻可以成為一個真正的好主意。更何況，那些看來是怪誕的遠非成熟的想法，也許更能激發你的創新意識。

如果你能及時的將自己的想法記錄下來，那麼，當你需要新主意時，就可以從回顧舊主意著手。而這樣做，並不僅僅是為了給予舊主意新的機會，更是一種重新思考，重新清理整理的過程，在這個過程中，可以輕易的捕捉到新的創新性的思想。

（2）自己提問自己

如果不問許多「為什麼」，你就不會產生創新性的見解。

為了避免這個常犯的錯誤，成功總是透過所有的表面現象去尋找真正

的問題。他們從來不把任何事情看作是理所當然的結果；他們也從來不把任何事情看作是水到渠成的過程。

那些不明確的，看來似乎是一時衝動之中提出來的問題，往往包含著更多的創新性思維的火花。

(3) 經常表達出自己的想法

如果你有了想法，不管是什麼樣的想法，你都應當表達出來。如果是獨自一人，你就對自己表達一番；如果你身處團體之中，不妨告訴其他人共同進行探討。

一個人一生中的大多數想法，都被無意識的自我審查所否決。這種無意識的自我審查機制將一切離奇的想法都當作「雜草」，巴不得盡快的加以根除。

循規蹈矩的心境裡沒有「雜草」，但循規蹈矩的心境也沒有創造力。你想要有創造力，就必須照料好每一株「雜草」，把它們當作一株株有潛在經濟價值的新作物。

把你的不尋常的離奇想法說出來，把它們從頭腦中解放出來。一旦它們進入到交流領域之中，便能夠免受無意識領域中自我審查機制的摧殘。這樣做，使你有機會更仔細更充分的去審視、探索和品味，去發現它們真正的實用價值。

(4) 永遠充滿著創新的渴望

滿足於現狀，就不會渴望創造。沒有樂觀的期待，或者因為眼前無法實現而不去追求，都會妨礙創造力的發揮。

發明家和普通人其實是一樣的人，所不同的是，他們總是希望有更好的方法。

繫鞋帶時，他們希望有更簡便的方法，於是便想到了用帶扣、按扣、橡皮帶和磁鐵代替鞋帶。

煮飯時，他們希望省去擦洗鍋底的煩惱，於是便有了不沾鍋的塗料。

所有這一切，都來源於改進現狀的願望。

(5) 換一種新的方法來思考

墨守成規不可能產生創新力，也無法使人脫離困境。

有人喜歡用比較分析法來思考問題，面臨抉擇，他總是坐下來將正反兩方面的理由寫在紙上進行分析比較；也有人習慣於用形象思考法，把沒法解決的問題畫成圖或列成簡表。能不能換一種方法去思考，或交替使用各種不同的思考策略呢？

試試看。也許，最困難的抉擇也會迎刃而解。

(6) 有了創新性的想法，一定要努力去實施

有了創新性的想法，如果不去努力實施，再好的想法也會離你而去。

想努力去做，卻又因為短期內收不到成效而不持之以恆，你也會與成功失之交臂。

愛迪生說：「天才是百分之一的靈感加百分之九十九的汗水。」這是他的至理名言，也是他的經驗之談。

堅持努力，持之以恆，才會如願以償。

另外，創新與創造的能力與年齡有一定的關係。

心理學家在研究中發現，創新與創造的最佳年齡是在 25 歲至 40 歲之間，這是一個最容易獲得成功的黃金時代。

一位美國學者從 1930 年代開始，一直從事人的創造力發展的研究。他曾研究了幾千名科學家、藝術家和文學家的年齡和成就。他的結論是：一個人 25 歲至 40 歲是事業成功的最佳年齡。而另一位學者則認為：在 18

歲至 49 歲這個年齡階段，人的各種能力的發展幾乎都處於最高水準，尤其是比較和判斷能力，這對於創新與創造是非常有益的。

一個權威機構曾做過一次統計，發現在西元 600 年到 1960 年之間做出過 1,911 項重大科學創造的 1,243 位科學家和發明家，獲得成就的最佳年齡，也是在 20 多歲至 40 多歲之間。

創造與創新有個最佳年齡階段，並不等於排斥人們在其他年齡階段做出成就的可能性。莫札特 5 歲時就發現了三度音程，並據此譜寫小步舞曲。而摩爾根（Morgan）發表基因遺傳理論時，卻已是 60 歲的老人了。一些科學家、政治家和企業家 50 歲以後的智力水準甚至高於他們的年輕時代。

◆ 小創意可以帶來大成就

在長期的生活實踐中，有時會有一些偶然的發現。說是偶然，其實並不神祕，當人們對所研究的對象還認識不清而又不斷和它打交道時，就可能出現一些出乎意料的新東西。

不管小創意，還是大創意，只要能讓一個人有成就感，就是最好的。有些人看不起小創意，但是有多少大創意等待你去發現呢？

任何問題都有解決的時候，最重要的是你是否願意盡力去搜尋。

創意是思想的果實，但是只有在適當的管理徹底實行之後才有價值。

一般的創意都很脆弱，如果不好好維護，就會破壞殆盡。從創意萌芽，直到成大事的實用方法，要經過特殊處理。請你利用下面的方法來適當管理和發展自己的創意：

（1）不要輕易放過偶然的現象

對待偶然發現，一是不要輕易放過，二是要弄清楚它的原因。有些偶然發現，正因為它不在預料之中，正因為它不屬於舊的思想體系，正因為它獨樹一幟，所以往往可以成為研究的新起點，為科學寶庫增光添彩。

　　西元 1820 年哥本哈根的奧斯特（Ørsted）偶然發現：通有電流的導線周圍的磁針，會受到力的作用而偏轉。這一發現說明電流會產生磁場；電學和磁從此結合起來了。

　　為了研究胰臟的消化功能，閔可夫斯基（Minkowski）替狗做了胰臟切除術。這隻狗的尿引來了許多蒼蠅，對尿進行分析後，發現尿中有糖，於是領悟到胰臟和糖尿病有密切關係。

　　20 世紀初，美國墨西哥灣的海面上忽然出現一種稀奇的現象：海水上漂著一層油花，在太陽光下閃閃發光。原來在海底下儲藏著豐富的石油。不久就在墨西哥灣建立起世界第一口海上油井，成了海底採油的先行者。

　　青黴素的發現也是一個有趣的故事。英國倫敦大學的細菌學講師弗萊明（Fleming）早就希望發明一種有效的殺菌藥物。1928 年，當他正研究毒性很大的葡萄球菌時，忽然發現原來生長得很好的葡萄球菌全都消失了，是什麼原因呢？經過仔細觀察後發現，原來有些青黴菌掉到那裡去了。顯然消滅這些葡萄球菌的，不是別的，正是青黴菌。

　　這一偶然事件，導致藥物青黴素以及一系列其他抗生素的發明，後者是現代醫藥學中最大成就之一。

　　「踏破鐵鞋無覓處，得來全不費工夫」。其實工夫是花了，而且花得很大，全花在「覓」字上，那證據就是「踏破鐵鞋」，如果弗萊明不是存心在「覓」，那麼再偉大的奇蹟也會視而不見的。

　　科學工作者不僅要善於發現，而且要善於從已有的發現中找出與之相關的東西。只有那些辛勤勞動，對問題有過長期的苦心鑽研，下過大工夫的人，才會有高度的敏感性，才可能達到成功的彼岸。

(2) 要隨時記下來無意中的創意

　　我們每天都有許多新點子，卻因為沒有立刻寫下來而消失了。所以一

旦想到什麼，就要馬上寫下來。

有一個經常旅行的人就是這樣，他隨身帶一塊筆記板，創意一來，立刻記下來。有豐富的創造心靈的人都知道：創意可隨時隨地翩然而至。不要讓它無緣無故的飛走，錯失了你的思想結晶。

(3) 定期複習你的創意

把創意裝進檔案中。這種檔案可能是個櫃子，是個抽屜，甚至鞋盒也可以用。從此定期檢查自己的檔案。其中有些可能沒有價值，就乾脆扔掉，有意義的才留下來。

(4) 千萬別小看無意中的創意

可以肯定，幾乎所有成大事者都是在自身實力的基礎上，看準時機，及時捕捉，藉此衝向目標。

安全刀片大王吉列 (Gillette)，未發明刀片以前是一家瓶蓋公司的推銷員。他從 20 多歲時就開始節衣縮食，把省下來的錢全用在發明研究中。過了近 20 年，他仍舊一事無成。

1985 年夏天，吉列到休士頓市去出差。在返回的前一天買了火車票。翌晨，他起床遲了一點，正匆忙的用刀刮鬍子，旅館的服務生急匆匆的走進來喊道：「再 5 分鐘，火車就要開了！」吉列聽到後，一緊張，不小心把嘴巴刮傷了。

吉列一邊用紙擦血一邊想：「如果能發明一種不容易傷皮膚的刀子，一定會大受歡迎。」

於是，他就埋頭鑽研。經過千辛萬苦之後，吉列終於發明了現在我們每天所用的安全刀片。他也因此成為世界安全刀片大王。

有許許多多成大事者的範例，都是由現實生活中小事所觸發的靈感引起的。

美國佛羅里達州有位窮畫家，他當時只有一點點畫具，僅有的一枝鉛筆也是削得短短的。

有一天，畫家正在繪圖時，找不到橡皮擦。費了很大勁才找到時，鉛筆又不見了。鉛筆找到後，為了防止再丟，他索性將橡皮擦用絲線紮到鉛筆的尾端。但用了一會，橡皮擦又掉了。

「真該死！」他氣惱的罵著。

畫家為此事思索了好幾天，終於想出主意來了：他剪下一小塊薄鐵片，把橡皮擦和鉛筆繞著包了起來。果然，用一點小工夫做起來的這個玩意相當管用。後來，他申請了專利，並把這專利賣給了一家鉛筆公司，從而賺得 55 萬美元。

千萬別小看你自己無意中的小創意。

這樣的例子還有很多，只要你善於觀察，勤於思考，就會發現身邊的機遇很多。

不然，為什麼有那麼多人刮鬍子、用鉛筆，而發明安全刀片、帶橡皮擦頭鉛筆的卻只有一個。

創造與創新

有些人將創造與創新混為一談。要區別創造與創新，我們先需要區別發現與發明。

發現是對客觀規律、事物的首先正確認知。發現的結果原來是客觀存在的，只是後來才被人們所正確認識。比如物質的本質、現象、運動規律等，不管你是否發現，它本來就是客觀存在的。後來你首先認識到了，就是發現。

發明屬於科技成果在某領域中的新創造。通常指人們做出前所未有的重大成果。這種成果包括有形的物品和無形的方法等，其特徵是這些物品或方法在發明前客觀上是不存在的。技術研究前所未有的重大成果多屬發明。發明注重首創性，可以申請發明專利。

發現和發明的區別是：發現是認識世界，發明是改造世界。發現要回答「是什麼」、「為什麼」、「能不能」等問題，主要屬於非物質形態財富；發明要回答「做什麼」、「怎麼做」、「做出來有什麼用」等問題，主要是知識的物化，表現在能直接創造物質財富。

◈ 創造與創新

創造就是人們為了實現開發前所未有的獨創性成果目標，借助有靈感激發的高智慧才能，產生新社會價值成果的活動。這個成果是指新概念、新設想、新理論，也可以指新技術、新工藝、新產品，要求新穎、獨特、有社會價值。

創新是一個相當廣泛的概念，不同情況下，常有不同的含義。最早將創新與創造以獨特的含義嚴格加以區分的是美籍奧地利經濟學家熊彼得（Schumpeter，西元 1883～1950 年）。他認為創新是發明的第一次商業化應用。他的創新理論的一些重要思想，對後人影響很大：

➤ **循環流轉**：假定經濟生活中有一種「循環流轉」的「均衡」狀態。在這種狀態下，生產過程循環往返，週而復始，沒有創新，沒有變動，沒有發展，企業總收入等於總支出，生產管理者所得到的只是「管理薪資」，因而不產生利潤，不存在資本利息，也不存在企業家。

➤ **創新與企業家**：創新是生產要素的重新組合，目的是為了獲得潛在的利潤。企業家的職能就是實現創新，引入新組合。實現了創新的發展，才有企業家，才產生實際的利潤，才有資本和利息。

➤ **創新與破壞**：創新是一種創造性的破壞，即不斷破壞舊的結構，不斷創造新的結構的過程。破壞是指對舊的資本的破壞，一批企業在創新的浪潮中被淘汰。沒有這種淘汰，經濟就無法再發展。

➤ **創新與經濟發展**：熊彼得創新理論的核心思想是，經濟由於創新而得到發展，創新是內在因素，對經濟發展產生著決定性作用。創新成功，企業獲得利潤而得到發展，也引起社會性模仿活動，繼而引起創新浪潮，使更多的企業得到發展，於是經濟走向高潮。

以後有眾多學者對創新的概念有多種解釋，達 40 多種。較為一致的看法是：創新是新設想（或新概念）發展到實際和成功應用的階段。因此，一般意義上講，創造強調的是新穎性和獨特性，創新則強調的是創造的某種實現。現在常講的創新，從廣義上援引了這個概念，比如知識創新、技術創新、理論創新、管理創新、制度創新等等。

創造著重指「首創」，是一個具體結果。創新是創造的過程和目的性結果，側重整體影響的結果。如蒸汽機的出現是發明，而將它應用於其他工業，則是創新。創新更重經濟性、社會性。

◆ 創造與創新能力

創造力是創造心理活動的基本部分，是一個綜合性體系化的概念，以一種系統性能力為主要表現形式，具有潛能的性質。創造力人皆有之，可以開發。創造能力是創造力的一種成分和表現形式，是創造力的外在表現。

創新能力是人們應用發明成果展開變革活動的能力。這個變革活動是指包括從產生新思想到產生新事物再到將新事物推向社會，使社會受益的系列變革活動。

　　創新能力大小由人的創新素養所決定，創新素養主要由創新人才的個性特質、創新思維特質、創新技能和方法三部分構成。創新不像個人發明，它是一種企業行為或社會行為，組織內部的組織因素、技術因素和經濟因素相互交織，影響著創新活動的推進。創新力的鍛鍊與提高，就要具體剖析這些因素的構成，在提出解決問題的方法與措施並努力去實施的過程中實現。

　　豐富的想像是創造、創新的基礎。想像是指人們能夠在自己已有的知識、經驗基礎上，在頭腦中構成自己從未經歷過的事物的新形象。愛因斯坦曾說：「想像力比知識更重要，因為知識是有限的，而想像力概括著世界的一切，推動著進步，並且是知識進化的泉源。」

　　人們很重視智力投資，但成功只有 20% 來自智商，其餘 80% 來自情商，創造、創新能力的很大部分也來自非智力因素。

　　創造、創新能力對於個人來說並不是天生的，也不是科技發明家或創新活動家的專利，而是一種可以培養和磨練的能力。雖然個人無法選擇自己的先天條件，但完全有能力透過訓練、鍛鍊得以開發，為社會做出更大的貢獻。

案例學習：藏在漩渦裡的奧祕

　　你是否注意到，洗完澡以後放水時，浴缸裡的水會產生一個個漩渦？你是否留意過這種漩渦旋轉的方向？它是順時針還是逆時針？

　　你是否注意過，當你洗完衣服，把水池裡的水放進下水道的時候，水池裡也會產生一個個漩渦，漩渦的方向又是怎樣的？

　　如果你留意一下，你會發現，放水的時候，總會形成一個個漩渦，它

們旋轉著，產生一個個水流的凹形，有時可以下陷得很深很深，一邊旋轉著，一邊移動著，移向出水的地方。一個漩渦消失了，另一個新漩渦又產生了，直到水流光了，水池裡或浴缸裡的漩渦才最後消失。

這並不是一種好玩的遊戲，而是一種科學現象。發現水池裡水的旋轉方向，那是一種科學發現；能聯想到南半球和北半球旋轉方向的差別，那是一種更大的科學發現。能解釋漩渦產生的原因，解釋南北半球漩渦方向不同的原因，那就是一種科學理論了。如果能從水流想到氣流，想到颱風，那麼，這就是科學知識的遷移和應用了，科學的意義就更大。

從漩渦發現科學的人是一位美國科學家。他的科學探索源於一次洗澡。

1860 年代的一天，這位科學家在洗完澡放水時發現，水順時針的轉著漩渦，這引起了他的注意，他觀察著，沉思著，一時竟忘記了擦乾身上的水珠。他痴痴的看到漩渦，看到一個漩渦接著一個漩渦，不斷的打著圈圈。

這種平常的現象引起了他的興趣。他想，這是不是這個浴缸的特殊現象？他穿上了衣服，又轉開了水池裡的水龍頭，水嘩嘩的流著，很快就放滿了。他拔出塞子，水又打著漩渦流著，旋轉的方向與浴缸裡的漩渦一模一樣。科學家一次一次的試著，他發現，所有的水都是這樣，用同樣的旋轉方向打著相似的漩渦流著。

這是為什麼呢？他想，共同的現象一定有著相似的原因。

他又想到赤道上的水，那裡會不會有漩渦呢？那裡的水池裡的水將怎樣流出？流出的時候會不會打著漩渦呢？會不會打著同樣的漩渦呢？

他又想到，南半球的水池裡的水將會怎樣流出呢？它們又會沿著什麼方向打漩渦呢？

就為了這麼一個貌似平常的問題，他不遠萬里，來到赤道。他觀察水池，看有沒有漩渦，結果，他發現赤道上的流水沒有漩渦。

　　他又來到南半球觀察，發現漩渦的方向正好與北半球相反。北半球是順時針方向，而南半球是逆時針方向。

　　他從觀察中得結論：流水的漩渦，可能與地球的自轉有關。

　　他又想到，颱風、風暴都是流體的運動，空氣也是流體。南半球和北半球的風暴也一定是按照與水流同樣的規律旋轉的，北半球和南半球風暴產生的漩渦方向也將是彼此相反的。

　　利用這種理論，可以推測颱風的移動規律。

　　這位科學家非常善於觀察，這些不顯眼的現象，沒有逃過他敏銳的眼睛。浴池裡的水怎麼旋轉，一般人是不大關心的，也不會去深入思考。但是，他卻與眾不同，他留意到了漩渦的方向。

　　科學家沒有滿足於眼睛的發現，他追求的是深層的發現。他努力用心去發現，就是說，要對所發現的現象給出一個合理的說明。為此，他對赤道和南半球的流水產生的漩渦與北半球的情況做了推測，然後實地考察，與北半球的情況做了比較。這種比較大大深化了對漩渦的認知，對於揭開漩渦產生的原因也有啟示作用。

　　如果滿足於此，也還顯得不夠深刻，因為還停留於現象的描述階段。科學家則不然，他進一步推斷造成漩渦的原因，以及造成南北半球漩渦方向相反的原因，找出了地球自轉可能是造成南北半球漩渦方向不同的原因。

　　更可貴的是，他沒有停留在說明已知的現象，而是利用獲得的水流漩渦的知識，把它推廣到新的領域，尋找新的知識。他從水推廣到大氣，從水流推廣到氣流，從流水的方向推測風暴的方向，這樣，就把知識擴展

了，也為驗證自己的假設提供了新的舞臺。阿基米德在洗澡時發現了浮力定律，這位科學家洗澡時引發了對漩渦的研究。可見在我們日常生活中到處都隱藏著祕密，到處都有發現的機會，天天是發現之時，處處是發現之地。如果我們善於觀察，小心的捕捉奇怪的現象，努力用理論去說明它，尋找它的原因，更多的人也能做出自己的發現。發現並不是某些人的專利。科學家從對一點也不起眼的浴池流水現象觀察，發現了一個重要的祕密，這就是一個有力的證明。

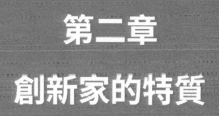

第二章

創新家的特質

問號是開啟任何學科的鑰匙。

—— 巴爾札克（Balzac）

　　留心那些銳意進取的創新家，會發現他們身上有一些相似的特質。這些特質，決定了他們成功的可能。

　　本章將從夢想、欲望、質疑、機遇、興趣及熱情這六個方面，分析這些創新家的特質。平常人若培養出這些特質，可以提高自己的創新能力。

夢想

　　夢想人人都有。可以說，人人心中都湧動過發明創造、開拓創新的夢想。人類的夢想是一種偉大的創造期望，一種非凡的創新思維。這種夢想，是一種神奇、寶貴而又特殊的創新思維資源。

　　夢想激勵創新。任何偉大的創新皆起源於偉大的動機，起源於激發人們創造欲望和創造衝動的偉大夢想。

　　首先，夢想總是超越時代，總是寄託著人們對美好未來的憧憬、嚮往的追求。從創新思維上講，夢想是一種偉大的創造期望，同時，夢想又為創新思維提供了廣闊的思維空間。

　　沒有夢想，人的想像力就會枯竭，想像思維的翅膀就難以展開；沒有夢想，就不會有偉大的科技發明創造，就不會有電燈、電話、電影、電視，就不會有汽車、火車、飛機、輪船，更不會有火箭、衛星、電腦和網際網路。

　　有了夢想，人類才能展開想像的翅膀，人類才有探索宇宙、揭示萬物奧祕的信心和勇氣，人類才在探索創新的實踐中不斷升起對美好生活的憧憬和希望。有了超越時代前瞻未來的神奇夢想，人類就有了無畏的嘗試、探險的壯舉，人類的發明創造才如雨後春筍般的湧現。

有了「嫦娥奔月」的夢想，人類才發明了飛機、火箭、人造衛星、太空梭，才一步步實現了登月的理想，今天，火星取礦、星際旅行和太空遨遊已不再是神話和傳說。

有了「龍宮探寶」的夢想，人類才發展了海洋技術、生物技術，而今，海洋開發和海底城市建設已獲得重大突破。

正是因為有了不斷追求卓越、超越時代的夢想，電腦才從龐大到小巧，從電子計算機發展到量子電腦、生物電腦，電腦的運算速度才不斷突破每秒千次、萬次、億次、十億次、百億次、千億次、萬億次，並向著更快的速度、更強的功能和更卓越的性能提升。

有了破譯「生命天書」的夢想，才有全世界聯合起來共同描繪基因圖譜的壯舉……

光芒四射的發明創造，往往起源於人類偉大的創新夢想。

例如，微軟的比爾蓋茲之所以在電腦領域獲得舉世矚目的成就，創造出富可敵國的龐大財富，其最初的動力就在於他當初有一個曾被人們看作是天方夜譚的、近乎神話般的夢想：「要在每個人的桌子上都擺上一臺電腦」。正是源於這一夢想，比爾蓋茲開創了個人電腦時代，他設計的電腦操作系統 Windows 系列風靡全球，他的夢想實現了，與此同時，全世界的電腦產業也獲得了突飛猛進的發展。

人類的偉大夢想，生生不息的推動著科學技術的飛躍，促進人類文明的發展。

當然，並非所有的夢想都能夠變成現實，因為夢想畢竟包含探索性、幻想性和預測性，具有猜測的成分，有待於實踐的檢驗和驗證。要把異想天開般的夢想變成現實，還必須有腳踏實地的創新實踐。但夢想畢竟為人們探索未來提供了極為寶貴的、可借鑑的參考依據。

　　夢想是一種對未來的非凡前瞻和展望。人類的許多發明創造，最早往往起源於超越時代，近乎異想天開式的夢想、幻想乃至奇想。這些夢想和幻想，在當時看來似乎太離奇、太不可思議、太「離經叛道」，因為它們過早而且極大的超越了時代，超出了常人的認知範疇和知識視野，超出了人們傳統的經驗思維空間，不能不讓人心存疑慮：夢想能否變成真實？

　　縱觀人類的科技發展史和發明創造史，發明創造的偉大實踐反覆證明，人類許許多多凝聚著偉大創造期望的神話般的夢想和幻想，最終都一一變成現實，世界文明在夢想的神奇力量推動下向前發展，人類社會在它的偉大期望中開拓前進，永不停步。夢想經過探索實踐一旦變成現實，往往為人類社會帶來突飛猛進的重大發展和進步。

欲望

　　創新欲望是一個創新活動的動力源。創新欲望的大小直接決定創新活動的啟動、持續和終止情況。一個人能否採取果敢的創新探索，並保持旺盛的鬥志，戰勝創新活動中的各種艱難困苦，為某種目標做出堅忍不拔的努力，與創新欲望存在密切關係。

　　創新欲望的形成是人們對環境和自我綜合評估的結果。有較強創新欲望的人具體有哪些方面的表現呢？

◆ 不滿足於現狀

　　滿足現狀就會缺乏開拓進取精神。很多年紀輕輕但心理已經衰老的人，把充分享受現在的生活作為人類的第一要旨，他們是不會努力奮鬥、冒險創新的。

　　不滿足於現狀是人類不斷進步的動力。汽車被發明，是因為人們不滿

足於行走得比馬慢；飛機被發明，是因為人們不滿足於鳥才能在天上飛。電視機、電冰箱、火箭、原子能等等新發明的誕生，都是人類不滿足於現狀的結果。

不滿足於現狀也是個體不斷進步的動力。諾貝爾不滿足於炸藥爆炸不受控制的現狀，反覆試驗，大大改善了炸彈的可控性。詹天佑不滿足於只有外國人在中國建築鐵路的現狀，設計建造了中國第一條鐵路。一個個成功者的腳印告訴我們，是他們不滿足於自然、社會、人類或自我的現狀，才放棄老路，毅然走上了一條創新之路的。

◆ 對未來充滿希冀

有些不滿現狀的人只是滿腹牢騷，只是唉聲嘆氣，缺乏創新開拓的欲望。他們或是一味懷舊，幻想歷史車輪能夠倒轉，使他們能夠返回幼年無憂無慮的時光，使他們人生中最感風光和自得的時光能夠重演；或是沉溺於逆境之中，看不到光明，看不到奮起的希望，消極、無助、萎靡不振的情緒成為他們生命的主色調。

只有對未來充滿希冀的人，才會在滿足於現狀的基礎上，立足於考慮如何改變現狀，籌劃自己將要走的道路。

◆ 對自我抱有信心

並非所有對未來充滿希冀的人，都有主動開拓未來的欲望和舉動。生活中不乏充滿空想、指望空中掉餡餅的人，他們典型的行為，一是守株待兔，等著社會、單位或家人、朋友送給他們好生活；一是熱衷賭博，羨慕一朝暴富，將大量的時間、金錢用在各種合法或不合法的博彩行為上，而無意透過長期、艱苦但有效的努力去改變自己現在的生活。他們這樣做的一個重要根源，是對自己缺乏信心，對自己的能力缺乏信心，認為自己

難以控制和改變生存環境。好賭者，從表面上看，似乎採取了一些主動行為，但這種行為建立在放棄自我選擇，被動的交由運氣決定的基礎上。他們是只信命運，不信自我。

只有自信，才有用自己雙手去創造未來的願望和勇氣。

◆ 強烈的改革創新精神

有創新欲望的人，在對現狀和自我做出評價的基礎上，試圖透過改革的思路來解決眼前的問題。如果相信自己的選擇是正確的，他們會堅持原有的選擇，即使暫時遭遇挫折，也會繼續做下去。不過，從他們的行動中可以發現，他們顯然從變化了的情況出發，更多的考慮是否還有新的選擇。他們不信教條，喜歡用自己的頭腦重新審核各種習以為常的結論。他們不崇拜權威，相信事實才能檢驗真理。因此，打破各種限制，改革創新常常成為他們的最終選擇。

質疑

質疑，就是對現有事物持科學的懷疑態度，以促使自己進行更深入的思考、分析、研究、改進和創新。質疑思維，是一種以審視的目光、科學的態度、求真的精神進行科學探索的科學思考方法。

質疑思維中孕育著創新和突破。質疑，是人類創新的出發點，創新常常從「問號」起步。一個個不平凡的問號，為人們畫出一條條創新成功的起跑線。

20世紀偉大的科學家愛因斯坦，不僅有著卓越的科學成就和傑出的科學貢獻，而且有著非凡的創新思考方法。他以懷疑和批判的眼光審視著整個人類社會和自然界，在他晚年時，他把質疑思維的矛頭指向了西方世界

弊端叢生的社會制度及其經濟基礎。1949 年，即在他 70 歲那年，愛因斯坦發表了〈為什麼要社會主義〉的著名文章，鮮明的表示了自己對資本主義制度的厭惡，公開聲明擁護社會主義。愛因斯坦這種非凡的質疑思維和科學的批判精神，以及他平凡而又高尚的偉大人格，在人類科學史上留下了不朽豐碑，也為我們開發創新思維留下了無窮的啟迪。

人們常說：「真理誕生於一百個問號之後。」而馬克思的座右銘恰恰就是：「懷疑一切。」

同樣，這句話也非常適合於創新思維的培育和鍛造：從「問號」開啟創新之門，創新始於質疑，創新成果誕生於一個個高水準的問號之後。

例如，有這樣一個提問：「您見過方形車輪嗎？」

許多人可能會說，這個提問本身有問題，車輪怎麼能是方形的呢？

其實，方和圓並沒絕對的界限，方形車輪已經有了：高速磁懸浮雙軌列車，其底部車輪就是方形的。

方形車輪啟示我們，一個人如果對事物總是人云亦云、毫不懷疑，那麼他就不可能有創造和創新。創新的出發點，就是首先對一切客觀事物持科學的懷疑態度，然後才有可能獲得更先進的創新突破。

人們總是羨慕發明創造者，其實，許多創新就在我們身邊。捕捉創新的機遇，獲得意想不到的創新成果，往往取決於我們有沒有捕捉問題的敏銳頭腦，有沒有善於從人們司空見慣的現象中發現問題、捕捉疑點的慧眼，有沒有勇於從權威下過「結論」、做過「論斷」的所謂「終極真理」面前勇於質疑 —— 勇於刨根問底進行探索創新的勇氣。

勇於質疑，是培育和開發創新思維的前提。

發明創造的實踐證明，誰勇於合理質疑、勇於率先提出問題，誰就能最先開闢一條全新的創造之路。勇於科學質疑，能使大腦處於一種探索求知的主動進取狀態，使大腦的創新思維處於朝氣蓬勃的旺盛活力狀態。疑

處有奇蹟，疑處出真知，疑處有突破，勇於質疑，才有奇蹟般的創新成果。

亞里斯多德是古代歐洲一位威望極高的著名科學家。他曾經有一個非常著名的論斷：物體的下落速度與它們的質量成正比，越重的物體下落速度越快。一個 10 磅重的鐵球與一個 1 磅重的鐵球，從同樣的高度落下，10 磅的鐵球會先著地，而且速度比 1 磅的鐵球快 10 倍。他還舉例說，鐵球的落地速度總是比鳥類羽毛快，秋天的落葉總是緩緩飄落，而成熟的蘋果卻是迅速落地的。

基於亞里斯多德的「權威論斷」和生活中的部分事實，自亞里斯多德以來的兩千多年間，幾乎沒有人懷疑過這個「真理」。

後來，年輕的伽利略勇敢的對此提出了質疑。伽利略心想：如果把 100 磅的球和 1 磅的球連在一起，讓它們從高處落下，情況會怎樣呢？按照亞里斯多德的結論，就會得到兩個相反結論，一是兩個球連在一起，其總重量比 100 磅的球重 1 磅，因此，應當比 100 磅的球先落地；另一個結論是，兩個球在一起會因為那個 1 磅的球而減慢速度，其落地速度應該比 10 磅的鐵球慢。顯然，這兩個結論是自相矛盾的。

年輕的伽利略沒有在權威論斷前止步。因為他不只一次發現這樣一個事實：兩塊從懸崖上掉落的石頭，儘管大小不一樣，卻總是以同樣的速度墜落地面。從這現象得到啟發，伽利略認為物體的下降速度與物體本身的重量無關，重的物體與輕的物體落下的速度相同。伽利略問自己：這到底是權威論斷錯了，還是自己觀察到的現象與分析推理有錯誤？

伽利略相信自己的推理是正確的，他懷疑亞里斯多德的結論錯了。為了弄清究竟誰對誰錯，他決定讓實驗來驗證，用事實來說話。

帶著對權威論斷的質疑，伽利略突破傳統習慣，勇敢的登上比薩斜塔，左手拿著一個 10 磅的鐵球，右手拿著一個 1 磅的鐵球，在大庭廣眾

之下，他把兩個重量不同的鐵球同時推了下去，結果奇蹟發生了，大家看到兩個球同時落地，人們頓時恍然大悟。實驗證實伽利略的推理是正確的，亞里斯多德的結論錯了。

一個由物理學權威所做的、影響世界長達兩千年之久的「神聖的定律」，頃刻之間被年輕人用事實推翻了。

伽利略由此得出物理學上自由落體定律：物體落下的速度與物體本身的質量無關，而與物體的高度有關。

正是勇於質疑，伽利略才成為推翻亞里斯多德「權威論斷」的第一人，同時，也成為物理學中自由落體定律的發現者。著名的比薩斜塔實驗，使伽利略一舉成為物理學發展史上一位耀眼的明星。

無數發明創造告訴人們：質疑是創新思維的開端，疑問突破之後往往帶來創新成果，一個問號往往帶來一項甚至一系列發明創造。

機遇

在人類創新史上，有許多發現、發明，甚至一些重大發現、發明，都是創新者不失時機抓住機遇獲得的，如青黴素、聚乙烯、橡膠硫化法、金屬銲接法……

下面以摩擦銲接法的發現為例，說明捕捉創新機遇的重要性。

一天，湯姆和工人們一起愉快的工作著，當時他正用超硬合金車刀切削軟質鋼棒，因工廠突然停電，車刀慢慢黏到了旋轉的鋼棒上，他想小心的把車刀從鋼棒上取下，但就是取不動。他感到不妙，組長知道肯定會發火的，但想到這是貴重的超硬合金車刀，還是報告組長為好。組長來了，看後也為此感到納悶。片刻之後，湯姆與組長忽然不約而同的醒悟到：

「啊，原來是這樣！」兩個人的頭腦中同時閃現出了出乎意料的設想：把要銲接的金屬湊近車床上調整旋轉的另一個金屬物體，直到它們接觸在一起。這時，只要突然使它停止轉動，兩個物體就能黏合起來。這就是摩擦銲接法。

如果當時他們只是相互責備、相互埋怨或只是一味想著如何把刀從鋼棒上取下來，那麼他們也就失去了這個機遇。可見，捕捉新機遇對創新成功會產生重要作用。那麼，如何才能捕捉到更多的創新機遇呢？

➤ **積極進行創新事件**：守株待兔是難以捕捉到創新機會的。成功的創新者能夠捕捉到較多的創新機遇，不僅與他們創新能力較強，善於捕捉到各種創新機會有關，而且也與他們較多參與創新實踐，活動範圍大，研究較深入、仔細、豐富，從而能夠遇到較多的創新機會有關。

➤ **留心觀察和深入思考**：要調動多種感官仔細觀察事物的各方面特徵，某些事物給我們的視覺資訊、聽覺資訊、嗅覺資訊、味覺資訊、觸覺資訊，都與這些事物的性質、功能、活動規律存在一定關聯，應該仔細收集，反覆研究比較。要帶著問題觀察，在觀察事物變化的基礎上，就變化的原因要多問自己幾個為什麼，弄清是外因還是內因造成了事物發展的現狀，外因與內因之間有什麼關聯，內外因作用的機制如何等等。對習以為常的現象切忌熟視無睹，必須考慮這些現象在特定的試驗場合有什麼特殊的意義。牛頓就是從極其平凡的蘋果落地現象中聯想到地球引力的作用，提出萬有引力定律的。地圖四色問題，哥德巴赫猜想、費馬最後定理等著名科學案例，都來自對其平常問題的思考。

➤ **打破僵化思維**：不要放過意外事件，要注意意外事件蘊含的意義。我們必須明確，創新活動既然是一種對未知的探索，就不可能必然按我

們的預想的進程發展。有一些意外，包括受到一些挫折，是完全可以接受的，不值得嘆息。意外給了我們最寶貴的經驗和教訓。更重要的是，我們必須明確，創新探索的宗旨是發現未知，意料之外的事件常常包含了新用途、新技巧、新方法方面極其有價值的資訊，這些資訊可以成為創造發明的火花。因此，我們不僅要注意觀察和研究預定的事件，同時對事物演變過程中的各種現象都要注意觀察和研究，抓住轉瞬即逝的機遇。

➤ **豐富經驗，拓寬知識**：創新活動有時源於經驗的累積。達爾文透過多年觀察物種間的差異和關聯，最後才發現物種進化符合適者生存、自然淘汰的規律。獲得前人的間接經驗，能使我們迅速接近研究尖端。能使我們站在巨人肩上看得更高、更遠。

掌握大量的專業知識固然對探索問題有很大幫助，了解廣泛的知識，學習各個學科領域的方法，對創新活動的意義更大。當代人類的創新活動，很大一部分來自各學科領域知識、方法的溝通、借鑑、移植和應用。拓寬知識面，能使創新者更全面的理解事物變化的原因；成為多才多藝的人，能使創新者在創新活動中路路暢通。這些對捕捉創新機遇顯然是極有價值的。

偶然的事件中常意外的隱藏著商業上的構想。

有一個著名的例子，某調味品公司的主力調味料的營業額雖差強人意，但仍企求更上一層樓。因此，所有的研究員及營業主管們召開數次會議商討對策，卻想不到好的構想。

有一次，要使用這個調味料製作料理時，調味料的蓋子不小心掉了，跑出許多調味料。看到這個情景的一名職員想到，如果在出口把洞加大的話，也許就可以多量的使用這個調味料，這個構想使營業額直線攀升。

　　這個例子也說明創造力把偶然提升為一種商品計畫。

　　如果能以冷靜的眼光觀察各種偶然發生的事情，就可看見各種不同的真相。發覺偶然的要訣是找出以往從未有過的現象。同時思考為什麼會造成這樣的現象。

　　偶然隨處可見，首先必須養成發現偶然並給予修飾、啟發的思考方法，再從中想辦法、思考該怎麼辦。

興趣

　　興趣是人對事物帶有積極情緒色彩的認知活動傾向。當一個人對某種事物產生興趣時，便會主動趨向於接近、認識和掌握這種事物，並從中體驗到愉快和心理上的滿足。隨著興趣活動的進行，興趣的滿足並不會使這種興趣消失，而是會使興趣豐富、深入和強化。如有位學生在化學課程學習中了解酸性物質的一些特點後，產生了用食醋試一試其應用範圍。在興趣的指引下，他收集了報刊上對食醋各種功能的介紹，並一一進行了驗證。從中他體會到化學的極大價值，立志要從事化學研究，並考上某大學的化學科系，之後成為一個化學研究者。興趣是創新活動的嚮導。科學工作者對科技創新有興趣，藝術工作者藝術創新有興趣，作家對文學創作有興趣，這會使他們熱心於相應的創新活動，並以能從事這種活動為樂，而絲毫體會不到創新過程中的艱苦。一位諾貝爾獎獲得者經常在實驗室裡連續幾天幾夜的工作。有人問他苦不苦，他笑著說：「一點也不苦。正相反，我覺得很快活，因為我有興趣，我急於要探索物質世界的祕密。」

　　興趣是人在知識學習和創新實踐中逐步形成和發展起來的。數學家陳景潤上高中時，老師的一番話令他對哥德巴赫猜想產生了最初的興趣：

「科學的皇后是數學，數學的皇冠是數論，哥德巴赫猜想是皇冠上的明珠。」在後來多年的數學研究中，他對哥德巴赫猜想的興趣不斷加深，並最終在這上面獲得重要突破。那麼，創新興趣培養的重點有哪幾方面呢？

➤ **興趣的廣度**：興趣的廣度是指興趣範圍的大小。興趣廣泛的人對多種事物感興趣，能夠獲得廣博的知識和廣泛的創造資訊而變得眼界開闊、聯想豐富、想像多樣、思維靈活，從而更容易在創新活動中獲得突破性進展。張衡、沈括、李時珍、郭沫若等傑出的創新人才興趣非常廣泛，他們在物理學、天文學、地理學、醫學、文學、考古學、氣象學等多個領域獲得重要研究成果。在國外著名科學家中，像牛頓、愛因斯坦、維納（Wiener）等也有著非常廣泛的興趣，諾貝爾經濟學獎獲得者西蒙（Simon）在電腦、心理學、人工智慧等方面都有創造。現代科技迅猛發展，並表現出高度的綜合性，人文科學也吸收了自然科學的很多知識和方法，青少年作為未來科技、人文和社會創新的主要力量，要培養自己多方面的學習和研究興趣，以適應現代文明發展的需求。

➤ **興趣的深度與中心興趣**：興趣的深度是指人對某種興趣的熱愛、投入程度。一個人的各種興趣通常有著不同的深度。對一些人來說，其中有一個興趣的程度特別深，這個興趣被稱為中心興趣。古今中外，很多創新人才既有廣泛興趣，又有中心興趣，這不僅使他們成為通才，也使他們成為某個方面的專家，從而在該領域做出傑出貢獻。如漢代科學家張衡在天文學、地理學、數學、機械學、文學、繪畫等方面都有一定造詣，但他的中心興趣是天文學和地震研究，他發明的渾天儀和地動儀舉世聞名。

➤ **興趣的穩定性**：興趣的穩定性是指某種興趣的持續時間。興趣變幻無常的人很難在事業上有所成就。在創新活動中獲得重要成就的人，無

一例外的是，他們對某種創新活動抱有持久甚至終生的探索興趣。

▶ **興趣的效能**：興趣的效能是指興趣對人的實踐活動的驅動作用。興趣效能差的人，他們的興趣只是停留在觀望和等待狀態，或者只是口頭講講，很少有具體行動。這種缺乏推動力量的興趣實際上對創新活動並沒有什麼價值。興趣廣度、興趣深度、興趣穩定性對創新活動的作用最終是透過興趣的效能的發揮來展現的。一個效能高的興趣能夠推動研究者勇於探索，堅持不懈的實現創新目標而奮鬥。因此，必須重視興趣效能的發揮。一位著名科普作家是興趣效能發揮的典範。1928年，他因實驗意外，不幸身染腦炎。太平洋戰爭爆發後不久，病情趨於惡化，說話和行動都十分困難，已不能持筆寫作。從此以後，寫作只能以他口述、別人代筆的形式進行。但在這樣異常困難的條件下，憑藉他對科學和科普工作的無限熱愛，他寫出了大量科普著作，直至高齡仍筆耕不輟。他的作品和他身殘志堅、獻身科學的精神，使一大批人深受感動，從而也選擇科學研究作為自己終身奮鬥的事業。

有志從事創新活動的青少年要培養自己既有廣泛的興趣，又要有中心興趣，並能保持興趣的穩定和效能的發揮，因為這是創新成功的重要條件。

熱情

創新的熱情是推動實踐的動力泉源。揭示宇宙奧祕、發現科學真理、掌握創新規律、創造美好生活，永遠是激勵和鼓舞人們開拓進取、探索創新的不竭動力。

物理學家告訴人們，光的速度每秒約 30 萬公里，正常情況下，光是直線傳播的。

　　但是，光線會不會彎曲？宇宙的年齡有多大？正是由探索和揭示宇宙奧祕的偉大熱情所驅動，科學家們對此進行了不懈的探索。

　　愛因斯坦在 1936 年曾預言，一個天體發出的電磁波在到達地球前，如果遇到另一個質量很大的天體時，會因後者的強大引力而發生彎曲，形成一個光環。人們稱之為愛因斯坦環。為了探索和揭示愛因斯坦環的神奇奧祕，人們一直在努力。50 多年之後，1988 年，美國科學家終於在海斯塔克天文臺對獅子座射電源 MG1131+0456 的天線陣的觀測中，發現了第一個愛因斯坦環，第一次向人們證實了愛因斯坦的預言。

　　這一激動人心的發現大大鼓舞了人們繼續探索的信心。三年之後，1991 年 1 月，美國國家電波大文臺發現了第二個愛因斯坦環。並且發現，其電磁波源是一個距地球 28 億光年的明亮的藍色類星體，它與地球之間有一個星系，其質量為太陽的 3,000 億倍。這一發現大大拓寬了人們觀察宇宙的視野。接著，同年 7 月，一位澳洲天文學家領導的一個國際天文學家小組發現了第三個愛因斯坦環，也是最亮的一個環。發現和研究愛因斯坦環對於了解宇宙，特別是計算宇宙的大小和年齡具有重要意義。愛因斯坦環的證實，使人們對宇宙的認識進入到一個更高的層次。

　　如果說，愛因斯坦環當初還只是一個預言，需要用觀察實驗加以證實的話，那麼，激勵人們生生不息、創新不止的動力，正是「愛因斯坦環」這一偉大的預言。因為這一預言極大的拓寬了人們探索宇宙的思維視野，拓展了人們創新思維的廣闊空間，開闢了人們創新思維的新領域。要學會創新思維、獲得創新成就，除了有夢想和勇於質疑外，還要有執著的創新進取精神。

　　學會創新思維，需要有深入的探索的熱情和專注的執著的進取精神，有知難而進百折不撓的堅定信念，有在寂寞和前無古人的環境中獨闢蹊徑的勇氣。

案例學習：讓大自然說出真相

　　許多年前的一天，澳洲的牧場上的羊群突然失去了往日的喧鬧，變得靜寂起來。望著病懨懨的羊群，年輕牧羊人的歡快的歌聲變成了哀傷的牧歌，牧羊女的舞姿停止了，老牧羊人不停的抽著菸。不一會，羊群突然的亢奮起來，一隻隻的羊叫著、跳著、鬥著、瘋著，就是在夜裡，也會突然颳起一陣羊兒發瘋的喧鬧。

　　羊生了病，一種奇怪的病，這種奇怪的病使羊群整天躁動不安，變得衰弱不堪，最後大批的死亡。這種奇怪的病擴散著，傳播著，昔日健壯的羊群，一批批的病倒了。

　　是什麼原因引起了這種奇怪的羊病呢？科學家百思不得其解。

　　有一次，他突然想到，羊的這種病肯定是神經系統的病，而金屬鉛會引起中樞神經系統的損害。現在，羊似乎都發了瘋，莫非羊也吃了含有鉛的牧草，患了鉛中毒症？

　　這是個大膽的假設。他心中非常高興，彷彿找到了防治瘋羊病的根源。他設想，大群的羊已經患了鉛中毒，應該盡力搶救。

　　怎麼搶救呢？科學家想起了鉛的抗毒劑 —— 氯化銨。這是一種銨類的化合物，它在水中會離解出氯離子。氯離子能與鉛原子生成不溶性的氯化鉛，這種物質的溶解度非常小，在人體裡，不溶解物質無法被人體所吸收，這樣，鉛的毒害作用用就可以大大減輕。

　　科學家替病羊進行氯化銨注射，又在草料中拌入藥物。不久，實驗有成效，病羊的症狀明顯減輕，科學家心裡非常高興。

　　但是，對第三批羊進行試驗時，卻一點作用也沒有，羊依然發著瘋，叫著，吵著，疾病依然在蔓延著。

　　為什麼前兩次的實驗有效，而後來的實驗卻無效了呢？科學家百思不

得其解。他知道，自己還是沒有找到瘋羊病的真正病因，更沒有揭開治療瘋羊病的科學的方法。

但是，他確實治好過瘋羊病，他反思著自己的判斷。他想，究竟是什麼原因使羊發瘋呢？這不像是一種傳染病，但是，真的是因為鉛中毒症嗎？鉛中毒症的症狀又會是怎樣的呢？如果確實是鉛中毒，那麼，後來的氯化銨治療方法應該像第一次、第二次一樣有效。但是，後來的治療一點效果也沒有，這說明，鉛中毒症的結論是不正確的，瘋羊病的發生可能是另有別的原因。

他想到，某種元素的缺乏也會引起疾病，維生素 B 缺乏，會引起腳氣病，缺鐵，會引起貧血。羊會不會是因為缺乏某種元素，才引起了羊的瘋病的呢？而在第一批、第二批氯化銨中，正好有著某種羊所需要的元素，這樣，羊病在無意之中被治好了。

他的心頭一亮。他想，找出羊病的線索應先不從羊開始，而是從三次使用的氯化銨的分析開始。

他找到這三次使用的氯化銨的樣品，先比較前兩次的樣品。他想，既然這兩種樣品都治好了羊病，那麼，它們的共同特點可能就是治好羊病的關鍵。

經過仔細的分析，他發現這兩份樣品中都有豐富的銅元素。這表示，似乎是銅元素的缺乏引起了羊的瘋病，而主觀的想用氯化銨治療所謂的鉛中毒症時，卻歪打正著，碰巧補充了羊所缺乏的銅元素，僥倖治好了羊的瘋病。而這又造成了一種假象，彷彿病正是鉛中毒引起的，用氯化銨就能治好羊的瘋病。

科學家繼續分析第三次的樣品，然後與第一次、第二次的氯化銨樣品進行比較，發現第三次的樣品中沒有銅元素。根據這些實驗，他初步斷定，羊病的原因是銅元素的缺乏。

　　為了進一步證明這個結論，他對病羊進行補充銅元素的實驗，患瘋病的羊竟然漸漸的好了。

　　他想，很可能這些羊所在的地區是銅元素比較貧乏的地區，牧草中的銅元素含量比較少。銅元素與羊的大腦的功能有著密切的關係，銅元素的缺乏能引起腦功能的失調。既然羊病的原因在於銅元素，為什麼不可以在羊的食料中增加一點銅元素呢？他不時的替羊群補充一點銅元素，就像現代人經常的補充一點維生素一樣，結果，羊的瘋病竟漸漸的絕跡了。

　　科學家探索羊瘋病的思維，一開頭走過一點彎路，他大膽的假設瘋羊病是鉛中毒的結果，對此未做任何證明。這種思維的彎路是正常的，甚至是需要的。他判斷羊患的是鉛中毒症，這是一種大膽的猜測，在探索中，這種大膽的猜測是必要的。正如偉大的思想家胡適所說的，科學上需要「大膽假設，小心求證」。科學家在小心的求證過程中發現了假設的錯誤。此時，他經過認真的分析，否定了自己的假設。

　　他的大膽假設是一種智慧，因為這是一種試探，它的作用就像投石問路一樣。科學家否證自己的假設，更是一種智慧，展現了思維的靈活性特質。許多人在獲得一次成功後，會把成功的無關的因素當成主要因素，自以為發現了規律，其實他並沒有發現。他們會固著於盲目的成功，不再去尋找深層的原因。而這位科學家則不同，他沒有把前兩次的「成功」當成寶貝，而是在發現了否證以後，重新思考「成功」。正是由於他勇於否定自己的「成功」，善於發現和摒棄自己的錯誤，才找到了瘋羊病的真正原因。

　　而這位科學家更大的智慧在於，他從用錯誤的猜測既治好了羊病又沒有治好羊病的經歷中，認知到羊病的治與不治，與前後使用的氯化銨的成分有關。他透過三次樣品的比較，找出前兩次的共同點，又找前兩次與第

三次樣品的差異點，終於使羊病的原因露出了破綻，找出了造成羊的瘋病的真正原因。也找到了治療和預防瘋羊病的有效的辦法。

正如英國生物學家達爾文所說的，大自然是一有機會就要說謊的。它常常有意無意的與人捉迷藏，把自己的祕密掩蓋起來，而把表象、假象露給人們看，讓人們把表象當成本質，把假象當成真相，使有的人暈頭轉向，鑽進了牛角尖，走不出大自然設計的迷宮。當大自然看到科學家沒有能發現它的規律、它的祕密的時候，它也許會暗暗的得意。

不過，具有創新特質的科學家卻不是這麼好對付的，一旦抓住了大自然的破綻，即使它放出許多煙幕，露出許多假象，也不會輕易的讓它溜脫。科學家會從破綻中大致的了解祕密所潛藏的範圍，然後一點一點的搜尋，探索之網一點一點的收緊，最後逼得大自然無法隱藏自己的祕密，只得老老實實的認輸。

第三章

認識創新思維

如果一個人的思想不能比鳥兒飛得更高，那就是一個微不足道的思維。

—— 莎士比亞（Shakespeare）

創新是可以學習、可以培養的。

人並不是天生會創新的。正如魯迅所說，天才的第一聲啼哭，絕對不是一首好詩。一些偉大的發明家，也不是從小就聰明絕頂，才華橫溢，創造力噴發。發明大王愛迪生只讀了幾個月書便被勒令退學了。愛因斯坦從小學上到大學一直被老師評為平庸之輩，中學曾斷言他絕不可能有什麼出息，牛頓被視為一切天才中的天才，甚至人類全部的天才加在一起，也沒有他偉大，但是，少年時代的牛頓成績也表現平平，只是玩具做得出眾一點而已。可以說他們的創新才能主要是後天鍛鍊出來的。

創新思維的原則

創新思考不需要框框，但創新有其自身的原則。

這絕非自相矛盾，而是清理潛意識裡的障礙物。因為當你那3%的顯意識定了目標，認為可行時，但如果97%的潛意識覺得不可行，違反這個價值觀，或者感到不舒服，它是絕對不會合作的：不會為你搜尋內心資源，不會啟動創意潛能，甚至會拉你的後腿，最終使你失敗。說服潛意識有五大原則：

➤ **有證據的感官經驗**：當你制訂明確可行的目標後，你會見到什麼，你會感覺到什麼，例如你的目標是升職至經理，你會見到名片上的職位有所不同，你會聽到別人稱呼你為經理，你會感到一種優越感，你所見到的、聽到的和感覺到的，就是有實際證據的感官經驗，而你越能

具體的描述這個圖畫，潛意識就越願意為你完成。

➤ **背景描述**：當你實現你的目的時，這是什麼時候呢？在什麼地方？和什麼人在一起呢？例如你的經理辦公室在那裡，裡面的布置是怎樣的？辦公桌有多大，誰是你的下屬，你的直屬上司又是哪一位；又例如你想成為一個臨床心理學家，你可以想像當你的病人在最後一個階段的治療後，帶著一個滿意的笑容衷心感謝你；這些背景描述都能夠激勵你的潛意識工作。

➤ **正面思想**：「請你不要想一隻粉紅色的大笨象，記著，千萬不要想那粉紅色的大象！」你腦海裡自然會出現一隻粉紅色的大笨象，為何要求你不要想，你也會想到一隻粉紅色的大笨象的呢？腦就是這樣神奇的，如果你不停的提醒自己不要這樣，不要那樣，潛意識巨人只會聽到「不要」之後的那個指令。

如果你不相信，不妨做一個小實驗，比如你家中的小孩子，在他用腳踹上門時，你大聲叫他：「不要這樣大力關門！」跟著，你會聽到很大聲的「啪」，因為你提醒了他，當你叫著「不要這樣大力關門」時，第一時間出現在他腦中的是「大力關門」的指令。你應該說「關門輕一點」來提醒他。

大腦不能處理負面訊息，當接收到負面訊息時，你會首先想到要執行那個負面信號，例如當你的目標是：「我不要自卑」，又或者「不要失敗」，我們敢打賭，你一定會感到自卑和失敗！

➤ **自我啟動及維繫**：自我啟動是完全由自己控制，不受外在環境的影響。如果你的目標是要靠外在環境的，你會失去自主權，也會有無助的感覺；因為外在環境未必在你掌握之中，受你自己控制的才能激勵自己實現目標，否則就不可能做到。

➤ **身心環保**：要令潛意識安心為你服務，啟動自動導航系統，就必須要問：這些創新是否合乎「身心環保」的原則？「身心環保」是指對自己、對他人、對環境沒有負面的影響；如果有負面的影響，就需要做出適當的修改；當潛意識覺得某件事是不正確的，違反你的價值觀的，它就會在前進中途拉後腿，以阻止你繼續實現你的目標，這就是「身心環保」。

捫心自問，你的目標會不會對自己、對別人及環境帶來負面的影響呢？

當你考慮了以上五大重點後，好好欣賞你的預計結果，容許自己去想像，去發揮你的右腦，當你想得越細膩，感覺越好的話，你所制訂的目標就越容易實現。所有事件發生在我們的腦內，你想像得到的，你就做得到，如果你不肯或不敢放縱自己想像，就什麼都做不到。如果你覺得你所想像的圖畫都不盡如人意，你可以慢慢修改，直到你滿意為止。好好欣賞這幅畫，記著這美好的感覺，你越能抓著這感覺，你就越能推動自己實現這目標。

創新思維與大腦

只需要付出幾百塊錢，你可以到化工原料商店買所有組成人類所需要的物質，但卻無法創造出一個會說會走的生命。

你可以請一位手藝最精細的工匠，製造一個逼真的人物雕像，卻沒法使它像真人般有智慧和思想。

現代人工智慧科技可以設計出能擊敗世界棋王的超級電腦，但沒法使它有感情，有思想，懂得喜怒哀樂，會成長衰老，成為有血有肉的人類。

我們已經擁有複製人類的技術，但卻毫不了解自己的心靈是如何運作。

　　生命真的很偉大，人類思想行動的總指揮，就是這個體積平均只有1,400 毫升的器官——腦袋。體積雖然不算太大，卻包含有 10 的 11 次方個神經元，是銀河系繁星數目的總和。每一個神經元細胞長出多達 2 萬個樹幹狀的樹突，樹突主要是儲存和接收其他細胞所發出的訊息。它們和其他細胞相連結，形成一個複雜無比的網路系統，單一個腦袋所能連結到的神經網比全世界的電話網路要複雜得多。

　　人腦就像一個神祕的黑匣子，我們對它是怎樣運作的，至今仍然所知甚少。科學家不可能打開一個人的腦袋，也無法從中看看它怎樣思考，知道心靈如何處理訊息。所以對於人的行為，實在很難用純科學的觀察加以理解。人腦的生理構成尚且如此複雜，它的思維活動更是複雜百倍。

◆ 提高大腦創新活力

　　人類的大腦是一個神奇的「宇宙縮影」，是創新智慧的龐大寶庫。認識大腦的創新潛力是提高大腦創新活力、培育創新思維的前提。

　　大腦是創新思維的器官，其本身有著固有的工作規律。3 秒鐘節律就是大腦工作的規律之一。善於運用 3 秒鐘節律，能夠幫助我們提高大腦創新活力，創新思維開發應善於從奇妙的人腦 3 秒鐘節律中得到啟示。

　　德國心理學家和行為學家發現，大腦在支配人的思維和言行過程中存在 3 秒鐘節律現象。最早對 3 秒鐘節律現象感興趣的是奧地利維也納大學的一個學生。他對校園內許多談情說愛的大學生悄悄拍攝了錄影後發現，男女在談情說愛的每個動作表情都持續 3 秒鐘。對 3 秒鐘節律這種現象，一位德國思維意識科學專家解釋說，人的大腦對外部世界的景象每隔 3 秒鐘要重新調整一次。

　　科學發現，3 秒鐘節律揭示了人腦觀察、接受外界資訊的節奏，即大腦的生理時鐘節奏。3 秒鐘節律正好和人體生物節拍相吻合。無論是藝

術創作，還是科學發明創造，運用好這一節奏規律對培育創新思維非常有利。

例如，莫札特、貝多芬的音樂都遵循 3 秒鐘的節拍，所以聽起來非常愉悅。人在講話時應在 3 秒鐘有個停頓，這樣就容易讓人聽懂。特別是交通指揮燈，有 3 秒鐘間隙就足夠讓駕車司機做出煞車反應。因此，掌握人腦 3 秒鐘節律現象的規律，對於合理開發人的創新潛能和創新思維很有益處。

◆ 從腦中洗掉因循守舊

因循守舊是思想的沼澤地，只有從中走出來，才可能見到另外一番新景象。

因循守舊者的典型特徵總是認為抱著自己的老觀念不放，不去主動接受新鮮的思維，進行腦力革命。這本身就是思維上的惰性所使。成大事者必須要時刻學會「洗腦」，摒棄因循守舊，創新求變，才會有真正的成功！我們有很多人常抱怨自己腦子太笨，這是因為不肯動腦筋，在過去的思維模式中打轉。

成大事者的路上，因循守舊是你必須克服的一大障礙。不要指望未來某個不確切的時候「情況將會好轉」，而將就著過日子。如果你不改變因循守舊的習慣，那些轉機將永遠不會有。事物有一個可悲的趨勢，那就是它們永遠不會自我轉變。靠一個精神上的「延期計畫」生活，總是期待和希望，這是無益的，它將永遠不會把你帶到某一個目的地。你可以檢測一下，看是否常常對自己說：

➤ 我希望一切都將朝最有利的方面轉變。
➤ 我願自己能在這件或那件事上做些什麼。

　　你承認正用這些想法在自己周圍建立封鎖線嗎？你意識到「希望」和「祝願」這兩個詞實際上使得你什麼也不做嗎？坐等不會為你帶來什麼，事實上，你的惰性可能引起了一種情感上的麻痺，使你不能做出一些重要的決定。

　　要對你自己說：「我已經明白」，並且動手做起來。除非你去促成事物的轉變，否則，未來的情況將是依然如故。

　　的確，要做，就須付出代價和擔當風險，你的努力也可能會遭到失敗；如果你避免做任何事情，你也可免遭風險和失敗。但是，結果會怎樣呢？你避免可能的失敗，同時也就避免了可能的成功。

　　要找出你身上因循守舊的原因，可試著問自己：

➤ 計劃著一些令人激動的事情，但從來不實行這些計畫嗎？例如去休假，或者觀光旅遊等。

➤ 拒絕做任何對自己也許是一種挑戰的事情嗎？例如控制飲食，戒菸，或者選修一門大學的課程。

➤ 過多的依賴自己的朋友嗎？過於沉湎已厭倦的職業嗎？過於依靠那些對自己厭煩的親戚嗎？或者過於留戀那已不再令人滿意的住房嗎？

➤ 一旦面臨困難的任務或者某個將使自己處於危險境地的場合時，便立即變得憂心忡忡嗎？

➤ 推遲做那些費力的或令人厭煩的事情嗎？如清掃房間，修車，修剪草坪，或者寫信。

　　有這麼一些人，他們要做的事情是如此之多，以致分散了自己的精力，周而復始的忙這忙那，整天被一些細枝末節的小事拖累著，使自己離成功越來越遠。如果你認為自己可能是屬於這類人，那麼你可以問自己下列問題：

➤ 因為有一些「重要的事情」要做而推託自己親愛的人們的要求嗎？

➤ 由於首先必須照顧別人或者自己的職業而放棄了自己的幸福嗎？

➤ 總是忙得沒有一點自己可支配的時間嗎？

➤ 因為家裡或者辦公室裡有那麼多工作要做，以至於放棄了一個休假、一場電影或戲劇演出嗎？

　　認真的考慮這些問題，你將很容易的確診出自己因循的根源所在。從根本上說來，因循就是害怕擔當風險。當你對那些熟悉的然而也是有害的信號做出反應時，你至少能夠心安理得的（或者是不怎麼舒服的）維持現狀。因循守舊確實稱得上是生活的防身盔甲。

　　克服因循守舊的壞習慣並不像你認為的那麼困難。你所必須做的一切便是，你現在就必須行動，而不是等到明天或者下個星期：關掉你正在看著的電視連續劇，立即著手寫你的學術論文；放下你正在讀的雜誌，去打那些令人擔驚受怕的電話；放下那一片送到嘴邊的餅乾，開始你的飲食控制；立刻參加某一個自去年就吸引著你的課程學習；現在你從錢包裡取出十美元，開闢一個特別儲蓄，以備你一直期待著的某次休假之用。

　　讓我們以羅斯為例。

　　羅斯一直想成為一名心理學家。她在讀高中時，便節省錢以備上大學時用。高中畢業不久，她的父親得了重病，她的母親由於要照顧她的弟弟妹妹，只能部分時間出去工作，而她父親的傷病補助費也是極有限的，她必須放棄上大學的夢想。她把自己的儲蓄用來學習打字和速寫技術，很快便找到了一個祕書工作。羅斯曾經多次產生了讀夜大的念頭。但由於一個又一個的原因，她推遲了入學。就這樣一學期又一學期的過去了。羅斯始終未能入學。「我真不明白，貝特絲，」她對自己最好的朋友吐露心事時說，「我真的願意學習某些大學課程，但我要想獲得心理學碩士學位，

路途是如此遙遠。首先，我得在大學文科熬四年，然後在研究所再熬兩年多。貝特絲，因為我只能在晚上去上課，我要到 80 歲才能獲得碩士學位。」

這些，羅斯的思考方式犯了一個錯誤，她眼前看到的是 6 年全日制學習，並可能把 6 年看成 12 年甚至 15 年，因為她只能在晚間學習。然而，如果羅斯把她的總目標分解成一些小的目標，她最終將可能實現自己的願望。羅斯應當說：「貝特絲，我知道要獲得學位須走很長的路，但這沒關係。我將不管它大學文科四年的時間，而直接考慮在一個公共大學裡學習兩年，首先解決一些必要的基礎知識問題。」

貝特絲應該回答說：「甚至這兩年也可以忘掉它，而集中考慮在每一學期裡你將要修的一、兩門課。把妳的總目標分解成若干初級目標，然後又把這些初級目標分解成一些易於實現的小段落。這時，妳可以為實現妳的初級目標採取第一個行動了。一旦妳形成了『實做』的習慣，妳將會不斷的有所建樹，把一個成功建立在另一個成功之上，妳將能比妳所想像的要更快而又更容易的實現那遙遠的、似乎是可望不可及的，因而也是被不斷延誤了的願望。」

貝特絲的話一點也沒錯。有時我們因循守舊，是因為我們讓生活的潮流拉著走，我們的生活陡然的由一處不知道的地方到另一處不知道的地方惡性循環。隨著我們的理想在期望和等待的塵埃裡埋葬，我們對自己的命運也失去了控制。然而，我們文過飾非的藉口說是別人使我們不能做那些自己想做的事情，或者說是「我們無法控制的」環境使得我們如此之忙，以至於不可能去改變自己的方向，以此來為自己的惰性辯護，這是何等的自欺欺人。

◆　讓大腦更加清新、敏銳、開放

掌握用腦規律，能讓大腦更加清新。

運用節律學習法駕馭科學用腦規律，在「多頻道開發」中實現知識序化，在知識序化基礎上實現知識創新。由學習的生理基礎所決定，大腦攝取加工知識訊息必須遵循一定的作息時間規律，使大腦分別處於學習、休息、娛樂三個不同的工作「波段」，從而做到張弛有序、效率倍增。無論是在學校學習還是畢業後的自修、函授等自主性學習，課程設置和學習內容是穿插、交替進行的，各門科學的安排猶如鋼琴的琴鍵設置一樣，呈現出一定的規律，以使大腦不同的功能區域形成興奮和抑制的交替，這種節奏學習法是符合用腦規律的。

對任何一門學科知識的掌握，必須形成高效、有序的知識結構，形成井然有序的知識體系，並獨具慧眼的發現各門學科知識之間的規律性關聯，才能達到在知識創新過程中運用自如的境界。知識序化是大腦思維對知識進行深度加工的結果，系統、有序的知識是高效創新的前提。一位學者曾指出：「科學最基本的特徵就是系統性。」掌握學科知識的系統性，實際上就是對某一門或幾門學科知識內在關聯的規律性有比較全面、系統的掌握。系統序化的功能首先在於：系統功能大於部分之和，這是一個基本原理。如果所掌握的知識都是一些零零碎碎、鳳毛麟角式的知識片段，就很難發揮知識的整體創新功能。應透過自己的大腦思維有意識的對所學知識進行融會貫通式、綜合整合式系統掌握 —— 整體序化。正如一個隨身碟在使用前必須進行格式化，才能高效、正確的儲存資訊一樣，大腦儲存知識也必須對知識進行序化，才能有助於高效創新。如，把數學中的公式、定律巧妙的運用到物理學習中，或把數理化中的符號、公理、術語等創造性的運用到英語學習、文學創作或學術寫作中，可使學習平添許多妙

趣，又使知識資訊在滲透、移植、銲接、橫移擴展等創新運用中產生意想不到的聚變創造效應；即使知識得到了系統化、有序化、又使學習品質與知識創新能力得到同步提升。除此之外，還要善於對知識進行多維、多元序化，採用各種方法進行互補序化，努力駕馭多維序化的融通原理，使知識不斷飛躍到更高的有序境界。要使知識系統化、有序化，就要養成經常整理知識，使零碎的知識不斷系統化、有序化的治學品格。

運用外腦 —— 現代資訊工具進行知識的高效序化，讓大腦更加開放。

知識序化才能高效創新，在資訊時代，要善於借助人類的外腦 —— 電腦網路等先進的資訊化工具，協助大腦進行知識序化。

◆ 提高創新思維效率

知識是創新思維的「培養基」，是一切創新與創造之源。創新思維的培育離不開學習，學習是累積和擴展知識的基本途徑，學習分為繼承性學習和創新性學習，兩種學習方式都具有鮮明的累積效應：當在腦中儲存的知識量較少時，每一次較小的增加和擴展都使人產生一種較快的進步感和成就感；而當學習不斷深入，大腦中儲存的知識量增多時，知識的點滴累積已不能產生明顯的進步感。這就是學習中的「高原反應」，即當人們對某一學科知識的學習深入到一定程度，或初步掌握了某一學科的基本知識後，要想進一步深鑽細研、探索創新，就會感到大腦疲勞、精力不支，發現學習效率降低，進行速度減慢，學習特別吃力，處於一種「停滯或半停滯」狀態，儘管每天都在勤奮探索和累積知識，但收穫甚微。

學習與創新中的「高原反應」，其實質是由於知識的無限擴增對大腦學習和接受能力構成挑戰，以及大腦神經細胞即腦容量在理論上的龐大潛力與潛能實際開發上的生理限制構成的矛盾所導致的。因此，學習中

的「高原反應」，本質上是由於大腦對知識資訊加工、整合、編碼的生理心理機制及能力上的有限性，與知識資訊擴展的無限性之間的矛盾所引起的。

資訊時代，市場競爭對人們的知識創新能力，尤其是在終身學習中持續創新的能力提出了新的挑戰。新知識的迅猛激增和建立在資訊化、網路化基礎上的全球性知識即時共享，使置身激烈競爭的人們所應學習的新知識，所應掌握的新資訊，呈指數級增幅。如果不能突破學習中的「高原反應」，就會在知識創新競爭中失去優勢。由於每個人出現高原反應的原因不同，突破的方法也因人而異。

➤ **科學的轉換目標，在自己的最佳才能上實現創新突破**：由於人們的最佳才能不同，發現和辨識最佳才能的時間長短不一，因此出現有人發現最佳才能早而快、有人發現最佳才能遲而慢的現象。如果發現自己的最佳才能與主攻方向不一致，就應該及時而明智的轉換、調整主攻方向，確立最佳目標。由於人的精力和可供高效利用的時間是有限的，因此，必須根據自己的知識結構、學習特長和最佳才能，綜合確定符合自身發展需求的最佳學習目標，一旦發現自己原來所選擇的目標與自己的最佳才能、發展特長不相配，就應盡快轉換目標，而不應固執的在「原地踏步」。科學的轉換目標，在最佳才能上實現創新突破，是克服「高原反應」的明智之舉。

➤ **善於序化和活化知識，克服知識活力不足的障礙**：學習的目的在於創新，即創造性運用，而不是為了把知識「記住」。在鑽研某一學科時，如果相關的書讀得很熟，但當解決問題或運用於創新實踐時，卻感到知識不足或缺乏活力，這就需要帶著問題重新整理、序化所學知識，或運用拓展思維原理，補充相關學科知識，了解相關資訊以活化

所學知識，在創新思維中解決各種難題。為了使自己的知識結構具有攻克難關、高效創新的潛能，必須適時序化和整理所學知識，積極進行預測和反饋，及時進行學習的動態調節，不斷掌握新知識、新資訊，培育活化知識的能力，為突破學習中的「高原反應」打下堅實的知識活力基礎。

➤ **善於調劑身心，創造心智的最佳狀態**：學習中，要善於營造良好的身心環境，創造心智的最佳狀態有利於學習品質的提高。學習中，當感到大腦疲勞、思維呆滯、效率不高時，要及時把大腦從「學習頻道」轉換到休息娛樂頻道上來，以各種輕鬆愉快的方式調劑身心，如聽一段自己喜歡的世界名曲，翻一翻影視雜誌，看看室外風景，到公園裡散步或進行適當的體育活動等，使大腦在輕輕鬆鬆的「頻道轉換」中得到休息和調整。這種有規律的節奏學習法能保證大腦工作的有序性，為大腦營造心智的最佳狀態，為突破學習中的「高原反應」提供最佳心智狀態。

➤ **善於活化知識，克服思維活化能力不足的障礙**：大腦是活化知識、資訊、經驗、素材的「思維反應場」。學習中，只有思路開闊、思維敏捷才能使知識充滿創造活力。活化知識的重要方法之一就是博覽精品佳作，如：讀哲學類名著可以培育抽象的思維能力，讀文學類佳作可以培育形象思維能力，讀自然科學類佳作有助於培育科學嚴謹的創新思維等等。要像一些作家從事文學創作那樣，善於藉哲學思維表達深邃的思想，善於藉科學思維提出各種創造性假說，善於藉文學藝術的形象思維表達抽象的理論等，充分發揮知識在滲透、移植、擴展中的創新活力，為突破學習中的「高原反應」提供思維活力。

➤ **辯證運用所學知識，克服各學科知識之間負遷移作用**：遷移是指舊知識對新知識的影響。遷移分為正遷移和負遷移，產生促進作用的影響

稱為正遷移，反之稱為負遷移。如，學過漢語拼音的人學英語，在識記字形時有正遷移作用，而在學英語發音時則產生負遷移作用。為了避免負遷移的不良影響，要學會運用所學知識進行辯證創新，在知識序化的同時，充分發揮所學知識的正遷移作用，同時又提醒自己運用多種方法避免其負遷移影響。克服知識的負遷移作用，有助於突破「高原反應」。

➤ **學會接力創新，克服方法障礙**：學習的最高境界是超越前人、接力創新，而不是單純模仿、複製再造，其實質就是要青出於藍而勝於藍。接力創新之前，要在博採眾長的基礎上，先掌握前人的學習方法和知識創新的先進之處，繼而分析其不足之處，然後根據自己掌握的知識思考方法，不斷探索更先進、更科學的創新方法，用靈活的接力方法和充滿活力的創新思維，突破學習中的「高原反應」，在創新思維的開發中使知識擴展和知識創新得以同步實現。

在適應全球日益激烈的知識資訊動作所帶來的競爭和挑戰中，人們往往會遇到工作環境的改變。新的環境、新的工作需求往往會打亂原來井然有序的學習規律和時間分配，新的知識環境、新的資訊環境要求人們善於營造新的學習秩序，探索新的時間運籌規律和高效學習規律。靈活運用多種方法，有助於迅速突破學習和創新中的「高原反應」，在創新競爭中贏得領先優勢。

◆ 左腦開發與右腦開發

培育創新思維既要善於開發左腦，也要注重開發右腦。同時開發左腦和右腦本身就是培育創新思維的重要方面。

現代大腦生理科學研究顯示，由於思想家和藝術家的思維重心不同，因而他們重點開發的大腦半球不同。一位英國神經病理學家在西元 1864

年發現，心理活動主要由大腦左半球主管的人，他的思維屬於思想家類型。而那些由右半球主管的人，則屬於藝術家類型。一位美國心理學家在20世紀中期開創了割裂腦研究的先例，把連接大腦兩半球的纖維束切斷，對大腦兩半球的分工分別加以研究。實驗證明，大腦左半球的機能是進行受語言和邏輯支配的分析思維，右半球的機能主要是進行要求同時或相繼把所感知的元素連結成某種整體的知覺，這時候語言不起作用，即大腦右半球主管形象思維、藝術思維、空間思維和想像思維等。

當我們欣賞美妙音樂的時候，大腦右半球的功能是知覺音樂形象，即把音樂序列連結成樂曲，而左半球的功能卻是讀樂譜。如果我們借助耳機依次用左耳和右耳來聽音樂，那麼，沒有音樂素養的人對左耳聽到的音樂特別喜歡，也容易記住，因為從音樂獲得的神經脈衝是透過交叉的傳導神經到大腦右半球的。專業音樂家和受過良好音樂教育的人對右耳聽到的音樂特別容易記住，他們用分析的方式聽音樂，把音樂分解成音符，而這種功能與左半球密切相關。

培育創新思維，就應善於用音樂充分開發大腦右半球，只有大腦左右兩個半球都非常發達，才能高效率的進行創新思維。

右腦的開發的重要性與迫切性，我們在第四章重點談及。

創新思維與心態

開發和培育創新思維，是一項艱苦的事業。市場競爭的激烈性，探索創新的風險性等，使人們在創新思維和創新實踐的艱辛探索中難免會遭受挫折、遇到困境或遇到新的難題等。怎麼在挫折中奮起、化壓力為動力？如何從困境看到機遇和希望等，這既是一種情感智慧和心理調節能力，也

是一種卓越的創新思維。

　　在通向成功與失敗的十字路口，必須善於把創新思維的「頻道」撥到成功的正面心態頻道上來。

　　人們對大腦的認識，特別是對大腦所擁有的創新能力的認識，有一種不可思議的神祕感。為此，生理學家和神經解剖學專家想在名人大腦與普通人大腦生理結構對比上尋找答案。他們對一些傑出人物的大腦進行解剖，並與普通人的大腦生理構造進行對比，結果發現，傑出人物的大腦在生理構造上與普通人並無多大差別，也沒有什麼很特殊的地方。與此相對，科學卻有發現，儘管天才和傑出者的大腦與常人差不多，但他們的思考方式與常人大不一樣，他們創新成功的祕訣之一就在於他們擁有卓越的正面心態，一種把創新探索導向成功頻道的超常思考方式。

　　與正面心態相對的是負面心態。負面心態的人專挑毛病，放大事物缺點，只看到事物的不利因素和負面影響，從而嚴重影響和阻礙自己從事的創新思維。

　　面對困境，受負面心態左右的人不是披荊斬棘迎難而上，而是在困難面前低頭認輸、停步不前，在逆境面前退縮動搖，這種心態是極其有害的。本來，能看到事物的不利因素和負面影響是件好事，可以未雨綢繆，儘早做好準備，防患於未然；可以積極的創造條件化害為利、興利除弊、化消極因素為積極因素、化被動為主動，想方設法的把創新推向成功，這才是上策。

　　從現代心理學、成功學、創造學上看，正面心態和負面心態的根本差別在於：

　　在感情、性格方面，正面心態的人往往充滿自信，感受到愛情、友誼、寬厚、熱情、自尊、快樂、溫暖和力量，勇於創新進取，熱愛探索並

勇於負責，思維充滿創造活力。而負面心態的人則往往為偏見、嫉妒、孤獨、冷漠、自卑、傷感、膽怯、懦弱所累，只見頭頂上烏雲密布，看不到藍天的高遠和陽光的燦爛。

在行為方式上，正面心態的人，往往有獨立的人格，積極向上，廣交朋友，充分接收外界資訊，思維開闊。而負面心態的人，往往依賴別人，懶惰而且孤立，自我封閉，心胸狹隘，害怕困難，不敢負責，遇挫即折，見到困難就退縮。

在思考方式上正面心態的人目光遠大，視野開闊，思維開放，接受事物的發展、變化，努力在前進中把握機會。負面心態的人則鼠目寸光，思維封閉，抵制變化，認為自己只是命運的奴隸，敵視發展和創新，抱殘守缺，不思進取。

正面心態對創新思維的成功有著神奇的正向激勵作用，引導人們熱愛生活，珍惜自己的生命，相信自己的價值，以「天生我才必有用」為座右銘，不斷強化成功信念，善於鼓勵自己開拓前進，既相信自己與許多卓越的成功人士一樣有著強大的創新潛力，也善於見賢思齊，努力學習先進經驗，汲取他人智慧，豐富自己的創新才能，相信透過自己鍥而不捨的創新努力，一定能獲得非凡的創新成果。

創新思維四部曲

如果你不相信你是天生有創新能力的，不用擔心，因為創新能力是可以培養的。

無可否認，人生就是個大課堂，每一天我們都要學習新事物，否則不能適應時代迅速的步伐，既然我們不能不學習，那麼我們就需要知道什麼

是學習？否則可能會浪費了寶貴的時間，但卻得不到好的成果。

　　回想一下剛學開車的時候，或者剛學打字、彈琴等技能時，你的動作是怎樣的，是慢還是快的呢？是純熟還是笨拙呢？想想你第一次坐上駕駛座位，第一次將手放在鍵盤或琴鍵上時，你的心情是怎樣的，當時要記著的事項特別多，幾乎令你有如坐針氈的感覺。

　　如果你坐上這些新手的車上，為安全起見，千萬謹記不要和他們交談，因為他們已經忙碌的應付各方面的情況，下車時你也會為他們及你自己抹一把汗。但過了一段時間，這個新手再載你一程時，你卻發現他可以一邊與你交談，一邊聽音樂一邊穩定的駕駛，新手已今非昔比了，這是因為什麼呢？

　　這就是學習的過程，學習一些新技能時，必會經歷以下四個階段：

➤ **無意識的不懂**：無意識的不懂即是你不知道你不懂什麼，就以學習中文輸入法為例子，在你沒有打算學習輸入法時，你根本不知道你不懂什麼，你對此可能完全沒有概念或維持一個非常基本的印象：簡單來說，就是你在一個不懂的狀態。出現無意識不懂的最重要原因，是你根本不需要這種知識。當你每天都重複的做同一件事情時，每天都只是昨天的複製，你就不可能認知到你需要有創新，潛意識被那種又重複的習慣所矇蔽，創新絕對與你不相干。

➤ **意識的不懂**：當你覺得要改變了，你開始要學習一些你不懂的技能時，很多新事物會令你感到新鮮，例如你在學書法時，會醒覺在寫中文字時，筆法方面的次序原來也有很多學問。這時，你意識到自己有許多事情是不懂的，於是願意花時間去學習。

➤ **意識的懂**：當你已經學習一種輸入法一段時間後，你開始懂得訣竅，不再像初學時要花 5 分鐘時間才能拼寫一個字，但你仍然很有意識的

拼寫，以戰戰兢兢的心情去運用你的技能。此時，電話、一切交談只會令你分心，不能集中，因為你用的是顯意識來處理，其實我們的顯意識每次只能處理一件事情，因此，如果你覺得很多時候都不能集中，其實只因為很多時候你只是運用你的意識這一部分。但請不要放棄，很快你就會跳到下一個階段。

➤ **無意識懂**：如果你繼續努力，達到這個階段時，你完全可以掌握到輸入的竅門，你可以一邊打字、一邊以電話聊天，你已不是在用意識來操作你的技能，而已是運用潛意識了。當你到達這個階段時，你可以一心兩用，甚至一心多用，而根據心理學家的研究，我們可以同一時間處理 5 至 9 件事情，但這些必須是熟練的事件。當你能融會貫通時，這種學問或技能就能跟隨你了。

學習創新跟學習輸入法沒有兩樣。當你仍然像個機械人一樣，只按既有的程式生活，你活在無意識不懂的狀態，創新與你無關；你不可能總這樣生存下去！於是你意識到你需要學習創新，這時候，顯意識世界開始當道，你會很刻意的想跟平時不同的東西，下意識的瀏覽相關網站或買一些教你創新思考的書閱讀，做一些所謂有助創新或解決難題的練習，上訓練班等等。你知道你不懂，你會刻意的學習；你開始掌握一些技巧了，而且開始嘗到創新帶來的好處了 —— 有意識的不斷練習，反覆運用所學過的技巧，做決策時也刻意想一想有沒有有其他可行的方法。到最後，創新已經成為了生活的一部分，根本沒有需要刻意的想「創新」這東西，潛意識已經接管了這個學習區域，相關的技巧和意念很自然的跑出來，你就進入一個更高、更新的境界。

請牢記：不斷練習，不斷運用，才能成為大師。

創新思維的邏輯

只要你相信：「我是可以創新的。」那創新的點子就會源源不斷的出現。

你只要真誠的相信：

「我需要用創新的方法來宣揚我的信念。」

「創新使我達到理想。」

「創新使我生活得更好，使我和我的家人的生活有更多的色彩。」

「我一定可以掌握促進創新的工具和方法。」

「無論在任何環境之下，我都能夠一展所長，創新自然而生。」

「我沒有點子，想不通，這只是暫時想不到方法而已，等一等便會想通的。」

「創新資源早已在我的四周，早已潛藏內心。」

「我是可以創新的。」

「我相信……」

邏輯層次是一位美國心理學家及身心語言程式學大師在 1980 年代發展的一套行為改善技巧，他認為人的行為會分為以下 6 個層次：

➤ 精神／靈性 Spirituality ↓

➤ 自我認同 Identity ↓

➤ 信念／價值觀 Belief/Value ↓

➤ 能力 Capability ↓

➤ 行為 Behavior ↓

➤ 環境 Environment

對一個同樣的命題，在每一個層次都有不同的觀點和思考，也會有不同的身心資源可供提取應用。關鍵是：越趨向於靈性／精神或自我認同的

層次，行為信念就會越堅固，越有效果，但同時亦越難改變。

　　如果我們能調整各個層次，例如那個認為自己是數學「白痴」的人，只要他能改變「自我認同」的身分，認為自己只是沒有掌握數學的「能力」，那他能學習數學的機會就會大增。又或者那個認為數學老師教得不好的人，只要他認為自己是數學天才，他就會想盡任何辦法去學習數學，老師的好壞對他的影響就變得微不足道了。

　　邏輯層次的另一個用處在於，假如我們能在各層次上獲得新的觀點，我們又可以在 6 個層次上得到更多學習。你可以用 6 張不同的紙，依次序寫上「環境」、「行為」、「能力」、「信念／價值觀」、「自我認同」及「靈性／精神」6 個層次，然後放在地上，請你找出一個你現在關心的事情，可能是你某一個想實行的計畫或工作，當你想著這計畫時，踏入「環境」的紙上，環境是你四周的人和事，你做這個計畫時身在何處？周圍有什麼呢？留意每一個細節，記下自己所感受每一個細節的重要字眼，這些字眼會因應個人而有所不同。當你完全掌握到「環境」為你這個計畫所帶來的訊息後，你可以步出「環境」，然後順序踏入「行為」、「能力」、「信念／價值觀」、「自我認同」及「靈性」等其他層次，在每個層次都問問自己該層次對你有什麼啟發，將各種啟發的重要字眼記錄下來，你所得到的資源，會給予你更大、更深的啟示，令你對你的計畫，甚至對你的人生意義有更透澈的了解。

▌創新思維的培養

　　創新思維活動是人的創新實踐活動的「骨髓」、「基石」。沒有思維中的創新，就沒有實踐中的創新。

　　善於創新思維，需要具備的條件是多方面的。了解、熟悉和善於運用創新思考方法，是其中不可缺少的重要一環。

　　一個人思考問題，無論他自己是否意識到，在他的思考過程中，總是有某種思考方法在發揮作用。思考方法是思維活動的一種基本組成因素。就思考內容與思考方法的關係來看，如果說思考內容是思維活動的「硬體」的話，那麼思考方法就是它的「軟體」。

　　思考方法是從人們無數次思維活動和實踐活動的經驗教訓中總結出來的。它們都有其客觀根據，歸根到底都反映著事物的客觀規律。同時，思考方法與實踐方法密切連結。一方面，思考方法來自對實踐方法的提煉與加工；另一方面，人的實踐活動及其所採取的實踐方法，又都不同形式、不同程度的受到大腦中所運用的思考方法的制約。思考方法運用得恰當與否，輕則影響思維活動與實踐活動的效率，重則影響一個人的成敗得失。

　　創新思考方法泛指在創新思考過程中所需要運用的，能直接或間接的造成某種開拓突破作用的各種方法。

　　由於思考方法具有適用範圍廣、抽象性強等特點，一般都不可能提供像實踐方法那樣的可操作性極強的程序和步驟。那些直接服務於醞釀和產生創新設想的創新思考方法，其「創新」本性決定了它們的任務和作用主要在於「摸索」、「試探」，更不可能總結出一套固定不變的「創新思考公式」來。

　　創新思維不是憑空而生，從天而降的，創新思維也有一定的規律可循。

　　從人類歷史上多如繁星、成效卓著的創新事例中，從人們長時期累積起來的這方面的豐富經驗中，總是能總結出一些富有指導、啟發意義的原理原則，和許多具體有一定可操作性的具體做法，以及若干應該遵循、注

意的事項，可供人們學習、借鑑和應用。當然，無論什麼創新思考方法，都必須在科學的世界觀和方法論的指導下，才能造成它自己的作用。

創新思維既需要運用邏輯思考方法，也需要運作非邏輯思考方法。它們在不同的階段和環節上的作用有主次之分。從創新思維的全過程來看，邏輯思考方法的作用是基本性的，是貫穿始終的，是主力部隊。非邏輯思考方法的作用是非基本性的，只是在一定階段和環節上產生作用，是先鋒部隊。二者在實際創新思考過程中互相配合、作用互補，就像車的兩個輪子、鳥的兩個翅膀那樣，缺一不可。

在一些人看來，透過日常的思考實踐活動，透過學習各門科學知識，自然就會學到和掌握可以產生創新作用的思考方法，不需要專門學習。這樣的看法是否符合事實呢？不能說完全不符合。的確，中外歷史上都有不少善於運用創新思考方法的人，包括許多獲得了突出成就的傑出人物，他們大都沒有在這方面專門學習過。但同時也不能不看到，掌握和運用創新思考方法，需要熟悉一套新的思路，培養起一種新的思考習慣，因而完全靠自發的體會、摸索和累積，就會難度大、進展慢、代價高、效果差。如果說在以往社會發展相對緩慢的時代，只要有極少數人善於運用創新思考方法，能在自己所從事的事業中有所創新，就已能基本滿足社會發展的要求。那麼，在以創新為基本特徵的知識經濟時代即將到來的今天，各個領域都渴求有大批善於創新的開拓型人才。依然像過去那樣，只是十萬人、百萬人中才出一個善於創新的人才，那顯然就太不適應社會發展的客觀需求了。

人們的實踐經驗證明，花一點時間系統的學一學創新思考方法，比起自發的摸索、累積，效果會更好，速度會更快，掌握和運用起來會更加得心應手。

創新思維與音樂

音樂的本質與創新思維有著驚人的相通之處。

音樂，作為反映社會現實生活的一種藝術，它既是來源於生活實踐的一種藝術創造，同時，作為一種溝通心靈與大自然的藝術載體，它在鼓舞人們的創新精神，激發人們的創新勇氣和信心，激發人們的創新思維上，有著神奇的作用。

音樂，是人類心靈深處的一種本質力量的揭示和表現，它以某種純真自由的理念和情感資訊形式的文化指令，給予人類的精神世界極大而深遠的影響，同時，它以音樂所特有的方式對人們的創新思維進行著超常規的活化。

◆ 音樂開發創新思維的科學依據

音樂在調節人們情緒的同時，能促進人體分泌出有益於增強記憶力的化學物質，從而提高人們的記憶品質和效率，為知識的序化和思維創新打下堅實的基礎。

從物理學意義上講，由於音樂具有一定的節奏和頻率，而這種節奏和頻率往往與人的生理心理節律需求相合拍。和諧優美而有旋律變化、抑揚頓挫而富於起伏的節奏交替，能造成舒緩神經、調節情緒的作用。從生理心理學意義上說，美妙的音樂是一種有規律的聲波振動，能夠引起人體組織細胞發生和諧的同步共振，提高大腦皮層的興奮度，活躍和改善情緒狀態，消除或緩解外界及心理因素造成的緊張心態，從而達到調整機體，使之處於最佳心理狀態的功效。

音樂以其高度抽象的文化指令運作機制，與創新思維的一般運作機制，在本質上具有異曲同工之妙。生物學家認為，節奏歡快舒暢的音樂，可以刺激生物體內細胞的分子發生共振，使原來處於靜止和休眠狀態中的

分子和諧的運動起來，為細胞賦予新的生命活力，並促進細胞的新陳代謝。心理學家認為，音樂能滲入人們的心靈，激起人們無意識的超境幻覺，並能喚醒和活化平時常被抑制的記憶潛力。音樂可以為大腦神經活動如訊息傳遞和訊息儲存等，提供豐富的良性「刺激」和鍛鍊，為思考器官 —— 大腦提供一個良好的身心環境和文化氛圍。愛因斯坦獨特的記憶方式（只記書本上沒有的東西）和獨特的賞樂方式（演奏小提琴），為我們認識和領悟音樂所擁有的激發創新思維的功能，提供了全新的思考視角。

音樂不僅是一種藝術修養，對創新思維的開發和 21 世紀高素養人才的培養來說，它是素養教育的一個重要內容。因為，音樂是理解世界、探索人生、表達內心情感的一種方式。如果對音樂藝術的欣賞有困難，則說明智力結構上有一定的缺陷。音樂，不僅能激發人們的創新精神，而且能活化人們的創新思維，豐富人們的創新智慧。

超常規思維是一種善於從那些極普通的、表面看似互不相關的事物之間發現其共性，在兩個不同的科學概念之間發現其內在關聯，並能在相互矛盾和對立的事物和現象中發現其奇妙的統一之處，從而發現新的奧祕，揭示新的客觀規律，做出新的科學發明創造，進而刷新人類歷史的一種卓越的創新思考方法。

音樂有助於啟發人們的超常規思維。開發創新思維，就要善於領悟音樂在啟迪人類智慧與情感功能上的獨特性和神奇性，從中得到啟發。音樂以聽覺形式和獨特的抽象思考方式，啟悟著人們對宇宙、社會、人生等萬象的訊息本質和情感本質的理解。儘管音樂不能為我們直接提供揭示宇宙奧祕的數學公式、物理定律或化學方程式等現成的具體答案，但它卻能激發我們純真自由、崇高廣闊而又無限豐富的思維聯想，它慰藉、鼓舞、激勵、振奮著我們的心靈，成為人們不懈探索未知世界的智慧、信心和力量之源。

◆　優美的音樂是創新思維的催化劑

　　愛因斯坦不僅是一位傑出的物理學家，而且也是一個音樂素養很高的小提琴演奏高手；他不僅擅長抽象思維和理論思維，而且也善於用音樂的情感思維調節大腦，啟迪自己的創新思維。

　　1920 年，愛因斯坦接受荷蘭萊頓大學的邀請，住在他的老朋友 ── 物理學家埃倫費斯特（Ehrenfest）家中。埃倫費斯特和量子物理學家普朗克（Planck）一樣，都是出色的鋼琴手，並非常喜歡為愛因斯坦的小提琴伴奏。演奏樂曲是這幾位物理學大師的高雅娛樂方式，工作之餘，為了舒緩一下大腦神經，他們興致勃勃而又怡然自得的演奏那些優美的樂曲。往往當樂曲拉到一半時，愛因斯坦突然停下，用弓子敲擊琴弦，暗示停止演奏，因為優美而富於幻想的旋律激發了他的靈感，於是他沉浸在美妙的樂曲為他帶來的科學思維的靈感想像之中，而這些寶貴的靈感往往為他帶來超越時代的創新發現。對此，埃倫費斯特也深有感觸。

　　因為音樂不僅引起愛因斯坦的情感共鳴，而且音樂與大腦之間的和諧共振使愛因斯坦的腦電波處於最佳狀態。酷愛音樂的愛因斯坦在與他的日本學生鈴木鎮一的一段對話中說：「我首先是從直覺發現光學中的運動的，而音樂又是產生這種直覺的推動力……音樂的感覺為我帶來了新的發現。」愛因斯坦對於音樂和科學的崇敬之心是無可比擬的，他把兩者的關係體驗得天衣無縫，他既善於從大自然經常把宏觀的相似現象展示於人們面前中得到啟示，同時又善於對其相似的基因和原理隱蔽著的本質給予音樂直覺的大膽透視，從中得出震撼世界的「相對論」。

　　愛因斯坦經常從演奏音樂中得到靈感的實例啟示我們，優美的音樂是激發創新思維的特殊而神奇的「催化劑」。

　　首先，優美的音樂能夠靈化我們的感情思維，把我們帶進引人入勝的

美的旋律中，讓我們產生奇妙而又美好的遐想，正是在這些自由飛翔著的遐想思維中，蘊藏著龐大的創新思維素材，迸發出靈感思維的火花。

其次，美妙的樂曲以一種潤物細無聲的方式調節我們的腦電波，讓我們的腦電波與樂曲的聲波和諧共振，誘發大腦產生有利於靈感出現的 α 波，從而為創新靈感的出現營造良好的氛圍。再次，優美動人的樂曲旋律本身隱藏著奇妙的、不同凡響的靈感，這種靈感正是音樂創作的超常之處，作曲者的靈感思維透過優美的旋律和樂音一點一滴而又不知不覺的滲透進入我們的億萬腦神經元，啟動潛意識思維的靈性，激發思維的活力，使我們在不知不覺中接受其美妙的靈感創作，從中感悟它奇特而非凡的創造力，並從其創作熱情中得到鼓舞和啟迪。

美妙無比的音樂，不僅是舒緩大腦的奇特潤滑劑，而且是激發創新思維的特殊催化劑。在艱苦卓絕的創新思維探索與實踐中，每當我們感到疲憊或陷入創新的困境時，美妙的音樂，不僅能舒緩我們緊張的大腦神經，而且能活躍、愉悅、鼓舞、激勵和啟迪我們的創新思維。

縱觀古今中外，傑出人物中的音樂愛好者數不勝數。這些英才之所以卓越不凡，首先在於他們對人類的突出貢獻和非凡業績，而世間任何偉業都需要充滿熱情的個性和非凡的創造活力，這些英才正是善於用音樂增強自己的創造熱情，豐富自己思維的創造活力，完善自己的創造智慧結構，從而成為創新思維出類拔萃的佼佼者。

在創新思維的培育和創新實踐的探索過程中，音樂以其獨特的聽覺形式的情感訊息指令充實人們的心靈，賦予人們活力洋溢的生命熱情，使人的思維充滿旺盛的創造活力 —— 音樂使創新思維之樹常青。音樂是熱情和想像力的催化劑，活潑明麗而又熱情奔放的音樂，往往能使人的心靈獲得慰藉和鼓舞，使人的想像充滿熱情與活力，使作為思維主體的人，從狹

隘的自我和喧鬧的現實中漸次進入崇高廣闊的審美境界，既使人的情感得到昇華，又使人的想像力得到熱情的鼓舞，進而使思維主體的創新靈感得到源源不斷的動力支持。

音樂具有使人超越苦難的神奇偉力。偉大的音樂家貝多芬有句名言：「音樂具有比一切智慧、一切哲學更高的啟示……誰能滲透我音樂的意義，便能超脫尋常人無以自拔的苦難。」

在創新思維培育和開發實踐中，要使自己的創新思維始終充滿創造活力，使自己的創新思維之樹常青，就應該善於透過內涵豐富的音樂，去領悟和掌握創新思維的真諦。讓我們在心中時時演奏熱情澎湃、活力洋溢的成功交響樂，這既是一種卓越的情感智慧，也是一種非凡的創新思維風格。

▌案例學習：醜小鴨如何變成天鵝

愛因斯坦如一個巨人般站在歷史的長河，至今沒有任何一位科學家能獲得他那樣豐碩的科學成果。

愛因斯坦產生這些成果的思維本身，其實也是一分寶貴的財富。他的創造性成果，來自於他的創造性的思考。他的思考方式與眾不同，它高效，創新，別樹一幟。如果我們能正確的認識他的思維，掌握他的思考藝術，一定能激發創造精神，收穫創造的果實。

愛因斯坦並不是一個早慧的兒童，他的語言能力發展遲緩，三、四歲的時候還不會說話，他的父母甚至擔心他的智力低下。小學的時候，他落落寡合，笨手笨腳，他做的紙工小板凳被老師認為是世界上最差的小板凳。無論是小學、中學還是大學的老師，都不大喜歡他，認為他不會有什

麼出息。他讀小學時，老師對他的評語是「智力遲鈍，不喜互動，話也說不清楚，嘟嘟噥噥的像夢遊一樣。他是成不了材的」。結論下得很絕對。

他上中學是在路特波德中學。這所學校採取灌輸式的教學法，強調服從，提倡死記硬背，還硬逼學生上軍訓課。愛因斯坦對這種教育深惡痛絕。教導主任對他的父親說，他的孩子「生性孤獨，智力遲鈍，不守紀律，做什麼都一樣，反正是一事無成」。墨守成規和強制性的教育嚴重的壓抑著他的創造精神的發展。

考大學時，數學和物理學考得很出色，但是，語言學和生物學不及格，只能補習一年。他在大學也不是老師認為的好學生。物理學教授因為愛因斯坦不喜歡自己上課的內容，對他有反感。另一位教授的實驗課要求學生嚴格照他規定的操作順序做實驗，而愛因斯坦則常常思索一套新的做法，他向校長辦公室寫了報告，學校對愛因斯坦做了警告處分。大學畢業後，他的同學都安排了工作，他卻失業了，因為他不是傳統認為的好學生，老師不願意推薦他。

總之，這位 20 世紀最偉大的科學家和思想家從小學到大學，都沒有受到教師的重視，老師對他的評價都不高。事實證明，不是愛因斯坦方面出了差錯，而是教育方面出了差錯，以致愛因斯坦不無痛心的說：「現代教學法竟還沒有把研究問題的神聖的好奇心完全扼殺掉，真可以說是一個奇蹟。」我們有理由懷疑，如果他改變自己，一切照學校安排的教學法去做，他能否成為後來的愛因斯坦？

愛因斯坦的探索精神沒有被扼殺，是因為他還受到過另一種教育。在她的母親的薰陶下，音樂成了他終生的朋友。5 歲時，父親送給他一個指南針，愛因斯坦感到驚奇，他好幾天都在尋找它指南的原因。他想到，事物的背後一定有著某種人們不了解的東西。進中學以後，叔叔給了他一本

幾何書，讓他自己證明勾股定律，他證出來了靠眼睛看不出來的東西，透過推理得到了證明，他由此感覺到了思考的偉大的力量。在阿勞州立中學求學時，學校寬鬆自由的氣氛給了他良好的教育。他曾深情的回憶說：「這個學校的自由主義精神，毫不仰賴誇大的權威，而是依靠真正的權威和教師的質樸精神和嚴肅態度，都讓我留下了不可磨滅的印象。這使我感到，建立在行動自由和意識到自身基礎上的教育，比那種依靠呆板的訓練、誇大的權威和沽名釣譽的教育，不知要高明多少倍。」大學畢業後，他與幾個年輕人在奧林匹亞學院中自由討論，也為他的思想成長創造了良好的氣氛。正是從積極和消極的教育的感受中，使他提出了獨到的教育思想。

大學畢業後，幾個同學都留校找到了工作，只有他得不到推薦，找不到工作，老師沒有讓他留校。他寫信給老師，請他介紹工作，老師連信也懶得回。

這是一隻看上去不會飛、也一定飛不高的醜小鴨。然而，這隻看上去不會有什麼名堂的醜小鴨卻在 26 歲那年發表了幾篇有著世界影響和歷史價值的論文，開創了現代物理學的新篇章。

這些經歷發人深思。它提醒人們，傳統的教育方式有重新審視的必要。愛因斯坦從自身的經歷中，最深切的體會到新世紀和舊傳統之間的激烈的思想碰撞，深刻的感覺到舊傳統的弊端，並從中萌發了他新的思想。

愛因斯坦渴望思維的自由創造，反對學校成為只是灌輸知識的工廠，主張學校應當培養獨立思考的人，把發展獨立思考和獨立判斷的一般能力放在首位，而不應當把獲得專門知識放在首位。他認為，如果一個人掌握了學科的基礎，並且學會了獨立思考和獨立工作能力，就必定會找到自己的道路，而且比起那種只關心獲得細節知識的人來，會更好的適應進步和

變化。今天我們經常遇到的高分低能現象，其根源就是沒有重視培養獨立思考，而過分注重細節知識。

　　愛因斯坦厭惡對學生進行軍營式的管理，主張學校要創造一種寬鬆自由的氣氛，為學生學習留有一定的自由度。他讀大學時，物理學教授講的是傳統物理學，而他已經自學過這些知識，他的興趣在理論物理，他就不上物理學課，而自修理論物理。他認為，自由出智慧，自由能保護學生珍貴的好奇心。他說過，好奇心「這棵脆弱的幼苗，除了需要鼓勵外，更重要的是需要自由；要是沒有自由，它不可避免的會夭折。認為用強制和責任感就能增進對觀察和探索的樂趣，那是一種嚴重的錯誤。相反，我認為，即使是一隻健康的猛獸，如果在牠不餓的時候還繼續用鞭子強迫牠不斷的吞食，就算吞得進，也會使牠喪失貪吃的天性的，尤其是如果強迫餵給牠的食物是經過一定的選擇的」。我們至今仍在使用著升學的鞭子強迫學生不斷的吞食他們並不喜歡吃的東西。

　　愛因斯坦．反對學校扼殺學生的個性，主張教育要發展學生的個性。他反對把學校簡單的看作一種工具，一種把最人量的知識傳授給下一代的工具。他認為這種看法是不正確的，知識是死的，而學校卻要為活人服務：「沒有個人獨創性和個人志願的統一規格組成的社會。將是一個沒有發展可能的不幸的社會。」

　　愛因斯坦也反對學校進行單純的知識教育，強調學校要培養崇高的道德品格和情感，年輕人要努力發展有益於公共福利的品格和才能。他主張學校要進行倫理教育，「要是沒有倫理教育，人類是不可能得救的。」他反對只講究知識的態度。因為「那種『講究現實』的思想習慣，它們像嚴霜一樣凍僵了人類相互體諒的情感」。

　　他的思維也與傳統的思考方式和觀念不合。他以自己的方式從事研

究，他以自己的方式進行探索。正是他獨特的思維，使他成為一隻不受重視的醜小鴨；也正是他獨創的思維，使他在物理學領域創造了光輝的成就。

第四章

創新來自於行動

所謂創新，往往只是將已存在的東西加以變化。

—— 普拉斯（Plath）

創新是一個不斷反覆的過程。在創新過程之中必然會遇到形形色色的困難和挫折，我們只有在困難和挫折面前，誓不低頭，把困難和挫折當作機遇，這樣才能有所突破。

不懈的行動

創新之舉是實施創新構想的行為。創新構想就其內容來看，有些指向某種理論假設，有些指向相關的具體實踐。如果說指向理論的創新構想有時會成為全新思想的雛形，那麼指向實踐的創新構想則常常可轉化為創造性解決問題的行為。但並不是所有的指向實踐的創新構想都能夠馬上轉化為創新之舉的。

◆ 採取積極的行動

雖然你有清楚的目標，但要成功就必須要付諸行動，坐著不動不能也不可能達到你想要的。

以下是行動時所必須的態度：

➤ **開放自己所有的感官觀察**：我們能擁有敏銳感官觀察，尋找到與潛意識的共同點，就可以用潛意識幫助自己實現目標；我們要開放敏銳感官觀察，包括視覺、感覺、聽覺、觸覺、味覺等感官，全身心的接收更多資源，注意潛意識的感覺，就能容易與潛意識獲得共鳴，成功的令潛意識在幫助你實現目標的同時，形成雙贏的局面。

➤ **擁有行為彈性**：在一個系統裡面，任何一方面如果有較多彈性，該方面就能控制整個系統，而對方也會因應這些變化而做出改變，以令系

統繼續保持平衡。

在達到成功之前，我們就有擁有行為的彈性，一個方法行不通，就用其他方法，直至行得通為止；我們越能兼容其他的人的想法，就越有行為彈性，也越容易成功。

➤ **於身心卓越層面運作**：什麼是身心卓越層面呢？試想著一些愉快的事情，你的心情就會好，而力量也會大一些；當你想著一些不愉快的事情時，力量也會減弱。於身心卓越層面運作就是用盡你的正面力量。既然我們知道身心是互動的，那如果我需要力量時，只須擺出有力量的身體姿勢，狀態就能隨之產生。

當你在喜悅時，就能吸引到更多的喜悅；當你在倒楣時，就會吸引更多的倒楣，想成功，你會選擇在哪個層面上運作呢？

◆ **能否實現創新的關鍵因素**

有了創新的構想之後，一個人是否做出創新之舉，還取決於他對下列因素的考慮。

➤ 這種創新之舉是否可行？有些創新之舉只具備理論上的可行性，或是依賴於某種時間或場合，當前的現實條件並不具備，這時就無法採取行動。

➤ 實施這種創新之舉是否能獲得一定效益？有些設想雖然新穎、有創造性，但採用後並不能獲得大於付出的回報，這種情況下採取行動很可能就是做一樁賠本買賣。

➤ 這種創新之舉是否是若干可供選擇的行動方案中唯一的或最佳的？如果有多種成熟的方案可供選擇，特別是原有方案比創新方案有更多的優點時，創新之舉也許就被擱置起來了。

　　由於創新構想作為一種新的行動策略，難免有一些不成熟和不完善的地方。這種不成熟和不完善有些需要進一步思考和討論來消除，有些則需要邊實踐邊修改才能發現問題，並最終的找到一條解決問題的正確道路。只將創新構想停留在思想中或紙面上，不去做行動上的探索，那麼某些創新構想也許永遠無法成熟和完善。因此，雖然很多創新構想從表面上看不具備全面實施的客觀條件，但這並不能否定相應的創新之舉的價值。從某種角度說，一個人是否採取創新之舉，能否完成創新之舉，更多的是取決於其主觀因素，取決於他是否「肯為」、「敢為」和「善為」。

(1) 肯為

　　勤於思考、勤於行動是「肯為」的前提。某些人平時懶得思考，把思考看成一件很累的事，他們當然沒什麼創新構想可為。也有一些人倒是勤於用腦，但他們常常只想不講，或者只說不做，所以有了一些創新構想，也難有相應的創新之舉。

　　除懶散外，阻礙「肯為」的另一個常見的心理障礙是將創新看成是高不可攀的事情，以為只有偉人才能有所創新。產生凡人無創造的錯誤印象，與平時人們只留意牛頓、愛迪生、愛因斯坦等做出的劃時代的發現，而忽視人們在生活中所做出的大量的小發明、小創新有關。如果仔細檢視一下我們周圍的環境，會發現與我們生活、學習密切相關的很多小事物在不斷的被革新和改進，如我們所用的書包、筆盒、筆、橡皮擦、美工刀等文具用品，與我們父母讀書時相比已有了很大的改變，而做出這種改變的正是很多平常、甚至是默默無聞的人。破除創新的神祕感，我們也可以成為他們中的一員。

　　對一些自以為聰明卻總是動口不動手的人來說，還存在著一種好高騖遠、貪大求全的傾向。他們總是想著大創造、大發明，不屑於考慮小問

題，做一些小創新。他們沒有注意到，做出過重大創新的偉人，他們的創新能力是在思考和探索一些小問題中發展起來的。

(2) 敢為

創新需要勇氣。創新之舉畢竟是不同於自己以往所採取的行為方式，做起來不如以往所做的那樣熟練、有把握，甚至有時還冒失敗的風險。有些人創新的想法並不少，但他們或是害怕失敗帶來的種種後果，或是害怕被人說自己是「出風頭」，以至於在採取行動前總是反覆斟酌、猶豫再三，最後還是退縮、放棄，成為思想上的勇士，行動上的懦夫。

做出創新之舉還需要責任感、使命感。創新是一個民族進步的靈魂，是國家興旺發達的不竭動力。把創新看成是自己義不容辭的事情，對創新探索中可能要遭受的艱難困苦，要冒的風險也就能勇敢的承受下來了。

創新之舉常常是利弊並存。不害怕承擔責任也是做出創新之舉的重要條件。年幼的司馬光砸缸救友的故事我們都知道。司馬光當時看到小朋友跌入水缸裡，雖然想到除了叫來大人將人拖出水缸的辦法外，還可有採用破缸使水離開人的辦法，但如果害怕承擔砸破缸、水流出來的責任，他可能就不能完成救人之舉。

(3) 善為

如果說做出創新之舉取決於「敢為」，那麼完成創新之舉則依賴於「善為」。對創新而言，沒有現成的行動模式可以參照，沒有過去的經驗可供利用，行為過程帶有更多的不確定性，失敗的風險更是要大得多。因此，必須注意創新行動的條件。

創新之舉必須選擇適當的時機採取，並根據進程隨時調整行動的策略。注意不到創新的困難，魯莽從事，勇而無謀，創新之舉很可能以失敗

告終。創新之舉還必須爭取輿論的理解和別人的支持。一方面，輿論的理解可以使創新者對自己的創新行為充滿信心，減輕標新立異引起的精神壓力。另一方面，人類的創新行為已開始變得越來越複雜，越來越依賴群體的力量。別人的配合與幫助常常成為創新完成的重要因素。

　　青少年朋友鑑於心理發展水準的限制及知識經驗的累積狀況，要想一下子做出重大創舉顯然勉為其難。不過，在小發明、小創新方面的不懈探索，將極大的促進青少年創新能力的發展，而青少年對創新活動的興趣愛好會一直延續下去，成為今後事業和生活的一個重要組成部分。

◆ 沒有藉口

請留意以下的句子：

「我家裡很嘈雜，不能專心溫習，所以數學成績不好。」

「我做錯了這道數學題。」

「我不懂數學。」

「數學對我將來的工作不會有太大的幫助。」

「我是一個數學『白痴』。」

以上每一個藉口的背後，所反映的心態都有很大的分別。

➤「**我家裡很嘈雜，不能專心溫習，所以數學成績不好。**」：背後的意義是指「環境」令某人不能好好的學習數學，要解決這情況，可以轉換讀書環境，例如到附近的圖書館溫習，就能改變數學的成績。要改變「環境」是較容易的。

➤「**我做錯了這道數學題。**」：只是技術上犯錯，只是「行為」層次的問題而已，可以再做或做出適當改正，就能學懂數學。這個「行為」層次雖然比改變「環境」難，但仍然很容易改變。

➤ 「**我不懂數學。**」：這是關於「能力」方面的問題，「能力」是經過許多次重複的「行為」而產生出來的，例如學習游泳，初學時是以不同的動作及行為組合而成，當這些行為組合在練習得熟練後，就有了游泳的能力。要改變一個人的「能力」，當然會比改變「環境」及「行為」要難。

➤ 「**數學對我將來的工作不會有太大的幫助。**」：縱使某個人有好的補習老師，好的環境，又懂得數學，他仍然是不會好好的學習數學，因為「信念／價值觀」令他不會重視數學；試想想你在求學時成績最差的是哪一科，為什麼呢？大多數是認為該科沒有用，你就不願意花時間下工夫，「信念／價值觀」是以每個人的背景及生活模式為基礎，支配著人的行為；什麼是對，什麼是錯，什麼是重要的，什麼是不重要的，都會影響了這人對某些事物的看法。

➤ 「**我是一個數學『白痴』。**」：這樣學好數學的機會幾乎等於零，因為他確立了一個「自我認同」的身分，其「信念／價值觀」、「能力」、「行為」等都會配合「數學白痴」的身分，因此他對於數學來說，一定是一個「白痴」，直至他改變了這個身分才能出現轉機。

不畏懼挫折

　　智者千慮，必有一失。創新與失誤之間，並沒有什麼不可踰越的鴻溝，它們之間只有一紙之隔。越過真理的小半步路，就可能成為謬誤。創新的過程中，常常會遇到思考的陷阱，使創新者人仰馬翻，功敗垂成。

　　創新過程中落入思考的陷阱，創新者走進思考的失誤，這都是正常的現象。

　　創新是另闢蹊徑，是從沒有路的叢林中開闢出新的路，是遠離舊大陸發現新大陸的航行，是人類認知活動的一次勇敢的探險。創新者沒有經驗，人類在這條路上還來不及累積相關的知識，因此，對創新者思考的失誤，是應該諒解的。

　　在人生、事業的征途中，在人的各式各樣的思考中，有誰敢宣稱，他的思考從來沒有過失誤，除了萬能的上帝，沒有一個人能做到，而上帝恰恰又並不存在。沒有人能說自己從沒有犯過思考的錯誤，除非他壓根就不會思考。

　　創新者在創新過程中的失敗，是創新中的失敗，這是悲壯的失敗，是成功前的失敗。

　　思考的失誤是不可避免，但是，我們又要努力減少失誤。失誤就會導致錯誤，它必將帶來損失，必將把創新者引向迷路，會使人們與真理女神失之交臂。

　　多少創新者眼看就要與真理女神迎面相逢的時候，由於這樣或那樣的一個微小的失誤，而造成永久的遺憾。

　　在創新的路上，我們應該盡量減少失誤。就像在攀登的路上盡量少走一些彎路、險路、絕路一樣。從失誤者身上吸取教訓，是減少自己失誤的重要方法。

　　創新者探索過程中思考的失誤，對他們來說是一種不可估量的損失；對別人來說，則可能是一種不可多得的寶貴財富。對於後來者來說，它們是前車之鑑。

　　探索者失誤的地方，彷彿是創新道路上的雷區，是布滿陷阱的地方。前人的失誤等於為後人留下了一個醒目的路標：此處要小心！後繼者就可以小心在意，提高警惕，避免重蹈覆轍。它們也有啟迪思想的價值，它們告訴我們，什麼方法是不可行的，什麼方法才可能是可行的。

創新的人們，要努力從別人的失敗中吸取經驗教訓。別人的失足的地方往往蘊含著寶貴的經驗，吸收它，使它成為你的財富，就能避免失誤，早一點通向成功之路。

◆ 小居禮痛失中子

中子是原子核的重要成分。中子的發現不僅有著重大的理論意義，而且在核物理的應用中有著重要的價值。無論是原子反應堆還是原子彈的發明，都離不開中子的發現。

中子在放射性和核物理的研究中，好幾次露出了自己的身影。它來去飄忽，形蹤不定，偶爾露出了一角衣裙，但是，居然好幾次都被它輕輕的脫身。就連瑪里　居禮的女兒伊雷娜·居禮（Irène Joliot-Curie）和女婿約里奧·居禮（Joliot-Curie）與它迎面相遇，也沒有識破它。

小居禮夫婦都是物理學家，他們繼承了居禮夫婦的事業，繼續從事放射性和原子核物理的研究。他們開始從事的研究，是用釙元素發射的強烈射線來轟擊石蠟，想看看得到了什麼，結果他們發現，石蠟裡打出了質子。

1928 年，物理學家博特（Bothe）和他的學生在研究放射性元素的蛻變時，用 α 粒子轟擊鈹靶，結果發現了一種新的射線。經研究，他們發現這是一種穿透性很強、能量很強的射線。這是什麼，他們沒有細細追究，認為這是一種伽馬射線。

直到 1932 年 1 月 18 日，小居禮夫婦得出觀察結果：他們用釙的一種射線當粒子砲彈，用它來轟擊石蠟，居然把原子核裡面的質子轟擊了出來。

用來轟擊的「砲彈」是中性粒子。當時，人們認識的中性射線只有伽馬射線，它是一種光子流。小居禮夫婦毫不懷疑，認為作射線源的釙元素發出的「砲彈」就是伽馬射線。

但他們還是發現有點不對勁。伽馬射線是光子流，質量微乎其微，而質子的質量對光子來說，就好比大象與螞蟻。用伽馬射線去轟擊出質子來，就相當於用一個高速的乒乓球推動一隻鉛球那麼困難，那麼不可思議。

怎樣用理論解釋這一現象呢？方法只有兩種：一種辦法是驗證砲彈是否真是光子流的；另一種辦法是提供附加條件，說明在特殊條件下小質量的光子流能打出大質量的質子來。

小居禮夫婦沒有懷疑「砲彈」是不是真的伽馬射線，就做了理論的假設，即這種伽馬射線的能量特別大，能夠打出質子來。

英國卡文迪許實驗室得到這個消息後，拉塞福（Rutherford）不認同小居禮夫婦的假設，他認為，伽馬射線無論如何是絕對打不出質子來的。他的學生查兌克（Chadwick）想起了拉塞福在一次講座中提出的一個假設：一個電子打進原子核裡，與帶正電的質子相結合，會成為一個中性粒子。他馬上想到，這種轟擊出質子的未知粒子可能就是拉塞福預言的中性質子。經過一系列的實驗，他測定了這種中性射線的性質，發現它果然是一種質量相當於質子，而呈電性的粒子，於是替它取了個名字 —— 中子。

不久，查兌克在《自然雜誌》上發表關於中子的論文，小居禮夫婦看了論文，如夢初醒，悔恨自己居然一點也沒有抓住那麼明顯的破綻。約里奧·居禮一個勁的用手拍著自己的腦袋，連連說：「我多麼傻，我多麼傻。」實際上，他們已經發現了中子，他們發現了由它轟擊出來的質子。

查兌克由於發現了中子而獲得了諾貝爾物理學獎，小居禮夫婦沒能分享這個榮耀。這一方面是因為他們只看到實驗中轟擊出了質子，並不認識中子，更沒有意識到自己發現了中子。另一方面，拉塞福相信，他們是如此聰明，核物理領域又是遍地黃金，相信他們會在這個尖端領域的其他課題上做出新的發現，獲得諾貝爾獎的機會有的是。

果然，不久他們倆發現了人造放射線。由於這項成就，他們在其後也獲得了諾貝爾物理學獎。至此，居禮家族一家人中，小居禮的父親、母親、丈夫、自己，共有四個人五次獲得了諾貝爾獎。其中瑪里·居禮曾兩次獲獎。如果小居禮夫婦抓住中子的破綻，不浪費那次發現的機會，他們完全有可能做出一項諾貝爾獎級的發現。

小居禮夫婦與中子擦身而過。中子已經到了他們眼睛底下，但是，兩個人一個也沒有想到發現了新粒子。一個極其重大的發現，被白白的錯過了。科學家的一生中，沒有太多做出重大發現的機會啊！這真是一件讓人感到扼腕嘆息的事情。

造成這種結果的原因，好像是一時的疏忽和大意。其實不然，他們倆是實驗物理學家，理論上思考不多，沒有思考過存在中性的、質量與質子相同的新粒子的可能，缺乏一個有準備的頭腦。因此，當中子偶然顯身時，小居禮夫婦也就不可能辨識它，相逢不相識。

人們觀察到什麼，並不完全決定它是什麼，而決定於人們想到了什麼，希望看到什麼。思想先行，理論超前，才容易有所發現。小居禮夫婦的思維沒有領先，這才是他們與中子失之交臂的主要原因。

查兒克則不同，他聽過老師關於中子可能存在的預言，有一個有準備的頭腦。有準備的頭腦一旦發現了新現象，就會迅速的抓住，而沒有準備的頭腦卻常常讓新的發現在自己的眼前匆匆的溜走。

◆ 太過自信的牛頓

牛頓，科學史上的巨人，被認為是所有天才中的天才。有的科學史家甚至認為，所有人類歷史上的天才加在一起，也沒有牛頓偉大。但是，牛頓固然偉大，但他也同樣不可避免的會走進思維的誤區。他的一個思維錯誤，便是對科學結論的隨意的泛化。

　　西元 1666 年，23 歲的牛頓讓一束光通過三稜鏡，發現光束被分解成七種單色光，這就是光的色散現象。

　　色散現象的發現，同時揭示了望遠鏡中常常遇到的色差的原因。天文學家在用望遠鏡觀察天體的時候，發現在像的邊緣，常常會變得模糊起來，這種現象叫做色差。天文學家想消除它，但是不知道造成的原因，更找不到消除的辦法。而牛頓的實驗說明了，這是由於不同的光線有不同的折射率，光線通過透鏡時產生了色散，才造成了像的模糊。

　　牛頓找到了色差造成的原因，就開始尋找消除的辦法。他想，既然光的色差是由於白光中的各種單色光的不同折射造成的，那麼，就可以用具有不同折射率的透鏡的組合來消除色差。這個想法是很正確的。

　　為了用實驗證明自己的設想，他讓光通過一個盛水的玻璃稜鏡，觀察折射率的變化。但是，他發現，折射率卻沒有變化。牛頓不放心，又多次重複進行了這個實驗，結果都是如此。牛頓由此得出了這樣的結論：水是透明的，玻璃是透明的，所有的透明物質都以相同的折射率折射不同顏色的光線，因此，望遠鏡的色差是無法用不同折射率的透鏡的組合來加以消除的。

　　後來，有一位科學家重複了牛頓的實驗。他讓光也通過一個複合的玻璃稜鏡，發現各種單色光的折射角發生了變化。他反覆進行了實驗，確信自己沒有錯，就寫信給牛頓，告訴他自己的實驗結果。牛頓很自信，他堅信自己反覆做的實驗不會有錯，而是這位科學家搞錯了，他自始至終從來就沒有懷疑自己的思維有什麼不合理的地方。

　　愛因斯坦曾經說過，一個大甲蟲在大球上爬，牠不知道自己走過的路是彎彎曲曲的。科學家也常常犯類似的錯誤。牛頓這一次也犯了一個類似的錯誤。雖然，他對光的色散現象的發現是對光學的一大貢獻，他對望遠鏡色差現象的解釋也完全符合科學原理，他提出的消除色差的辦法，也是

一個卓越的設想，他也做了實驗，實驗反覆進行了多次。實驗並沒有做錯，他的結論為什麼錯了呢？

達爾文說過，大自然是一有機會就要說謊的。也許是由於巧合，牛頓做的實驗中，大自然又一次說了謊。他所使用的玻璃的折射率正好與水的折射率相同，因此，沒有發現透鏡的組合對光的色散有什麼作用。他的實驗做過多次，有可重複性。本來，他的實驗顯示，用這種玻璃稜鏡和水做成的複合稜鏡，對單色光的折射率沒有變化，用這兩種物質做成透鏡，不可能消除色差。但是，牛頓這個結論大大的泛化和擴大了，他就此認為所有的透明物質都以相同的方式折射光線，他從有限的實驗結果得出了一個非常廣泛的結論，犯了以偏概全的錯誤。而當別人指出錯誤時，過分的自信又使他錯過了認知思維失誤的可能，再一次失去了認識真理的機會。

我們的認知確實需要不斷的超越。我們需要以一知十，以小見大，以有限去認識無限。如果得一知一，得二知二，人的認知就很難掌握真理，至少不能揭示深層的真理，認知就只能局限在局部的、表面的認知上。我們要超越狹小的、局部的、表層的認知，擴大認知的成果，要以有限的實驗、觀察為起點，去推測深層的、宏觀的、整體的規律。這是科學認知必須進行的思考過程。但是，這個認知擴大的過程又很容易引起謬誤，就像解方程式時常常會引進虛數根一樣。因此，在認知的擴大和深化的過程中，要注意思考過程的合理性，要認真的驗證引申和深化的結論。並且，在思考的過程中，不能只從一個角度、一個方向、一種可能去思考，而要從多個方向、多個角度、多種可能去思考。要盡量自己詰難自己，自己向自己提出問題，更要虛心聽取反對意見，只有這樣，才能減少思考的失誤。要知道，輕易的把已經得到的正確認知擴大一小步，也可能導致荒謬絕倫的錯誤，真可謂「失之毫釐，差之千里」。

◆ 約拿情結的束縛

　　人的心理是一個十分豐富、複雜的複合體，科學家的心理也十分複雜。他們具有探索的強烈欲望，這種欲望，促使他們面對著一個又一個的失敗，持之以恆的進行一次又一次的實驗。但是，在他們心理的底層，也存在著極其軟弱的一面。有時候，科學家們經過長年累月的探索，已經到了偉大發現的邊緣，但是卻開始懷疑自己的能力，喪失勇往直前的勇氣，害怕即將到來的成功，鬼使神差的退縮起來，錯過了做出偉大發現的機會。

　　人們既渴望成功，又害怕成功。有時候，當成功就在面前時，他們卻猶豫了，害怕了，退卻了，結果成功和勝利終於從他們的身邊滑身而過。

　　在人們的心靈深處，既有嚮往成功的一面，又有害怕成功的一面，這是一種有害的心理情結，心理學家稱之為「約拿情結」。

　　美國心理學家馬斯洛（Maslow）指出：「我們害怕自己的能力所能達到的最高水準。在我們最得意的時候，在最得意的條件下，在我們最雄心勃勃的瞬間，我們通常總是害怕那個時刻的到來……我們常常會為這種可能性而感到害怕、軟弱和震驚。」

　　約拿（Jonah）是聖經中的人物，平時一直渴望得到上帝的寵幸。有一次，機會果然來了，上帝派他去傳達旨意，這本是一樁光榮神聖的使命。平時的宿願垂手可以如願以償，但是，面對突然到來的渴望已久的榮譽，約拿卻莫名其妙的膽怯起來，逃避了這一神聖的使命。

　　這種矛盾心理是一種根深蒂固的內心衝突。人們為什麼既渴望成功，又害怕成功呢？

　　因為人們害怕爭取成功的路上往往要遇到的失敗，害怕獲得成功所要付出的極其艱鉅的勞動，害怕在成功到來的瞬間所帶來的強大心理衝擊，

也害怕成功所帶來的種種社會壓力。人就是這樣，既有爭取成功的強烈欲望，又有逃避成功的約拿情結。當成功的欲望戰勝約拿情結的時候，科學家就會不怕困難和失敗，百折不撓的從事自己的研究；而當約拿情結戰勝成功的欲望時，就會逃避成功。

德國化學家維勒（Wöhler）就曾被約拿情結戰勝過。

西元 1825 年，年僅 23 歲的維勒用氰氫酸和氨水進行化學反應，獲得了草酸和尿素。

當時科學界普遍認為，尿素、草酸只能在動植物體內合成，無法在實驗室用人工方法合成，從無機物不能製造出有機物來，無機物與有機物之間有一道不可踰越的鴻溝。因此，維勒的發現一公布，就引起了強烈的迴響。有不少科學家嘲笑他，就連他的老師貝吉里斯（Berzelius）也挖苦他說：「如果實驗室裡能生產尿素，實驗室裡也可以生產一個小孩。」

年輕的維勒並不害怕嘲笑，也不擔心失敗。為了證實自己的發現正確無誤，他花了 4 年時間進行研究。實驗雄辯的證明，不僅能從氰氫酸中製造尿素，而且能從其他物質，用其他辦法製造出尿素來。

西元 1828 年，他發表了〈論尿素的人工合成〉的論文。這篇論文動搖了生命力論的基礎，填平了無機物與有機物之間不可踰越的鴻溝。從此，科學家們紛紛從無機物中製造出有機物來，有機化學開始突飛猛進，驚人的發現接踵而來。正如德國科學家柯霍（Koch）針對科學發展的興盛期所說的那樣，當時，在通往這門學科的道路上到處是果子，走進這個園地，就會有很多很多的收穫。這是有機化學發展的黃金時期。

但是，一手開創了通往新大陸道路的維勒，卻突然停止了前進的腳步。他本來可以輕車熟路的走進去，隨手就能採集到許多更多的奇珍異果來，可惜，維勒卻一直徘徊不前。

　　西元 1835 年他在寫給貝吉里斯的信上說：「有機化學當前足夠使人發狂。它給我的印象好像是一片充滿神奇事物的原始熱帶森林，它是一片面目猙獰、無邊無際的、使人無法逃出來的叢莽，使人非常害怕走進去。」

　　他確實沒有能走進去，在有機化學領域，他再也沒有做出更新的發現。他開創了一條通往寶庫的道路，自己卻害怕走進這個寶庫，在自己開創的路上止步不前。

　　而另一個德國化學家李比希（Liebig）卻面對這塊陌生的土地，勇敢的闖了進去。他一點也不為新領域的神祕所嚇倒，抱著強烈的在新領域中探險的勇氣，為了適應新興學科學研究的需求，他努力使自己不斷的「脫毛」。

　　他說：「化學正在獲得異常重大的成就，以異常迅速的步伐發展，希望趕上它的化學家們正處在不斷『脫毛』的狀態。不適於飛翔的舊羽毛從翅膀上脫落下來，以新生的羽毛取代之，這樣，飛起來就更有力，更輕快。」

　　李比希自己就自覺的進行「脫毛」。正是這種強烈的欲望和自我完善，使他在有機化學領域的大森林中拾到了一個又一個果實，成為德國的化學之父。

◆ 認知的局限

　　我們每個人都是凡人，我們的認知有著很大的局限。我們不可能做到無所不知，我們不可能不受著環境的、知識的、情緒的、階級的各式各樣的局限。

　　即使是偉大的天才們的認知也存在這樣或那樣的局限。天才也是人，他們也不可能無所不知，無所不曉。

　　了解到自己認知的局限性，也是一種聰明；而認不清自己認知的局限，就是誤入一種歧途了。

古希臘的大哲學家蘇格拉底聽詩人們說詩，他們都說得頭頭是道，使他深感不如；他聽木工們談起工藝上的事，木工們也講得眉飛色舞，他聽起來很有道理；又聽政治家們談論國家大事，也都說得有方有圓。蘇格拉底感到自己不如詩人，不如木工，不如政治家。但是，他發現，詩人們把一切都詩化了，用寫詩的辦法去認識世界；木工用工匠的眼光看待事物，也有許多可笑的地方；政治家則一切都用政治的眼光來觀察，也有許多不切實際的地方。他認知到，這些人的認知都有自己的局限性，他們分不清自己的認知的局限，使他們走向了誤區，這正是自己比他們聰明的地方。蘇格拉底的思維是很有道理的。

歷史上有許多例子告訴我們，要認知到自己的不足，就不要太自以為是。

電磁波的發現是電學研究的一項重大成就，它是近代一次意義深遠的資訊革命的開端。今天人類廣泛使用的廣播、無線電通訊、電視，無不都是電磁波的應用。

西元 1888 年，德國科學家赫茲（Hertz）發現了電磁波。這一年他成功的進行了電磁波接收實驗。電磁波能在空中高速傳播，有人想到，它也許可以用來進行通訊，赫茲斷然否定了這種可能。他在給一位朋友的信中寫道：「如果要利用電磁波進行無線電通訊，除非有一面和歐洲大陸差不多的巨型反射鏡才行。」然而，沒過多久，義大利的馬可尼（Marconi）成功的實現了無線電通訊，並且成功的實現了洲際通訊，把電磁波從美洲發射到了歐洲。發現電磁波的赫茲卻不僅想不到這一點，而且還懷疑別人的這種想法。

近代兩位把人類的認知引導到原子世界和高速物體的巨人拉塞福和愛因斯坦是最有可能預見原子能利用的人。

　　拉塞福發現了原子的放射性蛻變規律，並且提出了原子的行星模型，按理他應該推測到利用原子能的可能性。但是當有人向他問起這個問題時，他卻說：「那些指望原子核裂變而獲得能量的人，簡直是在胡說八道。」

　　愛因斯坦發現了質能守恆 $E=MC^2$，這個公式表示，質量的微小虧損，將引起原子放射出強大的能量。但是當有人問到原子能利用的可能性時，他卻滿口否定了這種可能。

　　1945 年，華盛頓卡內基研究所所長萬尼瓦爾（Vannevar）就原子彈問題向杜魯門總統提出報告說：「原子彈絕不會爆炸，我是作為爆破專家這麼說的」。

　　西元 1486 年，西班牙國王斐迪南二世（Fernando II）和王后伊莎貝拉一世（Isabel I la Católica）下令組織一些科學家研究哥倫布西航印度洋的計畫，科學家們經過 4 年的研究，提出了報告，結論是這種航行是根本不可能辦到的事情，因為大洋廣大無邊，不可能進行航行。即使到了歐洲對面的大陸，也不可能回來。

　　在飛機研究的早期，有不少科學家對此表示反對，他們對飛機的預見犯了錯誤。最早用三角方法測量月球和地球之間距離的法國科學家勒讓德（Legendre）曾反對飛機的研製，他認為比空氣重的裝置不可能飛入空中。大發明家西門子（Siemens）也反對飛機的研究，認為這是一件徒勞無益的事。德國物理家亥姆霍茲（Helmholtz）用物理學的某些理論做了推測，認為機械上天純粹是一種空想。美國天文學家紐康（Newcomb）甚至還做了詳細的計算，證明飛機根本無法離開地面。

　　培根（Bacon）是近代科學之父，他與生理學家哈維（Harvey）是好朋友。哈維向他講起自己關於血液循環的想法，培根認為這完全是無稽之談。倒是一位出版家有眼力，西元 1628 年，他支付了出版《心血運動論》的一切費用，出版了這本有歷史意義的書。在這件事上，一個科學之父的

預見性不如一位出版商。

這類預見的失誤，科學史上屢見不鮮。科學家自己為科學設置阻力，自己看不起自己的領域中發明、發現的重大價值。他們這樣做，不自覺的抑制科學發展。

◆ 失誤的價值

有的學者調查了許多人的創新思維，多數人的回答是：雖然大量的創新思維在頭腦中誕生了，看上去都很新鮮，很大膽，富有創造性，但是，仔細的推敲以後，就會發現真正有價值的創新思想是不多的。有些創新思想很片面，本身就有缺陷；有的雖然理論上很好，但是，在實際中行不通，它們太理想化。因此，創新思想誕生後，總是面臨著淘汰和篩選。

許多有創新成就的人，也可能有許多創新的失誤。牛頓這樣的偉大天才也有失誤，幾乎沒有一個人在創新的路上是一貫正確的。思考上的錯誤是創新者的親密的朋友，它們總是如影隨形，形影不離。

我們該怎樣去認知創新過程中的思考失誤呢？

創新活動中的失誤，有其必然性。

首先，創新是對未知事物的一種認知和探索活動，是一種認知的探險。未知世界裡充滿著認知的陷阱，創新是一種試錯性的活動。創新活動總要這樣試試，那樣試試，這條路走走，那條路走走。試探過程中很容易走錯路。正如普朗克在諾貝爾獎頒獎大會上的答辭中指出的那樣，人們如果要有所追求，就不能不犯錯誤。德國物理學家亥姆霍茲說過：「我欣然把自己比作山間的漫遊者，他不熟悉山路，緩慢而吃力的攀登著，不時要止步轉身，因為前面已是絕境。突然，或是由於幸運，或是由於念頭一閃，他發現一條通向前方的捷徑。等到他最後登上山巔時，他羞愧的發現，如果他當初具有找到正確道路的智慧，原來就有一條陽光大道直通山

頂。」而創新總是不能一次就找到直達山頂的陽光大道。

其次，創新活動具有歷史局限性。任何創新活動，都是以一定時代的科學認知活動的成果作為研究的出發點的，而任何時代的科學成果，都不可避免的有著時代的局限。科學不能超越時代的需求，更不能超越時代的條件。牛頓的認知受限於低速宏觀的物體，道耳頓（Dalton）認為原子是不可分的，也是那個時代人類認知的時代局限性的必然結果。

創新探索中的失誤又有著重大的科學價值和認知價值，它也是人類思維的一份寶貴的成果。愛因斯坦對科學史上只寫成功者的結論，不寫探索者的失誤有很大的不滿，因為成功者的幸運往往是建立在失誤者的失敗的教訓上的。

創新思維中的失誤有開闢道路的價值。英國科學家巴貝奇（Babbage）研製電腦提出了自動運算的觀點，他沒有能夠製造出這樣的機器，他的設計也因為脫離了當時的技術所能達到的水準而最終失敗。但是，他勾勒出了智力解放的美好的藍圖，開創了一條解放大腦的新道路，其意義是顯而易見的。

愛因斯坦晚年致力於統一場論，沒有獲得成果，有人認為這是一種失敗。他是一位失敗者，同時他也是一位開創者、先驅者。他不僅展現了一種科學探索中不計功利的精神，有很高的美學價值和道德價值，而且為後人指出了一個物理學研究的新的領域。

創新思維的失誤也有啟迪思路的價值。科學家失誤之處，提醒後來者，哪裡有思考的陷阱，哪一條道路是行不通的。數學家鮑耶（Bolyai）在證明平行公設時，花費了一輩子心血而沒有成功。他說，他在這裡埋沒了人生的一切光亮、一切快樂。他警示後來者，證明這條公理的道路是走不通的，應該開闢另外的道路。正是這種啟示，產生了非歐幾何學。

　　創新探索中的失誤也有累積資料的價值。普利斯特里對氧化汞實驗的解釋是錯誤的，但是，它的實驗為建立科學的燃燒學提出了有用的資料。拉瓦節（Lavoisier）正是在這類燃燒實驗的基礎上建立的不含燃素的氣體的製取方法。

　　創造、探求是一種思考的探險，即使陷入了某個思考誤區，也是一種探索的錯誤。而如果因為害怕犯思考的錯誤，而根本不去探索，不去思考，那就是另一種更大、更嚴重而且是不可饒恕的錯誤了。

◆ 創新需要冒險

　　人們常常說：

　　「我不太滿意現狀了……」

　　「我要改掉我的壞習慣……」

　　「我想進步、我要卓越，我要改變！」

　　改變、改變、如何變？也許你會反問白己：

　　「我真的想改變嗎？」

　　「我的資源在哪裡？」

　　「我真的有選擇嗎？如果有，促使改變的資源在哪裡？」

　　「我應該怎樣行動才能成功？」

　　「有人會幫我嗎？」

　　如果你每天的生活都只是重複著昨天，每一天都經過同一條街，見到同一類店鋪、遇到同一群人，做同樣的事，於是你就要想改變，走不同的地方，否則每一天你都只是在重複著昨天的工作。有人天天大叫要改變，但沒有採取任何行動；有人大聲疾呼自己失敗，但沒有採取任何行動，只會繼續失敗下去；一切都要由自己的意願改變，事情才能有轉機。

　　你想改變現狀，就要有改變的勇氣，就要從做一些不同的事情開始，

踏出你的第一步，即使是一小步，也會帶來不同；別小看這一小步，它總是跨越大步的基礎。

要穿越自己建立的圍牆，要通過那個名為「恐懼」的看守員先生的監視苦纏，絕非易事，你需要的並非是什麼技巧，你最需要的是肯改變的勇氣。

勇氣是要用行動來實踐的。不要預想太多，改變吧！

西元 1493 年 9 月 25 日，破曉時分，探險家哥倫布率領一隊龐大的遠航艦隊，包括 17 艘船艦，1,500 名官兵和水手，還帶著各種植物的種子和家畜，向著遙遠的東方出發，目的地是馬可波羅筆下的伊甸園——中國。

出發後不久，導航系統因地磁場的干擾而失靈，他們迷失了方向，在從未經歷過的大洋中航行，在海天一線的迷茫當中，一直找不到陸地，船員開始提心吊膽，驚慌起來，他們都失去了信心，差不多半數船員病倒了，有的更染上了怪病。

忽然間，隨著海風傳來一陣陣美妙的少女歌聲，從遠而近，優美得像母親的祝福，像愛侶的呼喚，撫慰著航行者孤獨沮喪的心靈，船員都振奮起來，隨著歌聲的導航而重新找尋方向。他們都相信，這是希臘神話中「妖女的歌聲」。

在希臘神話中有一段關於海妖的故事，在海洋深處住了一群人身鳥足的美麗女神，她們會用歌聲引誘人們出海到未知的地方。她們會化身成為不同的形態，以物質或精神上的報酬，來引誘著人們去冒險，去探索，去找尋心中的理想。有人會成功，但有更多的人因而觸礁滅亡。不過，人類卻前仆後繼的追隨她們的歌聲，這些追尋往往會化成動力引領人類前進，像哥倫布發現新大陸一樣，動力也是來自對未知世界的嚮往。

人類的冒險精神是永存的，因為「海妖」存在於每一個人的心中，她仍在歌唱，未知世界仍在發出召喚！這也許解釋了為什麼很多人會放棄安逸的現狀，甘心跳進茫茫大海裡冒險。

今天，人類已經征服了高山深海，但未知世界是永存的，我們要面對一個更深不可測的虛擬世界，當我們在熟悉的知識領域中每前進一步時，其實已被引領到新的迷宮入口。

要有創新，就必須要有冒險的勇氣。

◆ 勇者恆勝

探索創新的路，不是熟悉的回家的路，不是平坦的大街。它是在波尖浪尖裡的航行，它是在懸崖絕壁上的攀登。

創新之路，經常不知道它的終點在何方，不知道能不能到達想像中的彼岸。

創新之路，是一條充滿艱難的路，等待、失敗、絕望，是創新之路上的伴侶。因此，創新不僅需要超常的智力，更需要非凡的勇氣。正如蘇東坡在〈賈誼論〉中所說的：「古之成大事者，不唯有超群之才，更須有堅忍不拔之志。」

失敗是創新的伴侶。第一個吃螃蟹的人，第一個吃番茄的人，第一隻站立起來的猴子，都是富有創新精神的創新者，很可能會遇到過失敗。神農氏嘗百草，發現了許多藥草，他吃過的毒草也肯定不會少。因此，要創新，就不要害怕失敗。

創新，同時也會受到不同意見的反對、壓制，甚至受到迫害。魯迅說過，第一隻站立起來的猴子一定會受到群猴的攻擊，群猴會大聲對牠叫囂著：「不許你站！」人們在傳統的路上走慣了，被舊的觀念禁錮住了，見到與傳統不一樣，就會認為是大逆不道，被離經叛道的大棒，一棍子打

死。猴子們習慣了四肢爬行，如果有誰想嘗試一下，開始雙足直立，別的猴子一定會嘲弄和嗤笑牠，把牠當作異類。

美國第一個研究節育的桑格夫人（Sanger）被認為是下流，並且被判了刑坐了牢；第一個公開徵婚的人被認為是怪物；第一個研究性學的人被認為是流氓；世界上第一個做解剖的人被處死；世界上第一個指出肺循環的塞爾韋特（Servetus）被活活的燒了兩個鐘頭；第一個說出宇宙無限的布魯諾（Bruno），也被燒死在羅馬的鮮花廣場。創新的人，他們是世界上最孤獨的，最無助的。

要創新，就要有面對失敗的勇氣和決心，有笑對失敗的境界。

著名學者對 710 位獲得發明專利的人做調查，要他們回答「成功的要素是什麼？」結果，有 70% 的人回答是「堅持不懈」。

中國古代思想家荀子在〈勸學篇〉中說過：「鍥而捨之，朽木不折，鍥而不捨，金石可鏤。」

要想創新，永遠不要因為失敗而灰心喪氣，無論遇到了多麼大的挫折，無論遇到了多少次失敗，也一定不要輕易被失敗打倒。

要創新，也要有遺世獨立的精神，不媚上，不從眾，不迷信權威，不迷信書本，不怕孤立，不怕人們的反對。要有強烈的追求真理的欲望，有堅持真理的勇氣。有了這樣的精神，他們才能艱難的走完創新之路，才不至於半途而廢。

有人認為，創新與三個因素有密切關係。除了智力因素之外，還與個性、欲望有很大關係。

智力因素包括記憶力，思維的流暢性、發散性、收斂性等智力特質；個性因素包括獨立性、自信、容忍多樣性和對一個問題的多種觀點；欲望因素包括對事業的獻身、對人生價值的追求、對事物法則的渴望。

一位美國科學史專家對諾貝爾獎金獲得者進行過多角度的研究，寫了

一本名叫《科學的菁英》的書。她的調查顯示，這些在科學上做出過重大成就的人都有一個共同的心理特點，即他們不怕失敗，鍥而不捨，不迷信權威，自信，有毅力，興趣廣泛，人際關係良好等等。這些情感特質，被認為是創造性品格，是創新活動獲得一定的成就所必需的。沒有這些創新特質，就不可能在創新的路上披荊斬棘，就不可能獲得成功。正如一位美國學者在著作中指出的：「在所有這些人的歷史當中，一個突出特點就是他們獻身於自己事業的那種持久而強烈的精神。」

創新需要創新的品格，它與智力因素構成了創新者創新的基礎。

因此，想要有所創新的人們，除了不斷的提高自己的智力水準之外，還要不斷的培養自己的創新品格，要努力培養自己的自信、堅毅、獨創、不迷信權威、不從眾等品格。如果有了這樣一些精神，又有一定的智力，那麼，在創新的道路上體驗成功的喜悅只是一個時間的早晚問題。

風靡全球的《時間簡史》，其作者霍金（Hawking）是一個幾十年來不能站立起來而坐在輪椅上的人。他 21 歲那年，患上了萎縮性脊髓側索硬化症，醫生說他頂多也只能活兩年半。不久，他的病漸漸加重，肌肉一天天萎縮，無法走路，也無法站立，只能坐在輪椅上。他的手指也慢慢的不能活動，只剩下兩個手指勉強可動。

他還是個不會說話的科學家，他的發音器官因為肌肉萎縮而發音不清，說話就更加困難，只能靠助手根據他的微弱而模糊的發音和口型進行翻譯和記錄，或者用輪椅上的手提電腦與人交流。

1984 年，他患了肺炎，治療時切開了氣管，從此他再也發不出聲音，只能用他的兩個手指按動裝在輪椅上的電腦和聲音合成器，讓機器代他說話。

儘管如此，霍金還是在宇宙學研究中獲得了舉世矚目的成就。這種成就，既離不開他的天才，更離不開他的不畏艱難的韌性。

案例學習：烈火考驗的創新

　　焦爾達諾‧布魯諾（Giordano Bruno）出生於義大利一個貧寒之家，14歲時被送進了修道院。單調而強制的教義壓抑著他幼小的心靈，他在高牆中努力閱讀了大量古希臘和文藝復興時代思想家們的著作，看到了一個不是由上帝創造的嶄新的世界。思想自由對於宗教來說，甚於洪水猛獸，布魯諾被趕出修道院。

　　他到過瑞士，被喀爾文教徒關進了監獄；他遊歷過巴黎，當過皇帝的御醫；他也去過倫敦，在那裡發表過激昂慷慨的演說，得到過如醉如痴的掌聲；他到過布拉格，流浪到法蘭克福。他到處受到歡迎，同時又到處受到迫害；他到處都能找到真正的朋友，又到處有凶殘的敵人精心設計陷阱。他飄遊四海，不斷的宣傳哥白尼的日心說和由他自己發展了的宇宙無限理論。

　　經過 15 年的漂泊，他於西元 1591 年回到了自己的故鄉。這也許是教會精心設計苦心營造的一次誘捕，布魯諾受一個威尼斯貴族的邀請回國，但這個人不久就向教會告密；這也許是布魯諾思戀自己的家鄉，有意的想走真理殉道者的道路。他知道回國的危險，但還是毅然的踏上了祖國的土地。他覺得，只有火和血才能喚醒沉睡的祖國和沉睡的人民。他的心中激盪著的只有一個崇高的目標：摒棄生活中渺小的幸福，用自己的血肉之軀，作為對真理的偉大祭奠。

　　果然，回到祖國後，祖國沒有給予這個久違的遊子一絲溫情，等待他的，沒有掌聲和鮮花，只是沉重而冰冷的腳鐐手銬。

　　他在黑暗的牢房裡被關了八年，什麼樣的滋味都嘗過了，什麼樣的刑罰都熬過了，但是，布魯諾依然在真理面前一步也不退讓。

　　布魯諾是個言行一致的人。他寫道：「毫無疑問，有意義的英勇就

義，強過卑鄙可恥的凱旋。」教會的審判紀錄這樣記載著：「焦爾達諾・布魯諾兄弟……宣布他不應當也不願意拋棄，他沒有什麼好拋棄，看不到拋棄的理由，不知道要拋棄什麼。」

教會用盡了手段和伎倆要他拋棄的是什麼呢？是布魯諾所信仰的日心說和宇宙無限的真理，這也是教會所認為的最大的罪行。

羅馬教會的檔案中保存著教會派人裝作罪犯而獲得的所有罪證，也有一些告密者提供的揭發資料。這是些什麼樣的資料呢？這些資料說，布魯諾認為：「所有星星無論怎麼明亮，都是一個世界」，「世界是無限的，存在著無數個世界」，「一切都是世界，相信只有這一個世界是最大的無知」。

布魯諾不僅是個大勇者，而且是個大智者。在曠日持久的審判中，布魯諾利用宗教教義上的破綻來為自己辯護，來宣傳世界無限這一真理。在西元 1592 年 5 月的一次審判中，他辯護說，地球中心說與宇宙有限論是與上帝的仁慈和威力不相稱的。既然教會認為，上帝無所不能，又有無限的善心，他想創造天，就創造了天，他想創造日月星辰，就有了日月星辰，他輕而易舉的創造了山川河流、植物動物，但是，他為什麼只創造了一個這麼有限的宇宙？只在地球上創造了十分有限的生命？布魯諾宣稱，既然教會宣稱上帝有無限的能耐，那麼，必然是宇宙無限多，世界無窮大，太陽之外還有太陽，地球之外的天體上，也同樣可能存在著活生生的生命。

宗教徒不能戰勝真理，也無法扼殺真理，他們只能扼殺堅持真理的人。教宗克萊孟八世 (Clemens PP. VIII) 下令對布魯諾處以火刑。

西元 1600 年 2 月 8 日，布魯諾被押到聖艾格內斯教堂，聽取了宗教裁判所紅衣主教團簽署的判決。判決書宣稱他是「一個死不改悔的、頑固不化的異端分子，要開除出教，接受教會的一切譴責和懲罰」。判決書宣

布要銷毀他的一切著作，並把他交給羅馬總督處決。布魯諾冷冷的聽著判詞，對宣判者說：「你們對我宣讀判詞，比我聽到判詞還要感到害怕。」

西元 1600 年 2 月 17 日凌晨，羅馬鮮花廣場的火刑場上堆滿了乾柴，布魯諾被捆綁在火刑柱上。牧師再一次要他表示懺悔，他再一次做出了拒絕的姿態。他選擇了為堅持真理而接受火刑的道路。

他說過：「誰傾心於他的事業的宏偉，誰就不會感到死的可怕；誰受到對神聖意志的愛的最大吸引，誰就不會對任何威脅妥協，就不會對任何近在眉睫的災禍驚惶失措。至於我，我永遠不相信那些害怕肉體痛苦的人能與神聖的事物結合起來。」在生死的考驗面前，他毫不含糊的實現了自己的諾言。

火堆上的乾柴被點燃了，烈火熊熊的燃燒起來。正巧在這時，維蘇威火山爆發了，發出隆隆的吼聲，為時代的偉大英雄進行威武雄壯的送別。

熊熊的烈火吞沒了布魯諾。烈火照亮了鮮花廣場，照亮了古羅馬的城頭和拉特朗宮的高聳塔尖，也照亮了黑夜沉沉的中世紀，照亮了千萬顆思考著的心靈。布魯諾捍衛真理、捍衛思想自由的偉大精神，鼓舞著後人不斷的尋求真理。

與布魯諾同時代的另一位義大利偉大科學家伽利略，也用自己對真理的執著維護了創新的思想。

300 多年前，人們都相信宇宙是以地球為中心的。伽利略很早就意識到了哥白尼日心說的革命意義。日心說認為，地球不是宇宙的中心，太陽才是中心，教會把地球說成是上帝著意安排的宇宙中心，而哥白尼證明地球只是太陽系的一顆普通的行星，這就是動搖了上帝至高無上的地位。伽利略說過：「我懷疑天文學的發現將是埋葬，或者說得更準備一點，將是對偽哲學進行末日審判的。」這裡的偽哲學，正是教會主張的世界圖景。

伽利略不但相信、宣傳哥白尼的日心說，而且用自己的發現進一步證明了日心說。他發現了太陽的黑子、月亮的環形山，發現了木星的衛星。他認為，木星和它的衛星，同樣可以看成是太陽系的一個縮影，木星的衛星繞著木星轉與月亮繞著地球轉、地球繞著太陽轉是同樣的道理。

反對日心說的人有兩件武器。一件是人們的感覺，他們說，人們天天看到太陽東起西落，明明是太陽繞著地球轉，難道自己的感覺都錯了？另一件武器是他們提出了一個這樣的問題：如果地球以很快的速度繞著太陽轉，那麼，地球上的人們只要稍微跳一下，在跳起的一瞬間，地球已經前進了，跳起來的人就會掉進宇宙太空的萬丈深淵。但是，因為跳一跳而落到宇宙陷阱裡的事情從來就沒有發生過，因此，主張地心說的人們就振振有詞、言之鑿鑿的認為，地球是不動的，地球不可能繞著太陽轉。

伽利略用勻速系統的理論來回答這種責難。他以一艘勻速前進的船來打比喻，從船桿上丟下一個物體，它不會因為船在前進而落到帆桿的後方。在船艙中跳遠，向前跳和向後跳的成績是一樣，向後跳的成績不會好一些，也不會差些；艙裡的蒼蠅不會因為船的開動而碰靠在船艙的後壁。人在地球上也是這樣，人與地球在同一個勻速運動的大船上，地球上的人也不會因為向上一跳而離開地球，掉進宇宙太空的萬丈深淵。這一理論的提出，有力的反駁了地心說，捍衛了日心說。

伽利略宣傳和發展的學說，激怒了教會。神聖法庭宣布，伽利略的觀點是愚蠢而荒誕的，是異端邪說。

在布魯諾被燒死 16 年後，宗教裁判所命令他放棄日心說，此後不得主張、不得傳授這個學說，並且決定，如果不聽從命令，就要把他關進監獄。

雙手沾滿了布魯諾鮮血的羅伯·白敏（Roberto Bellarmino）和羅馬教宗保祿五世（Paulus PP. V）找伽利略談話，向他施加壓力，要他放棄日心

說。但是，伽利略依然堅持自己的看法，還出版了《關於托勒密和哥白尼兩大世界體系的對話》。書中他讓哥白尼學說的代表和托勒密學說的代表辯論，實際上批判了地心說，宣傳了日心說。

15 年後，時間到了西元 1633 年，伽利略被關進了監獄，接受審問，教宗還在審判委員會的祕密會議上要求用刑對付這位老人。同年的 6 月 21 日，他由於堅持自己的信仰，被送進了拷問室，教會連續三天對這位 70 歲的老人嚴刑拷打。主持審判的七名大主教對奄奄一息的伽利略宣讀了判決書。判決書上說：「太陽是世界的中心而位置不變、地球不是世界的中心，它圍繞著太陽轉動並且自身也在不斷的轉動的說法是荒謬的，從信仰上看應屬於邪教，因為這種說法明明和聖經上的記載相反。」

判決書判定：「伽利略，經神聖法庭確認有異端的罪行，你在信仰著跟聖經相反的意見，所以我們判定：你應當受到犯有這種異端罪的懲戒和刑罰。」

同時，判決書還警告伽利略：「為了警戒你的將來，為了警戒所有效尤的人們，我們宣布，禁止出版和發行你的《關於托勒密和哥白尼兩大世界體系的對話》；在我們任意決定的期限內，將你投進根據本神聖法庭規定的監獄裡；並且，作為懺悔的見證，三年之內，命令你每天誦悔罪詩篇一次。我們保留減輕、撤銷或加重上述刑罰的權力。」

伽利略在監獄中又偷偷的寫成了一本他一生中最偉大的著作《運動的法則》，繼續研究物理世界的運動規律。西元 1637 年，在監獄中的伽利略雙目失明，世界在他面前變成了一片漆黑。但是，他是當時整個世界上眼睛最為明亮的人，也是當時整個世界上看得最遠、最清楚的人。當這本在荷蘭偷偷出版的著作送到他的手中的時候，他已經什麼也看不見了。他撫摸著在監獄中心血凝結出來的思想成果，心中感到莫大的安慰。

西元 1642 年，伽利略與世長辭。當他在彌留之間，陪伴他的學生聽

到他模模糊糊的說著：「地球還是在轉動。」

發現科學的真理，有著科學的價值、認知的價值，有著科學精神和科學方法的價值。那麼，捍衛科學真理，有沒有價值呢？布魯諾、伽利略不惜為真理而坐牢，而獻身，值不值得呢？

正如愛因斯坦所說的，對真理的追求比對真理的發現更有價值。發現真理、宣揚真理、捍衛真理、發展真理，都是對真理的貢獻。真理的光芒將照亮歷史的黑夜，照亮矇昧的心靈。發現、宣傳、捍衛、發展真理的人是歷史的巨人，他們以犧牲生命和自由為代價去追求真理，更展現了光彩照人的人格魅力，他們是歷史的脊梁。

真理就是真理，謬誤就是謬誤。歷史總是很忍耐的等待著最後的勝利。但是，真理戰勝謬誤需要時間，有時要等待一個漫長的歲月。這些科學家當年以極大的代價所捍衛的學說，現在成了一些科學常識，歷史證明了他們的正確。

西元 1835 年，在伽利略去世後 200 年左右，他的著作終於被解禁。羅馬教會不久後終於為伽利略平了反。布魯諾卻沒有。但是，在布魯諾火刑後的 200 多年，即西元 1889 年 6 月，在羅馬鮮花廣場布魯諾接受火刑的地方，人們為他建造了一座紀念像。1948 年，他被視為洪水猛獸的著作，教會宣布予以解禁。

科學的入口處，正像是地獄的入口處。為了堅持和捍衛真理而坦然的走向地獄入口的人們，是歷史的光榮，後世的人們將永遠景仰他們。面對他們的豐功偉績和崇高精神，人們將流下熱淚。歷史，正是由於他們的英勇奮鬥而前進了一步。對於地心說和宇宙有限說來說，日心說和宇宙無限說具有深刻的創新意義。為了宣傳、捍衛和發展這種創新學說，布魯諾以死捍衛了它，這是一種崇高的科學殉道精神，它將永遠激勵著後人為捍衛創新的思想而奮鬥不息。

第五章

右腦在創新中的地位與作用

　　找到石油的地方是在人們的腦海裡。

—— 華萊士（Wallace）

　　一加一等於多少？二，對！

　　半個腦加上半個腦等於多少個腦？一個腦，錯！答案應該是無限。

　　1960年代，諾貝爾獎得主 —— 加州理工大學教授羅傑·斯佩里（Roger Sperry）在為癲癇病病人進行分腦手術的過程中發現，人的左腦及右腦功能上有很大差異。

　　左腦主要控制邏輯思維，右腦主管創意、藝術、音樂、空間感及抽象事物等，這個學說已流行到世界各地，差不多是不爭的事實。

　　全腦發展是可以從幾方面訓練出來的，例如一邊播放輕音樂，一邊讀書或工作，是可以刺激到右腦的運作，當我們能全腦運用時，我們就能擁有無限創意。

　　無限是怎樣來的呢？是左腦及右腦共同合作、互相配合而來的；單是天馬行空或重視邏輯合理，都不能完全用腦袋，兩腳走路會比單腳跳快許多倍。

　　無論是成功的藝術家或各種天才均是左右腦的功能雙方面發展的，即所謂左右共鳴。有些人或許認為我只是常用左腦多年，於是便減少了右腦功能的50%，如運用右腦便可增加一倍的學習能力。其實這是錯誤的。如同用一隻腳走路的速度與用雙腳配合跑步的速度相差懸殊。如左右腦能加以協調，我們的創新能力便能以倍數增加。

　　創新思維是屬於左腦還是右腦的功能呢？答案應該是盡用兩面腦，你的創新能力會無限擴大。

　　我們絕大多數人在用腦子時都是「重左輕右」。讓右腦靈活起來，以便與左腦「比翼雙飛」，是每一個渴望創新的有志之士應注意的地方。

大腦的結構

以人類的大腦而言，組織和腦脊髓液加起來大約重 1.5 公斤。拿它來和在進化系統上與人類最接近的人猿的腦相比較，也大了約 3 倍。腦和人類的身體一樣，身體在進化，腦也在進化。

腦中最「古老」的部分就是腦幹，也稱之為「爬蟲類腦」。它的功能是掌管呼吸和營養代謝，讓肌肉活動等，也就是擔任維持生命最基本活動部分。它也是最原始的「動物的腦」。

另外，腦幹也被稱為「生命的腦」。

人在進化，腦也在進化。腦幹的上方是由大腦邊緣系統所構成的，而這個大腦邊緣系統掌管人類的恐懼和憤怒。所以，大腦邊緣系統又稱之為「感情的腦」。

而現代人除了有恐懼、憤怒，還有高興、悲哀，另外還有恨意、嫉妒以及更加複雜的感情表現。

這些複雜的情感表現，都屬於「感情的腦」的管轄範圍。

大腦邊緣系統在醫學上則稱為「原始哺乳類的腦」。雖然稱之為原始哺乳類的腦，它卻是具備有喜歡、討厭等感情和與記憶相關的器官，所以非常重要。它還有另一個叫「大腦舊皮質」的名稱，這對接下來要說明的將大腦皮質稱為「新皮質」而言，是因為「它的存在比新皮質還久」，所以以「舊」這個字來稱呼。

進化之後的人腦在大腦邊緣系統上製造出了大腦皮質（新皮質），成為讓人類可以說話、可以思考事情的腦。它能夠把人類來自五官所得到的資訊加以綜合理解，然後直接將對應的資訊傳達到全身。

同時它還幫人類將知識收集起來並加以組織，進而推理和判斷。它更能幫助人類理性的控制感情，抑制感情的爆發。

　　這才是一個不會是非混淆、有智慧的人類才能擁有的腦。因此大腦皮質又稱之為「人的腦」、「新哺乳類的腦」和「理性的腦」。

　　左腦發生梗塞或血栓的人，隨著傷害程度的輕重會發生說話的機能障礙。這充分表示出說話機能幾乎是由左腦在掌管。

　　所以，左腦被稱為「說話的腦」。

　　另外，右腦發生梗塞或血栓的人，大都會有印象機能障礙的情形。

　　所謂的印象機能就是視覺、嗅覺、聽覺、味覺和觸覺，也就是五官所能夠將感覺到的形態傳送到腦中記憶的能力。如果失去了這個機能，就難以把曾經記憶過的事情回憶出來，而且還會令人無法聯想。沒有了想像力的人，將絕對無法面對生活。也就是因為這樣，右腦被稱之為「想像的腦」或「圖像的腦」。

　　如前所述，雖然右腦和左腦很類似，但是，它們卻有各自不同的功能，人體的五個感官器官也是一樣。視覺、聽覺、觸覺、味覺、嗅覺所依靠的五個感官器官，由腦幹中最主要的右側部分，也就是右腦進行活動。但是，人類的左腦因為進化而變的稍大，右腦因此漸漸的受到壓迫。也正因為如此，使得人類原有的動物「本能」慢慢的流失了。

　　例如視力越來越退化，聽力越來越差，如果瓦斯沒有味道，我們根本無法檢測出瓦斯漏氣。然而本能的味覺功能是可以分辨出我們吃下去的食物是藥物還是毒物的。我們知道本能可以讓很多的動物擁有預知地震的能力，甚至連古代的尼安德塔人和克羅馬儂人都具有這種本能，但是現代人卻已經失去了這樣的本能。

　　現代人都是看氣象預報的漲落表才出海去釣魚，但是，以前的動物就擁有這種自知的本能。

　　記憶力也是如此。我們能記住所走過的路，記住所認知的事物……這種記憶生命根源的能力都是由右腦所掌控的。

　　但是人類卻因為知識和語言的累積，使得左腦的記憶力更加發達，右腦的記憶活動因而停止，也就是說「本能的」習性（能力）消失了。

天才與右腦

　　美國著名思想家富蘭克林有很多有名的怪僻，當他準備聽對方說話時，就會拿出一張紙來，在中間畫一條線，右邊畫上＋（加）的記號，左邊畫上－（減）的記號，一邊聽著對方的說話。如果「這一點對你比較有利」，就寫在加號那邊；如果「這一點對你的損失較多」，就寫在減號的那邊。

　　原本或許是一句複雜艱深的話，憑藉著圖形表達出來，就變得淺顯易懂。這就是天才富蘭克林所使用的方法。

　　法國大文豪雨果的名作《悲慘世界》出版時，他寄了一封信給出版社，信上只有一個「？」。意味著銷售如何？文壇的評價如何？接到信的出版社社長也很有趣，他立刻回答了「！」。雨果的這封信大概是全世界最短的一封信，沒有長篇大論，而只是以簡短的一個「？」將一切全部表現出來。雨果實在是一個標準的右腦型。連一封信都能充分發揮右腦的想像力，則雨果的其他名作就更不用說了。天才都是擅長使用右腦的。

◆ 右腦是電腦無法替代和超越的

　　在辦公自動化越來越普及的今天，電腦已成為工作中不可或缺的助手。

　　我們應如何順應這個時代的需求呢？簡單的說，應該如何找出對應電腦時代的好方法呢？

　　但是，即使電腦再先進，也絕對無法超越人腦。電腦可以完全取代人類具有邏輯性機能的左腦，但是無法取代右腦。

　　新一代的電腦企圖超越人類的右腦，開發一種不僅演算、處理速度或記憶大幅提升，而且可以輸入人類日常交談所使用的語彙，具有聯想、推理或學習能力和繪圖等功能。

　　這樣，電腦不僅可以執行判斷或意志決定，而且本身就可以自己設定程式、修正程式，甚至可以自行負責維修。如此一來，可能會有超越人腦的一天，但現實卻不可能辦到，因為人類右腦的腦力是非常微妙的，有很多是機械絕對無法模仿的。

　　在這種情況下，那些只會使用左腦的人，是肯定會被電腦擊敗的。所以使右腦靈活發展，是現今全人類的當務之急。

　　電腦必須靠人類輸入設計好的程式，設計程式必須運用人類右腦所擁有的直覺性、綜合性、圖像性的功能。不論你的工作與電腦有無直接關係，鍛鍊右腦、充分運用右腦的功能，是在新世紀裡繼續生存的不二法門。

◆　解開右腦祕密的鑰匙

　　為什麼右腦會有這麼神奇的能力呢？

　　解開右腦祕密的鑰匙在於「潛意識」，右腦（感情的腦）和潛意識是有關係的。和掌管顯意識的左腦（知性的腦）比較起來，右腦是具有無法預知性的。這是因為右腦和潛意識有著相當密切的關係。

　　近年來，有的學者提出「宇宙情報」的學說。所謂的宇宙情報是指宇宙創始以來有關宇宙的全部記憶。當然，也包括地球誕生以來的生命記憶。然後，這些記憶（情報）形成波動在宇宙裡亂飛，這就稱之為「宇宙波動」。

　　從我們的腦中也會發出腦波的波動，這已經在科學中得到了證實。如果人類的腦波和宇宙的腦波同頻，各種宇宙情報就會進入右腦，而且會輸入到右腦的潛意識之中。

　　而如果能夠把宇宙情報從潛在意識裡取出來並轉換到左腦的顯在意識裡，你將會成為一個「超能力者」。

　　能夠輸入這個宇宙波動並且將其與腦波調整成同一頻率的是腦幹中的「間腦」，也就是間腦中叫作「松果體」的小器官。

　　這個叫作松果體的器官，不久之前還不被醫學界所重視。它有著和它的名字松果一樣的形狀，位於視丘後部的上方，它是一個重 0.1 ～ 0.2 克的小東西。

　　不過，醫學界已經證實從這個松果體會分泌出我們接著會提到的各種「腦內荷爾蒙」（神經傳達物質），由於它的存在如此重大，它所擔任的重要任務也突然之間受到矚目。

　　至此，我們大概能夠明白這些「腦內荷爾蒙」和維持生命的因素有密切的關聯，它關係到「物種的進化」，也關係到「意識的覺醒」。

◆ 神祕的「小宇宙」

　　人類的腦出生時的平均重量是 400 克。對於成年男子而言平均是 1,350 克，成年女子則是 1,250 克，其中光是大腦皮質就塞滿了大約 140 億個神經細胞。

　　不過這 140 億個神經細胞的每一個個體都有許多稱之為觸手的突起物，這些突起物和細胞整體合而為一的總名稱叫做「神經元」。

　　它是腦活動中的最小單位，在一立方公釐中大約塞滿了 10 萬個，是個密度很高的世界。

　　神經元彼此伸出了四通八達的觸手，以利和旁邊其他的神經細胞合體。彼此合體的神經元如果發生老化或事故，甚至生病而死亡的話，健康神經元的觸手會馬上縮回並且和下一個健康的神經元做結合。

　　這是為了要將各種資訊在細胞之間傳達的需求所形成的生理形式。例

如我們的手指尖部能夠獲得感覺。這種感覺會經過脊髓到達延髓，並從延髓到達視丘（間腦），然後再從視丘傳達到大腦皮質中一個叫作「第一次體性感覺區」的組織。

脳神經細胞是提供資訊的使者，而且當資訊進入第一次體性感覺區之後，這些資訊就會得到綜合性的分析和判斷，然後再將這些判斷送回給體內的各個器官，進行一種高度精密的處理。

每一個神經元互相結合的部分我們稱之為「胞突纏絡」。一個神經元上有許多的觸手，而且因為它們和許多的神經細胞及胞突纏絡連結在一起，所以它是一個擁有約 1,000 兆個胞突纏絡的微觀世界。可以稱它為一個「小宇宙」。

每一個神經元都有它們各自的功能。其中有傳達手腳活動的神經元、有傳達各種感覺的神經元、有專門負責記憶的神經元。

脳神經因為有神經元的相互連結而形成了緊密的神經網路。透過這個網路，將人體外部所受到的刺激傳達到神經中樞，神經中樞對此加以認知、記憶，並且把正確的資訊處理反饋出來。

在腦內有大約 10 萬件以上的各類資訊會不斷的流通。不過，沒有關係。因為在我們的腦中，具有類似高性能的磁影片能力的能夠收錄大約 1,000 億位元的資訊的功能，所以或許我們可以將它比喻成個人電腦。

雖說它有 1,000 億位元的收納能力，但是它的收納能力到底有多少呢？據說大概有相當於 500 個 30 本左右的大百科全書的資訊量。

這裡還要再重複一次，這些都是由 140 億個神經元和 1,000 兆個胞突纏絡所控制的。

這麼驚人的能力，全部都塞滿在 1,300 克的小世界裡，脳神經細胞的工作能力實在令人驚訝。

更令人吃驚的是：在我們的腦中，大約有 1,000 億個神經膠質細胞在保護著 140 億個腦神經細胞。

所謂的神經膠質細胞指的是膠狀的磷脂質，它除了將神經細胞包圍起來之外，還能提供養分給神經元。在神經元受傷、生病，或者因為老化而死亡的時候，神經膠質細胞也會把它們吃掉並且消化。

腦內如果因為這些神經元的受傷、生病、死亡或老化而產生許多的廢物和毒素，對人類來說是很糟糕的一件事情。不過，幸好神經膠質細胞會幫我們做清除的工作。這個工作就像替嬰兒餵奶和餵飯的母親一樣。

◆ **右腦是靈感之源**

左腦是負責知識的，右腦則是負責智慧的，而所謂天才，正是開啟了右腦。正如人們經常說的，天才並不是經過思考才具有創造力，天才是憑著直覺創造的。這也正是天才與凡人不同之處。

天才的祕密就在於靈感。古今中外傑出的藝術作品，可以說有相當一部分都是出自靈感，而且大部分發明、發現的才能也是如此。

在發明、發現之中，有一種超越現實的飛躍，那是一種在個人的經驗知識中無法衍生的聰明智慧的光芒。

莫札特曾經說：「我的音樂靈感究竟來自何處，我自己也不知道。不過，如果沒有任何干擾，我的靈感就會源源不絕。」

法國詩人韓波（Rimbaud）也說：「我並不思考，我只是被思考。我不過是個樂器，音樂自由自在的在我身體之中通過。」

右腦是圖像的腦，它擁有卓越的形象能力和靈敏的聽覺，所以它有絕對的樂感。也因此右腦又被稱為是「藝術的腦」，這和潛意識有很深的關係。

右腦運作能力強的人比較適合成為畫家、演奏家和作家。特別是在音樂的世界裡，通常被稱為「天才」的人，大都是右腦運作能力比較強的

人。如果我們可以看見他們右腦的運作能力，我們便不會對天才從小時候就在音樂上表現出不同於別人的優秀資質而感到懷疑。

音樂力是靠樂感來支持的。樂感又分為絕對樂感和相對樂感，絕對樂感依靠右腦的機能，相對樂感依靠左腦的機能。有一種說法是絕對樂感如果沒有在 6 歲之前利用早期教育引導出來，就無法再擁有它了。

無論如何，為了加強圖像能力，就得開發右腦，如此「輪迴」的能力才會倍數增加。

所謂的「輪迴」能力，是指把從聽覺（聲音）獲得的資訊轉換為視覺資訊（印象或圖形）的器官。當然它也擔任著把視覺資訊轉換成聽覺資訊的逆向工作。如果這種輪迴能力變強，印象能力和圖形認知能力就會突飛猛進。

如此一來，就會發生很多有趣的事情。

作曲家光是聽到音樂，腦中就會浮現譜調，腦中也會自動的把音符寫在五線譜上。

指揮家只要瞄一眼樂譜就能過目不忘全都記在腦子裡，還可以一邊指揮一邊搜尋樂譜的頁碼。演奏家則可以一邊在腦海中浮現出美麗的情景，同時操作各種樂器。

畫家也可以看不見要畫的東西便靠圖像定出主題來作畫了。

科學家更可以在短期之內完成重大的發現，因為他對想發明的作品已經有了構想，所以也可以很容易就製造出來。法律專家更可以將過去處理過的案例一清二楚的記憶到腦海裡，所以當他要用到過去的例證時，馬上就可以回想出來。

辯護律師也可以用圖像搜尋出過去所發生過的事件，建築家可以利用圖像能力記憶必要的設計，而且不必加上自己的思考就可以輕而易舉的畫出精確的設計圖。

至於作家，他可以運用圖像能力在腦海中編造引人入勝的故事情節，只需要寫出來就能成為炙手可熱的作品。換句話說，大家都可以運用圖像能力，隨時任意的發揮想像力和創造力。

在日本棋界打遍天下無敵手的羽生善治先生是一個對圖形認識能力超強的人。他可以在「10 秒內過 60 招」的祕密，就在於他有能夠記取將棋盤面圖形的超強能力。

在常人眼中只不過是一幅圖像的棋局，在羽生善治先生的腦中卻被分割成為了一個個有用的資訊。他能運用圖像能力自由自在的聯想到棋盤上所有可能出現的情況。

這麼一來，右腦的圖像能力就不僅只是圖像能力了，它簡直是結合了沒有限制的自由想像能力，能把不可能的事情變成可能的事情。雖然有時連自己都會覺得這似乎已經是極限了，已經沒有能力可再讓想像力延伸了，但是仍然會產生出許多令自己都覺得不可思議的想像。

也就是說，新的點子會不斷的從腦海中迸放出來。

但是不論我們怎麼鍛鍊左腦，它也無法產生什麼創造能力。因為左腦的圖像能力是很稀薄的，它無法產生直接的能力。

右腦開發術

在各種右腦的功能中，最重要也是最根本的就是維持人類生命的計畫表（程式），它也被裝置在右腦裡面。

所謂維持生命的計畫表（程式）是指生命的分配計畫，它是類似電腦軟體的一種東西。如果缺少這種東西，不論如何優秀的超級電腦都將無法啟動。

看看嬰兒的肉體形成過程，就可以很清楚的了解這一點。

以胎兒的肉體形成來說，最先登場的就是右腦。也就是說，之後的肉體形成都要靠右腦預先組合而成為用來維持生命的程式設計。

心臟形成了、血管形成了、呼吸器形成了、手和腳也形成了……必要的器官都形成了之後，血液就流通了，一個生命也就此成形並且開始成長。

然後右腦同時也開始了左腦的培育工作，大約三年左腦機能就可以完成，擁有語言和說話的機能以及儲備知識的機能。這個作業完成之後，右腦就會進入休息狀態。

用休息這個字眼大家可能有所疑惑，事實上它只是變成「未知的腦」而停止活動。如果我們把右腦的能力假設為 100％，我們其實只運用到它 3％的能力。

右腦本來除了和左腦一樣具有驅使語言活動的功能外，它還具備有記憶知識、計算能力和發揮創造的能力，不過，我們並沒有發覺它擁有這樣的功能，所以右腦便進入了休息的狀態。

如果我們能夠發覺右腦擁有這樣的能力，並且加以訓練，學得右腦的開發術，那麼，我們就可以隨心所欲的運用語言，可以講六、七國的語言，甚至變成語言天才。

我們還可以變成一個擁有超強記憶力、超強計算能力的人，也可以擁有強大的創造能力，受到全世界的矚目。

的確，這個世界上也曾出現了許多這樣的人。從畫飛機設計圖的達文西開始，許多的發明「天才」就是屬於這樣的人。如果，我們也能開發我們的右腦，便能擁有像他們一樣的天才特質。

◆ 測驗你的右腦

當我們在思考一件事情時，絕對不會只用左右腦的某一邊，但是能夠左右腦均衡使用的人實在少之又少。如前所述，現代人的左腦使用過於頻繁，但是這只是一般性的傾向，每一個人特有的頭腦使用方法在「習慣」上各有不同，這是因為個人及環境所造成的差異。如果你想成為一個右腦靈活，擁有豐富的直覺力、綜合判斷力、創造力的人，最好先了解自己使用頭腦的「習慣」。

如果你知道自己的用腦習慣是「左腦型」或是「右腦型」的話，再實踐下面章節的右腦活用法，一定會獲益更多。為了了解你現在對兩腦的利用狀況，特地設計了這個測驗，希望每位讀者都能試試看。

進行右腦度測驗時注意以下四點：

1. 一個問題不可思考 5 分鐘以上。
2. 一定要回答「是」或「否」。
3. 未曾體驗過或不會回答的問題才可以答「兩者皆非」。
4. 整個測驗並沒有嚴格的時間限制，但是約 5 ～ 7 分鐘左右。

現在，測驗開始。

(1) 你認為媽媽做菜的手藝最好。

　　A. 是　B. 不是　C. 兩者皆非

(2) 如果有特殊的、新奇的食物，你一定要嘗嘗看。

　　A. 是　B. 不是　C. 兩者皆非

(3) 你不認為參加宴會、舞會是一件苦差事。

　　A. 是　B. 不是　C. 兩者皆非

(4) 你喜歡在咖啡館裡聊天。

　　A. 是　B. 不是　C. 兩者皆非

(5)　你常將自己看過的電影或電視劇的劇情告訴他人。

　　　A. 是　B. 不是　C. 兩者皆非

(6)　看過的電影或電視劇的演員或特技等，你會牢記在心。

　　　A. 是　B. 不是　C. 兩者皆非

(7)　一看到人時，你會先注意到他的表情和服裝。

　　　A. 是　B. 不是　C. 兩者皆非

(8)　第一次與人見面時，你會很在乎氣氛。

　　　A. 是　B. 不是　C. 兩者皆非

(9)　你喜歡寫文章。

　　　A. 是　B. 不是　C. 兩者皆非

(10)　你喜歡與人談話，勝於寫信。

　　　A. 是　B. 不是　C. 兩者皆非

(11)　學生時代，若每天不在規定的時間內有規律的學習，心情就會不好。

　　　A. 是　B. 不是　C. 兩者皆非

(12)　學生時代，從來不曾訂下讀書計畫，每天都是愛讀多少就讀多少。

　　　A. 是　B. 不是　C. 兩者皆非

(13)　童年時喜歡看圖畫。

　　　A. 是　B. 不是　C. 兩者皆非

(14)　童年時喜歡閱讀故事和人物傳記。

　　　A. 是　B. 不是　C. 兩者皆非

(15)　開始學習電腦時，你會先去請教專家，並仔細的讀使用說明書。

　　　A. 是　B. 不是　C. 兩者皆非

(16)　開始學習電腦時，主動操作，試試看再說。

　　　A. 是　B. 不是　C. 兩者皆非

(17) 喜歡把自己的夢境告訴他人。

    A. 是　B. 不是　C. 兩者皆非

(18) 對於自己曾做過的夢,印象非常模糊。

    A. 是　B. 不是　C. 兩者皆非

(19) 喜歡親自下廚煮飯。

    A. 是　B. 不是　C. 兩者皆非

(20) 對飲食方面的知識豐富,而且你是一個挑嘴的人。

    A. 是　B. 不是　C. 兩者皆非

(21) 即使是一點點小事,也希望照最初的計畫進行。

    A. 是　B. 不是　C. 兩者皆非

(22) 如果不能照最初的計畫進展,最少要在預訂的日期完成。

    A. 是　B. 不是　C. 兩者皆非

(23) 會議上即使獲得結論,你還是會懷疑到底能不能行得通。

    A. 是　B. 不是　C. 兩者皆非

(24) 會議上只要獲得結論就放心了。

    A. 是　B. 不是　C. 兩者皆非

(25) 書桌如果不整理乾淨就定不下心。

    A. 是　B. 不是　C. 兩者皆非

(26) 桌子上稍微亂一點,工作起來比較有效率。

    A. 是　B. 不是　C. 兩者皆非

(27) 你曾參加旅行團嗎?有機會的話你會參加嗎?

    A. 是　B. 不是　C. 兩者皆非

(28) 旅行時,你喜歡自己計劃行程嗎?

    A. 是　B. 不是　C. 兩者皆非

(29)　經常和家人談話。

　　　A. 是　B. 不是　C. 兩者皆非

(30)　喜歡和家人一起旅行、運動或玩遊戲。

　　　A. 是　B. 不是　C. 兩者皆非

(31)　你非常在意自己所說的話是否能引起別人的注意。

　　　A. 是　B. 不是　C. 兩者皆非

(32)　你常根據對方的臉色表情，增添或減少些笑話或幽默話題。

　　　A. 是　B. 不是　C. 兩者皆非

(33)　你喜歡接觸新的流行事物。

　　　A. 是　B. 不是　C. 兩者皆非

(34)　你認為追逐流行是很輕薄的舉動。

　　　A. 是　B. 不是　C. 兩者皆非

(35)　雖然只見一面，你就能將對方的長相牢記在心。

　　　A. 是　B. 不是　C. 兩者皆非

(36)　你覺得看見認識的人卻叫不出對方的名字非常尷尬。

　　　A. 是　B. 不是　C. 兩者皆非

(37)　讀書時你總是從第一頁依序讀起。

　　　A. 是　B. 不是　C. 兩者皆非

(38)　看書時常從喜歡的地方開始看起。

　　　A. 是　B. 不是　C. 兩者皆非

(39)　發現一家新開的店時，你一定要先進去看看。

　　　A. 是　B. 不是　C. 兩者皆非

(40)　不熟悉的店會讓你放不下心來。

　　　A. 是　B. 不是　C. 兩者皆非

(41) 報告逼近繳交期限，可是你尚未完成，會非常著急。

　　A. 是　B. 不是　C. 兩者皆非

(42) 報告不到繳交期限，就不會完成。

　　A. 是　B. 不是　C. 兩者皆非

(43) 電腦和機器人是新潮的流行，你想去接觸一下。

　　A. 是　B. 不是　C. 兩者皆非

(44) 你認為電腦和機器人的使用與現有的生活格格不入。

　　A. 是　B. 不是　C. 兩者皆非

(45) 工作的備忘錄、計畫表如果沒有妥善整理，就會不安。

　　A. 是　B. 不是　C. 兩者皆非

(46) 因為備忘和計畫不斷變更，雖然雜亂也無可奈何。

　　A. 是　B. 不是　C. 兩者皆非

(47) 喜歡看小說。

　　A. 是　B. 不是　C. 兩者皆非

(48) 喜歡詩、詞和散文。

　　A. 是　B. 不是　C. 兩者皆非

(49) 開始閱讀一本比較深奧的書之前，你會先收集相關資料。

　　A. 是　B. 不是　C. 兩者皆非

(50) 即使是一本深奧難懂的書，也會努力去看完它。

　　A. 是　B. 不是　C. 兩者皆非

(51) 你喜歡唱卡拉 OK。

　　A. 是　B. 不是　C. 兩者皆非

(52) 你喜歡古典、搖滾、爵士音樂。

　　A. 是　B. 不是　C. 兩者皆非

(53) 工作還未完成之前，你沒有心情去遊戲。

　　　A. 是　B. 不是　C. 兩者皆非

(54) 你常放下手邊的工作和功課出去透透氣，偷閒一下。

　　　A. 是　B. 不是　C. 兩者皆非

(55) 你喜歡設計慶功宴或年終晚會的工作。

　　　A. 是　B. 不是　C. 兩者皆非

(56) 你希望成為負責辦理慶功宴或年終晚會的工作人員。

　　　A. 是　B. 不是　C. 兩者皆非

(57) 展覽會的作品，你會依序一件一件的看嗎？

　　　A. 是　B. 不是　C. 兩者皆非

(58) 參觀展覽會時，只要看見一件喜歡的作品就心滿意足。

　　　A. 是　B. 不是　C. 兩者皆非

(59) 你有很多位異性朋友嗎？

　　　A. 是　B. 不是　C. 兩者皆非

(60) 你認為異性之間不可能建立友誼。

　　　A. 是　B. 不是　C. 兩者皆非

(61) 旅行前你一定得設計好全程才出發。

　　　A. 是　B. 不是　C. 兩者皆非

(62) 旅行前只要設計好大致的行程，就可以出發了。

　　　A. 是　B. 不是　C. 兩者皆非

(63) 你非常在意別人的言談舉止。

　　　A. 是　B. 不是　C. 兩者皆非

(64) 你認為不應只憑外表來評斷一個人。

　　　A. 是　B. 不是　C. 兩者皆非

(65) 打高爾夫球時，你擅長使用打遠距離的球桿。

A. 是　B. 不是　C. 兩者皆非

(66) 打高爾夫球時，你擅長使用打近距離的球桿。

A. 是　B. 不是　C. 兩者皆非

(67) 從事運動或休閒嗜好時，常會熱衷得忘了工作。

A. 是　B. 不是　C. 兩者皆非

(68) 從事運動或休閒嗜好時，常會聯想到與工作有關的事。

A. 是　B. 不是　C. 兩者皆非

(69) 開始一項新的遊戲時，你往往會看書或請教他人。

A. 是　B. 不是　C. 兩者皆非

(70) 開始一項新的遊戲時，你總是先做了再說。

A. 是　B. 不是　C. 兩者皆非

(71) 你每天都仔細閱讀報紙。

A. 是　B. 不是　C. 兩者皆非

(72) 閱讀報章雜誌時，你往往採用速讀的方式。

A. 是　B. 不是　C. 兩者皆非

(73) 學生時代，如果沒有把筆記整理好就會不安心。

A. 是　B. 不是　C. 兩者皆非

(74) 學生時代，筆記寫得非常凌亂。

A. 是　B. 不是　C. 兩者皆非

(75) 你很喜歡玩飛機模型或魔術方塊。

A. 是　B. 不是　C. 兩者皆非

(76) 你很討厭魔術方塊。

A. 是　B. 不是　C. 兩者皆非

(77)　學生時代的好朋友至今仍然繼續往來。

　　　A. 是　B. 不是　C. 兩者皆非

(78)　曾經背叛過你的人，你絕對不會再相信他。

　　　A. 是　B. 不是　C. 兩者皆非

(79)　在接觸新工作時，你會先複習一下舊經驗嗎？

　　　A. 是　B. 不是　C. 兩者皆非

(80)　在接觸新工作時，你比較喜歡以完全空白的態度來面對。

　　　A. 是　B. 不是　C. 兩者皆非

(81)　你認為下圍棋是一件快樂的事。

　　　A. 是　B. 不是　C. 兩者皆非

(82)　下圍棋時，你喜歡很快擊敗對手。

　　　A. 是　B. 不是　C. 兩者皆非

(83)　下象棋時你總是以退為進，著重防守。

　　　A. 是　B. 不是　C. 兩者皆非

(84)　你認為下象棋的樂趣在於將軍。

　　　A. 是　B. 不是　C. 兩者皆非

(85)　關於電視節目，你喜歡看輕鬆的綜藝節目。

　　　A. 是　B. 不是　C. 兩者皆非

(86)　關於電視節目，你喜歡看連續劇。

　　　A. 是　B. 不是　C. 兩者皆非

(87)　你不認為增加興趣會影響工作。

　　　A. 是　B. 不是　C. 兩者皆非

(88)　你希望增加自己的興趣項目。

　　　A. 是　B. 不是　C. 兩者皆非

（89） 學生時代學數學時，你比較擅長幾何。

　　　A. 是　B. 不是　C. 兩者皆非

（90） 學生時代學數學時，你比較擅長代數。

　　　A. 是　B. 不是　C. 兩者皆非

➤ L型問題（問題號碼）（1）（4）（5）（7）（10）（11）（14）（15）（17）（20）（21）（24）（25）（27）（29）（31）（34）（36）（37）（40）（41）（44）（45）（47）（50）（51）（53）（56）（57）（60）（61）（63）（66）（68）（69）（71）（73）（76）（78）（79）（82）（84）（86）（87）（90）

➤ R型問題（問題號碼）（2）（3）（6）（8）（9）（12）（13）（16）（18）（19）（22）（23）（26）（28）（30）（32）（33）（35）（38）（39）（42）（43）（46）（48）（49）（52）（54）（55）（58）（59）（62）（64）（65）（67）（70）（72）（74）（75）（77）（80）（81）（83）（85）（88）（89）

　下面我們來看看計分和評分的方法。

　計分——首先，按照你的回答以「是」2分，「不是」1分，「兩者皆非」0分的方式計分，然後依上表所示，各算出R型問題和L型問題的總分。

　評分——或許有的讀者已經看出了，你現在所做的R型問題是為了檢查右腦思考的傾向，L型問題是檢查左腦思考的傾向。

　如果R型問題和L型問題合計的總分差距在6分以下，表示你的左右腦還算是平衡的。如果L比R大7分以上，表示你有左腦過度使用的傾向，是屬於左腦型。相反的，如果R比L大7分以上，表示你有右腦使用較頻繁的傾向，是屬於右腦型。

　　每一個人都有自己的用腦習慣，這種習慣通常是從小時候就開始養成的。如果仔細觀察幼兒的行動，並加以分類的話，可以將小孩子分成三類：童話故事型、圖像型、創意型。

　　童話故事型的小孩子喜歡在遊戲時扮演故事中的主角，圖像型則喜歡製作精密的飛機、船艇和建築物等模型，創意型是屬於演技派的，喜歡把天上的雲比喻成動物或其他的東西。

　　這三種類型有如下的不同：童話故事型＝左腦型，圖像型＝右腦型，創意型＝左右腦並用型。更有趣的是，3歲以前的小孩子幾乎都是創意型，到了4歲時逐漸分化出圖像型，5歲後的小孩子對這三種類型的區分則非常顯著了。雖然不確定這種區分類型是否會一直持續到成年，但是可以確信頭腦的使用習慣在年幼時就已經養成了。難怪，前面測驗所獲得的結果，不論你是左腦型、右腦型或是左右腦並用型，都沒有關係。不要因為測驗結果是左腦型就感到悲觀或心灰意冷；相反的，你應該高興才對，因為這樣表示右腦還有很多開發的空間。

　　如果測驗的結果是右腦型，也不應有「再也不用使用右腦」的想法了，因為你只是在無意識的狀態下具有右腦型的傾向，如果你不再刻意的去使用，右腦的腦力必會大大的衰減。

◆ 開發右腦的 30 個方法

　　開發右腦的方法有很多，以下介紹 30 個簡易可行的方法。

（1）　先訂立嚴密計畫再執行，會使右腦的創造力大打折扣。

（2）　文件盡可能以圖示，對右腦的刺激更強烈。

（3）　即使是一件小事，也要畫出明確的流程圖。

（4）　每天花 30 分鐘集中注意力，可以促進右腦的腦力。

（5）　整天忙碌，右腦沒有創意。

(6)　每天的例行公事也應動動右腦。

(7)　準確找出問題點。

(8)　非邏輯的工作可以增進頭腦的綜合性能力。

(9)　配合右腦週期進行時間管理，才能產生創新性。

(10)　習慣使用記號來幫助思考。

(11)　讓靈感在右腦中醞釀成熟。

(12)　模仿也是學會一件事情的基礎。

(13)　出外旅行是使自己成為右腦型人的絕佳良機。

(14)　最好用不超過 100 張卡片來整理資料。

(15)　在會議上傾聽口才笨拙的人發言，有助於左右腦平衡。

(16)　腦力激盪法可以刺激右腦。

(17)　每一個問題最好設計出兩個以上的方法。

(18)　打電話或與人交談時用右耳傾聽，可以減少失誤。

(19)　用右腦去接收別人的非議。

(20)　替自己設一些警句，大聲誦讀出來。

(21)　常和不同職業的人接觸，可以刺激右腦的創造力。

(22)　辦公室稍微亂一點，可以促進右腦的腦力。

(23)　改變動作可使右腦變得更靈活。

(24)　記憶要和圖像組合，才能持久。

(25)　將獲得的新知識在右腦中描繪出來，可看出理解程度。

(26)　專精某一領域，同時兼顧相關領域。

(27)　為了提高讀書效率，用右腦尋找喜歡的章節，然後再從該處讀起。

(28)　雖然不懂英語，但仍可播放錄音帶，讓右腦培養感覺。

(29)　邊讀書邊聽古典音樂，對刺激右腦具有良好的效果。

(30)　憑藉著對知識的再認識，使右腦更靈活。

案例學習：用右腦的愛因斯坦

愛因斯坦的思維充滿著思考的辯證法。這種思考的辯證法充分的表現在他對待遺忘和記憶的關係上。

傳統強調記憶，愛因斯坦卻重視創新，很好的掌握了記憶和遺忘的思考辯證法。

他剛到美國的時候，記者們向他提出了各式各樣的問題。有的問他聲音的速度，他回答可以查聲學手冊；有的問他鐵路的一些問題，他回答可以查鐵路手冊。人們把他當作無所不知的人，以為他經常在筆記本上記著什麼。

愛因斯坦告訴人們，他不是這樣的，他從來不去記那些可查到的資料，而是讓大腦留出空間來，去研究那些人們還不認識的問題。人們歷來強調記憶，把遺忘看作是完全消極的。其實遺忘也為記憶所必需，只有忘掉舊的，才能記住新的；只有忘記次要的，才能記住主要的。遺忘更為創新所必需，只有忘記一些東西，大腦才能減輕負擔，提高思考的活力，提高創新性。如果事無巨細，學無輕重，即使博聞強記，也會影響創造能力的發揮。

適當的記憶是需要的，記憶是創造的土壤。但是，記憶需要心理能量，繁重的記憶會影響創造力的發展和創造思維的萌發。創造總是需要一種輕鬆的心理氛圍。這種氛圍既是外部環境的輕鬆，也包括心理內環境的輕鬆。如果大腦需要花精力記住大量的枯燥的資料，必然減少了創造的欲望，也會影響創造過程的進行。一個滿腦子都是記著電話、帳目、雜務的人，是很難獲得創造性成果的。古希臘哲學家曾說，悠閒出智慧。這裡的悠閒，一方面是空餘時間較多，便於思考；另一方面是指記憶任務較少，可以自由的創造。愛因斯坦深得創造的真諦，他的一生，創造思維不斷的

湧動，這與他懂得這個思考辯證法很有關係。他自己實行了大腦的解放。

1945 年，美國數學家阿達馬（Hadamard）寫信調查科學家的思考方式，愛因斯坦的答卷是這樣的：

A. 在我的思考機制中，作為書面語言的那種語詞似乎不起任何作用。好像足以作為思考元素的心理存在的是一些符號和具有或多或少明晰程度的表象。而這些表象則是能夠可以自由的再生和組合的。

B. 在我的情況中，上述心理元素是視覺型的，有的是動覺型的。慣常用的語詞或其他符號則只有在第二階段，即當上述聯想活動充分建立起來，並且能夠隨意再生出來的時候，才有必要把它們費勁的尋找出來。

這就是說，愛因斯坦在研究的第一階段，他主要的思考活動是形象思維，他的思考的元素是表象，他用表象來掌握對象。按照現代腦科學的研究，人的右腦是主管形象思維、創造思維的，它的工作方式是非線性的，是對資訊的平行處理，進行著表象的變化組合。概念在這個階段還沒有介入，沒有發揮作用。概念的介入是在他的研究的第二階段。有了創造性的思維後，再用概念來審查、推論，運用邏輯思維來證明或否證右腦產生的思維。現代腦科學研究證明，邏輯思維主要在左腦進行，它是線性的。

愛因斯坦創立相對論的時候，就是運用形象思維和邏輯思維密切結合的方式進行的，是左腦和右腦密切配合的。他先是構造了一個乘上光子火箭的理想實驗來研究「同時性」問題。這個理想實驗需要大膽的想像，需要用形象來構造，然後在光速不變原理下加以推論。就是說，他的左腦和右腦共同參與了他的創造活動，形象思維和邏輯思維一起發揮作用，這是很符合思考的辯證法的。

　　愛因斯坦的形象思維能力很強，這可能得益於他的母親對他的音樂能力的訓練。腦科學的研究顯示，音樂能力主要是一種形象思維的能力，它主要是在右腦中進行的。音樂的訓練對右腦的發展有很大的幫助。近代物理學的兩大支柱——相對論和量子力學的創立者愛因斯坦和普朗克有兩個十分相似的地方，他們都有很高的音樂造詣，有很強的數學能力。愛因斯坦的小提琴拉得很好，普朗克的鋼琴彈得很好，同時，他們的數學能力都很強，這說明他們的右腦和左腦都很發達（數學能力主要是左腦的能力），他們的創造可能都得益於左右腦的協調能力。

　　愛因斯坦的母親是一個有很高音樂修養的人，愛因斯坦在她的薰陶下，愛上了音樂，莫札特、貝多芬、舒曼成了他終生的朋友，這促進了他形象思維的能力，發展了右腦。他後來能用既有形象又有嚴密的邏輯的理想實驗的方法創立了相對論，與他從小的思考訓練是分不開的。

第六章

自由創新

如果你非常想要什麼，你就能得到。你必須用內在的活力去要它，
這活力會穿透你的軀殼，和創造萬物的力量相匯合。

—— 葛拉漢（Graham）

所謂自由創新思考法是創新者透過思考活動自由創新而設想出理想客
體達到掌握事物本質的思考方法。

自由創新思考法是愛因斯坦提出和倡導的一種科學的創新思考方法。
愛因斯坦指出：「事實上，我相信，甚至可以斷言：在我們的思維和我們
的語言中的多種概念，從邏輯上看，都是思維的自由創新，它們不能從感
覺中歸納得到的。」

進行自由創新前，先要打破腦海中固有的一些限制；否則就談不上
「自由」。

打破思維的框框

◆ 思維的框框是如何形成的

請用 10 句話來介紹你面前的椅子：

1.

2.

3.

4.

5.

6.

7.

8.

9.

10.

再請一位朋友描述同一張椅子，我們可以保證無法得到完全相同的描述。

有人會以「設計者」的身分來分析，集中描述其鋼架皮面，它的外形顏色，它的設計如何；有的以「實用者」的原則來思考集中分析此張椅子的價值，有什麼用途；有的可能會以一個「享受者」的角度來研究此張椅子的舒服程度。同一張椅子，在不同人的眼中都有不同的描述。

為何會各有不同的答案呢？因為每一個人都用自己的腦內世界，用自己的規範來看同一張椅子，結果當然是會有分別的。

腦外世界出現的是同一張椅子。但潛意識是不會讓所有資訊順利輸入腦中。各種資訊在輸入腦海之前，必須要經過多重「過濾」，包括：

➤ **感官過濾**：這些感官包括視覺、聽覺、觸覺、味覺及嗅覺等，每人都會擅長用其中一種，視覺輸入的人重視圖像，色彩和外形；聽覺輸入的人會較強調聲音、聲響或其他聽回來的資料等等；觸覺型輸入的人會重視它的實用性、舒服程度、價錢等……

➤ **內在過濾**：當資訊順利通過「感官過濾」之後，再要通過「內在過濾」。包括個人的「信念」、「規則」及「價值觀」。每個人都有不同的背景、學歷、生活習慣等，有的認為椅子「應該」是要以舒服為首，有的覺得「應該」要美觀實用……

每一個人會根據其獨特的過濾，而出現種種不同的現象來處理所接收的資訊，這些現象包括「消除」、「歪曲」及「概念」。

➤ **消除**：潛意識特意將一些接收到的資料消除，只注意其中的某一部分，例如只重視「結構」的人，會忽略了坐在椅子上的感覺。又例如

一個男性遇到一位美麗的女士，他的注意力可能只集中在其樣貌或身材而忽略了她其他的優點及缺點，而這些消除了的資料，可能會在一段時間後才浮現出來，所以當情侶吵架時常常指責對方變了，其實只是那些當初被消除了的特質再浮現出來而已。

➤ 歪曲：是將一些資料扭曲成符合個人的「信念」、「規則」及「價值觀」，而不理會事實是否如此，例如有人由於自小便得不到別人的關心，因而建立了一個沒有人關心的信念，亦形成了一堆特別的規則及價值觀，所以將來長大後，如果遇到一個關心他的人時，他會認為這人是心懷不軌，別有動機的。

➤ 概括：以偏概全，將複雜的資料簡化，例如有人會認為，只要有四支腳的就是一張椅子。

「消除」、「歪曲」及「概括」是潛意識保護我們的其中一種方法，每人每天都會遇到數以萬計的資訊，如果讓每個資訊不加修飾的進入腦中，每一項資料都需要被處理，你的腦便會受不了。經過這些過濾及各種「消除」、「歪曲」及「概括」後，我們腦內世界所出現的資料就被扭曲和變質，這就是所謂的「個人地圖」，也就是個人的規範和思維的框框。

一張不變的椅子也會出現那麼多不同觀點，更何況是變幻莫測的人際關係和社會大事？

◆ 走出「應該的」圍城

所謂國有國法，家有家規，每一個家庭，每一個國家都需要定一些規矩，一些成文的法則和不成文的常規，成員必須服從遵守，否則便會亂作一團，無法運作。

為了使你的生命可以自由運轉，使你可以融入大社會中，當每個嬰兒

呱呱墜地的時候，父母、老師、圍繞著這小生命的人都會以各式各樣的方法，為他訂立一些規矩，否則也會亂作一團，無法運作。當這個小生命長大後，也會自覺的為自己定下一些規矩，這些規矩會植根在潛意識裡，成為價值觀，成為性格的重要組成部分，成為行為的重要參照，成為生活的規範。

每一個人都會有自己的規矩，都有很多「應該」和「不應該」。現在，請深呼吸，放鬆，回想一下整個成長過程，回想你的前半生，讓你的生命歷程像電影般在你腦中播放，重溫一次自己的生命歷程，所有主角都是熟悉的，所出現過的場景情節都是你熟悉的，因為這就是關於你成長的故事。

然後真實的為自己寫一張你自己的「應該清單」。

我的資源清單

作為一個 _____ 的角色，我應該：

作為一個 _____ 的角色，我應該：

作為一個 _____ 的角色，我應該：

作為一個 _____ 的角色，我應該：

然後，再深入的想一想：

這些「應該」是誰為你定的？

這些「應該」仍然適合嗎？

這些「應該」是幫助你走向成功，還是扯你的後腿？

如果不按照這些「應該」去做，會有什麼後果？

如果不這樣做，你有什麼選擇？

每一個「應該」都可能是一道牆，你、你身邊的人、社會……都不斷幫你建造一道道這樣那樣的牆，「應該」越多，規矩就會越多，城牆便會

越複雜堅固。城牆可以幫助你抵禦外敵，使你感到安全，但同時也會令你和外界隔絕，使你無法知道外間的事物，無法呼吸到新鮮的空氣，無法聽到鳥兒的歌聲，無法看到藍天白雲和陽光。

◆ 掙脫傳統的束縛

傳統的觀念、理論和方法，是一種強大的力量，有力的束縛著人們的頭腦。當他們面對一種新的現象，要解決一個新的問題時，總是先用傳統的眼光進行觀察，用傳統的理論加以解釋，用傳統的方法加以解決。

因為，傳統的理論和方法是經過一定的證明和檢驗的，人們對此已經比較熟悉，用它們來了解新問題和解決新問題，輕車熟路，比較方便。

但是，如果新問題與傳統的觀念格格不入的時候，如果新的問題是一個新的領域的時候，固守著舊的傳統不放，就不能進一步認識新問題，就會在科學的歷史進展中無所作為。

當經典物理學獲得了長足的進展，獲得了極大的成就，形成一套行之有效基本概念和方法之時，紫外線災難和以太漂移實驗對以太存在的否定使物理面臨著革命的前夜。物理學家湯姆森（Thomson）稱之物理學上空的兩朵烏雲。物理學家們普遍認為，物理學大廈已經建立，物理學家的任務，至多只是增加幾扇門、幾扇窗，而物理學大廈則不會改變了，也無須改變。

在這種情況下，有些科學家發現了與經典物理完全不符合的反常現象，走到了新發現的邊緣。但是，在傳統思考方式的禁錮之下，沒能做出新的發現，或者說沒能夠對新的發現做出革命性的解釋。

物理學家勞侖茲（Lorentz）已經走到了發現相對論的邊緣，他按照伽利略的變換原則，發現把馬克士威方程組由一個參照系變換到另一個參照系時，如果按照某種坐標變換，就能給予馬克士威方程組不變性，這種變

換，就是勞侖茲變換。這種變換公式與愛因斯坦的相對論公式有同樣的形式。勞侖茲變換公式已經非常明確的顯示，時間、距離是隨運動而變化的。然而，他卻沒有發現相對論，經典力學理論在他的頭腦中根深蒂固，他根本不可能去設想時間、距離、質量是相對的，會隨著物體的運動而變化。即使在相對論誕生以後，他還是不能理解，為什麼那麼神聖的經典力學理論會變得不那麼神聖起來。他痛苦的說：「在這樣的時代，真理已經沒有標準了，也不知道科學是什麼了，我很後悔，我沒有在這些矛盾出現的五年前死去。」

發動物理學革命、開創量子論的德國物理學家普朗克對近代物理學的發展做出過重要的貢獻。他最早提出了量子理論，開創了近代物理學革命的先河。但是，普朗克的思想也深受著經典力學理論的束縛。他在解決黑體的問題時，提出了能量不連續性的概念。這個概念，本來是革命的，突破了經典物理學的框框。但是，普朗克為自己提出的量子概念背離了條條經典力學而感到惶惶不安，他千方百計想要把量子理論納入經典力學中去，努力用電磁波理論去加以解釋和說明。在愛因斯坦提出光的波粒二象性和光量子假設以後，他還是認為這種提法太極端。他為把量子假設納入經典力學的軌道，做了十五年無用的努力，直到種種努力都歸於失敗以後，才猛然醒悟，但是，已經浪費了的十五年寶貴的光陰。已經一去不復返了。

化學在自己的革命過程中也常常遇到這樣的問題。

18 世紀時，化學還在燃素理論的統治之下。這種理論認為，燃燒過程是燃素的釋放過程。物體內的燃素越多，燃燒的能力就越強。這個理論能夠說明大多數的化學現象，因此，化學家們對它深信不疑。但是，它有一個明顯的破綻，那就是金屬燃燒時，它失去了燃素，卻增加了重量，似乎燃素有負的重量。

西元 1766 年，英國化學家卡文迪許（Cavendish）在進行鋅片與稀酸的化學反應時，發現鋅片上冒著氣泡。燃素論者認為，這種氣泡就是燃素，燃素終於找到了。其實，這是反應中置換出來的氫氣。

西元 1774 年，英國化學家普利斯特里對氧化汞加熱後得到了一種新的氣體，這種氣體會使即將熄滅的蠟燭發出明亮的光，重新劇烈的燃燒起來。對於這種新的氣體和新的現象，普利斯特里的解釋是：這是一種不含燃素的氣體，只會猛烈的從別的物質中吸收燃素，造成燃素的迅速釋放，從而引起了劇烈的燃燒。

事實上，普利斯特里已經製造了氧氣，他的實驗正在揭示著燃燒的本質。只要他放棄燃素學說，他就可能發動化學領域的一場空前絕後的革命。但是，他被燃素遮住了眼睛，他製取了氧氣，卻依然沒有發現氧氣。

科學的燃燒學說是由法國科學家拉瓦節提出的。他沒有成為傳統的燃素說的奴隸，很有點科學的創新精神。

他說：「我不知道什麼燃素，我從來沒有見過它，我的天平從來沒有告訴過我燃素的存在。我拿了純淨的易燃物，例如磷或純金屬，例如錫，放在密封的容器裡燃燒。在這容器內部，除了『活空氣』以外是什麼也沒有的。燃燒的結果，易燃物和活空氣不見了，卻有了一種新物質……我秤秤這些新物質，查出它們的分量和易燃物與活空氣加在一起的分量剛好一般重。每一個有頭腦的人都只能得出一個結論，物體就是燃燒時和活空氣化合而成的一種新物質。至於燃素和這些有什麼關係，不提它倒很清楚，提起它來，事情反而茫然無緒了。」他還說過：「我感到必須把前人所做的一切實驗看作只是建議性質的。」他預感到對燃燒問題的研究將要引起物理學和化學上的一場革命。拉瓦節勇敢的背離了燃素說，創立了氧化燃燒學說。

　　與傳統思想的束縛同樣強大的束縛，同樣還來自對權威的迷信和盲目崇拜。

　　權威總是在某一領域做出過傑出的貢獻，有著崇高的威望。但是權威只是某個領域的權威，在他們研究的領域之外，他們往往不是權威，有時連一般人還不如。而有些科學家常常忘記了這個簡單的道理，他們對權威盲目迷信，把權威的某個理論絕對化，而不敢越雷池一步。

　　亞里斯多德是個大權威，中世紀的時候，許多人以他的話作為判斷是非的標準。佛羅倫斯的一位解剖學家透過解剖，清楚的表示神經從大腦出發通向全身，這有力的證明大腦是思考的器官。但是一些人卻說：「實驗固然清楚明瞭，要不是亞里斯多德說過，心臟是思考的器官，我們也會相信這是事實的，但亞里斯多德早就說得很清楚，因此，實驗是多餘的。」

　　伽利略用望遠鏡觀察木星，發現了木星的兩顆衛星，它們圍著木星不停的轉動。這本來可以作為日心說的一個有力的輔助證據，但是因為亞里斯多德沒有說過木星有衛星，因此人們連看一下望遠鏡都不敢。他們固執的認為，望遠鏡也可能有差錯，眼睛也可能有差錯，但是，亞里斯多德絕對不會有差錯。對權威的這種盲目迷信不僅堵塞了認識真理的道路，而且往往成為扼殺真理的幫凶。

　　對傳統思想和權威的迷信會使人更加盲目，扼制了思考的主動性和創造性。

　　在傳統和創新之間要保持必要的張力。一方面，要尊重傳統認知中的合理成分，要牢固的掌握和合理運用傳統的知識，這是創新的基礎。另一方面，對傳統的認知要保持一定的批判的眼光，因為傳統中總摻雜著一些不完整的認知。千百年來，人們看到日出日落，以為是太陽圍著地球轉，而這雖然和人們的日常經驗相一致，卻不是一種科學的認知。

亞里斯多德是著名哲學家柏拉圖的學生，他並不對老師一味的迷信，他說：「我愛我的老師，但更愛真理。」英國科學家湯瑪士‧楊格（Thomas Young）說過：「牛頓啊，雖然我對您萬分景仰，但是您也不是十全十美的。為什麼為了一個偉人而保留他的錯誤呢？」正是有了這種思想，他才在光的微粒說十分流行的時候，重新提出了光的波動說。

愛因斯坦對牛頓也抱著這種看法。雖然相對論把牛頓力學作為自己在低速條件下的一個特例，但是沒有牛頓所做的奠基性的工作和創立的科學概念，相對論的創立無異於是天方夜譚。他在《物理學的進化》一書中談到理論的創立時說：「我們可以說，建立一種新理論，不是毀掉一個舊倉庫，在那裡建立一個摩天大樓。它倒像是在爬山一樣，越是往上爬，越能得到新的更寬廣的視野，並且越能顯示出我們的出發點與其周圍大地域之間的出乎意料的關聯。但是，我們的出發點還是在那裡，還是可以看得見，不過顯得更小了，只成為我們克服種種阻礙後爬上山巔所看到的廣大視野中的一個極小的部分而已。」他對經典物理學理論，對偉大的牛頓，就是抱著這樣一種科學的態度。正是這種不迷信、不盲認、獨立思考的特質，使他開創了物理學的新時代。

突破思維的慣性

自由創新必須善於超越從眾思維、突破思維慣性，善於走出經驗思維的誤區。克服、避免、突破從眾思維和思維的慣性，是創新思維獲得成功的關鍵之一。

英國是一個高福利和高薪制國家，只要能找到工作，一般都能拿到理想的薪水，但要找工作卻很不容易。有一位 22 歲的英國年輕人，是知名

大學的高材生，大學畢業後卻一直找不到工作。儘管他有一張英國伯明罕大學新聞系的文憑，但在競爭激烈的人才市場上，卻四處碰壁。

為了求職，這位年輕人從英國的北方一直到首都倫敦，幾乎跑遍了全國。一天，他走進了世界著名大報 —— 英國《泰晤士報》編輯部。

他鼓足勇氣十分恭敬的問：「請問，你們需要編輯嗎？」

對方看了看這位貌不驚人的年輕人，說：「不要。」

他接著又問：「那需要記者嗎？」

對方回答：「也不要。」

年輕人沒有氣餒：「排字工人、校對呢？」

對方已經不耐煩了，說：「都不要。」

年輕人微微一笑，從包裡掏出一塊製作精美的告示牌交給對方，說：「那你們肯定需要這塊告示牌。」

對方接過來一看，只見上面寫著：「額滿，暫不應徵。」

他的舉動出乎人們的意料，負責應徵的主管被年輕人真誠而又聰慧的求職行為所打動，破例對他進行了全面考核。結果，他幸運的被報社錄用了，並被安排到與他的才華相應的對外宣傳部門工作。

事實證明，報社沒有看錯人。

20 年後，他在這家英國王牌大報的職位是：總編。成為了一位資深且具有良好人格魅力的報業人士。

機遇總是垂青有心人。在求職中善於變換思路、善於從絕處求生的創新思維，為自己贏得了讓人們發現自己才華的機遇，成功的從山重水複之處創造了峰迴路轉、柳暗花明的奇蹟。

曾經有位教授向學生出了一道考題：一個聾啞人到五金商店買釘子，先用左手捏著兩隻手指做持釘狀，然後右手做捶打狀。售貨員以為他要買

錘子，便遞過一把錘子，聾啞人搖搖頭，指了指自己做持釘狀的兩隻手指（意思是想買釘子），售貨員終於醒悟過來，遞上釘子，聾啞人高高興興的買到了自己想買的東西。這時候，又來了一位盲人顧客……教授提出的問題是：大家能否想像一下，盲人如何用最簡單的方法買到一把剪刀？

聽過教授剛才的敘述，有個學生立即舉手回答：「很簡單，只要伸出兩個手指頭模仿剪刀剪東西就可以了。」對於這位學生的回答，全班都表示同意。

這時，就聽教授微笑說：「其實，盲人只要開口說一聲就行了。因為盲人並非聾啞人，自己能說話。而如果用手指模仿剪刀剪東西，自己反倒看不見。因此，請大家記住，一個人一旦陷入思考的誤區，鑽進牛角尖，智力就在常人之下。」

教授的答案簡潔明瞭，卻非常富有哲理。

人們無論從事何種工作，天長日久、日積月累，就會形成一套具有自己獨特風格的經驗和習慣，在思考方法上形成自己所擅長的、比較固定的思考型態和模式 —— 即慣性思維。這種建立在傳統經驗和習慣累積上的慣性思維，對於處理和解決日常的例行性事務上，確有一定的好處，往往能讓人們少走彎路。但從培育創新思維上講，慣性思維並非能夠到處套用，在處理和解決新情況問題上，經驗思維和慣性思維就有很大的局限性，有時甚至會成為創新思維的桎梏，阻礙人們向更高、更深、更寬廣的未知領域開拓，束縛人們的夢想和想像翅膀。因此，突破慣性思維，是創新進取者必備的思考特質。

在現實生活中，為什麼越是簡單的問題越容易讓人掉以輕心，並由輕敵導致出錯呢？因為急於求成的人總是從自己的經驗慣性和主觀願望出發，習慣於按常規思維辦事。

　　有一家投資貿易公司準備徵求一名既精通業務又頭腦靈活、富有開拓創新能力、素養比較全面的總經理助理。經過層層篩選，在眾多的應徵者中有 30 人接到通知參加筆試。

　　筆試的時間終於到了，應徵者個個信心十足的接過人事經理發下的考卷。考卷的第一行清清楚楚的寫著：

　　綜合能力測試題，限兩分鐘答完，請認真閱讀試卷。

1. 在試卷的左上角寫上姓名。
2. 寫出三種熱帶植物的名稱。
3. 寫出三座本國歷史文化名城。
4. 寫出三座外國歷史文化名城。
5. 寫出二位本國科學家的姓名。
6. 寫出三位外國科學家的姓名。
7. 寫出三本本國古典文學名著的書名。
8. 寫出三本外國古典文學名著的書名。

　　……

　　滿滿一試卷的考題，儘管是一些常識性的基本知識考題，但求勝心切的應徵者們唯恐來不及做完，大多數人來不及看完全部試卷，只是用眼睛稍稍瞥了瞥試卷，便爭分奪秒的用筆在試卷上「刷刷刷」的寫個不停，大家著急得心都要蹦出來，只恨自己寫字速度太慢，考場上鴉雀無聲，空氣似乎都凝固了。

　　兩分鐘的交卷時間轉眼就到了，大多數人都還在埋頭忙著答題，只有四、五個人在規定時間內起身交了卷。負責考試的人事經理大聲宣布，考試結束，凡是未按時交卷者試卷一律作廢。考場上頓時就吵了起來，有人高聲抗議：「就兩分鐘時間，幾十道題目怎麼做得完？」

　　只見人事經理不慌不忙的笑著說：「非常遺憾，未交試卷者不能進入本公司接下來的面試，但不妨把試卷帶走，做個紀念，請各位再仔細看看，或許對你們今後有所幫助。」

　　聽了人事經理這番話，不少人重新拿起試卷繼續往下看，只見試卷最後標注一行字：請做第一道題。

　　等看完試卷，那些未及時交試卷的人再也無話可說，只怪自己太倉促、太草率，沒有領會考試要求就匆忙下筆。

　　這是一個典型的、因急於求成而導致欲速則不達的實例。

　　前人的誤區往往提供了智者的創新起點。要想以創新思維在未來競爭中獲勝，就要善於突破經驗思維的誤導，突破慣性思維的束縛，突破對尋常事物的成見，遇事不輕易憑經驗下結論、做決定，學會清醒的從全盤看問題，做到全局在胸、勝券在握。

展開想像的翅膀

　　自由創造思考方法在創造人類的文明的活動中，發揮出無與倫比的作用。自由創造思考方法實際上是開發人的想像力並把想像力轉化為創新能力的思考工具。因為創新要以想像為先導，沒有想像就沒有創新心理和創新的意象。

　　如何激發創新想像，這就需要一種思考方法去啟動想像的翅膀，讓科學創造的想像翅膀發揮出想像力，並把想像力轉化為創新能力。實現想像力的開發並向創新能力轉化，這就是自由創造想像思考方法特殊作用的結果。那麼，如何開發想像力呢？

　　首先，我們要了解一下，想像有哪些種類？

　　根據想像有無目的性和自覺性，可以把想像分為無意想像和有意想像。

　　無意想像是事先無明確的目的，不自覺的想像。它常常由客觀事物的某些外形特點引起，多發生注意力不集中或半睡眠狀態。它是想像中最簡單和最初級的形式。

　　有意想像是有預定目的任務的自覺想像，常常是由語言引起並在思考的影響下形成。有意想像通常又分為再造想像、創造想像和幻想三種類型。自由創造思考方法特點需要的是創造想像力（包括科學幻想力）的開發。

　　開發想像力，首先要「勇於想」。事生於慮、成於做。科學家告訴我們：「人們，『不可能』做的事，往往不是由於缺乏力量和金錢，而是由於缺乏想像和觀念。」人類思維中的無與倫比的想像力，是科學不斷進入未知領域的原始動力，所以要勇於異想天開，不怕胡思亂想。其次要「能夠想」，想像的火花迸發於豐富的知識礦藏，創造想像尤其需要豐富的知識和經驗。人們知識、經驗的多少直接影響想像力的深度和廣度。所以，我們要拓寬視野，博覽群書，擴大知識領域，豐富表象儲備，這樣才能夠產生科學的創造想像。否則，就會想「想」但卻想不出，或者「想」得出的卻是無用的空想。再次要「善於想」。要打破常規跳出框框想，跳出傳統的框框、書本的框框、名言的框框、經驗的框框和從眾的框框，任想像不受束縛的自由飛翔。要圍繞一點，向外發散，朝四面八方想開去，也就是實現輻射思維。讓我們展開想像的翅膀，自由創造的思考吧。

　　自由創造思考法是廣泛運用的一種思考方法。俄羅斯科學家齊奧爾科夫斯基（Ciołkowski）就是運用了自由創造思考方法，展開想像的翅膀，充分發揮想像力，創立了他的星際航行理論，人稱「星際航行的先驅者。」

　　齊奧爾科夫斯基小時候是善於異想天開的孩子，8 歲時，他母親送給他一個氫氣球，這個能在空中自由飄動的小玩藝，引起了他極大的興趣。

他常常聚精會神的仰望天空思索：能否乘坐氫氣球去航行？

可是到了 10 歲時，他因患了猩紅熱引起併發症，完全失去了聽覺。在這種情況下，他以頑強的毅力在科學的道路上攀登，白天到莫斯科圖書館自學，刻苦攻讀。晚上他運用自由創造思考方法，盡情的展開想像的翅膀，設想出種種理想客體，來實現飛行的願望。他想：是否可以製造一個永遠懸在天空中的金屬氣球呢？能否發現一種航行飛行器呢？能否利用地球旋轉的能量呢？

有志者，事竟成。早在西元 1883 年，他在〈自由空間〉一文中闡明了太空船的設計方案。1830 年代，他運用自由創造思考方法發揮無比的想像力，撰寫了兩篇科幻小說，生動的描繪了人類飛向其他行星的前景。1903 年，他完成了《利用火箭儀器研究宇宙空間》的論文，並發現了著名的齊奧爾科夫斯基公式 —— 火箭運動公式。他首先提出液體燃料火箭的想法，並設計了世界上第一枚液體火箭推進器的構造示意圖。為了提高火箭的品質，1929 年，他發表了《火箭列車》的論文，首先提出了多級火箭的設想。當今，世界各航天大國所發射的太空船，都是使用多級火箭發射的。他還提出了建立星際太空站的大膽設想，現在這些設想都已經成為人類征服太空的現實。

齊奧爾科夫斯基不僅是個聾子，而且是學業上沒有受過任何專家教授指導的人，是一個未進過中學和大學的人。因此，當時有很多人把他貶為「無用的空想家」和「狂妄的設計師」。這一切都沒有阻擋他探索攀登的步伐和自由創造思考，在星際航行方面奉獻了光輝的一生。在他墓前聳起高大的紀念碑上鐫刻著這樣的話：「地球是人類的搖籃，但是人不能永遠生活在搖籃裡，他們不斷的爭取著生存世界的空間，起初小心翼翼的穿出大氣層，然後就征服整個太陽系。」

案例學習：為瀕臨滅絕的古樹媽媽找「接生婆」

在非洲美麗的馬達加斯加島上，生長著一種名貴樹種大櫨欖。這種樹高幾十公尺，木質堅硬，木紋美麗，樹冠綽約多姿，既是很好的綠化樹種，又是很好的建築用材。但是，這種樹卻十分稀少，世界之大，只有非洲的島國模里西斯才有。模里西斯也不多了，數來數去，全國一共只有13棵。

更令人擔憂的是：1981年，這13棵樹都已到了垂暮之年，有了300歲的高齡，一旦這13棵樹老朽而亡，地球上就再也沒有這種樹了。

這種樹為什麼這樣稀少呢？是因為它懷上了不育症，它的種子不會發芽，它的枝條也不會生根。這種樹不僅斷子絕孫，而且已經老態龍鍾，用不了幾年，這13棵樹就會一棵接一棵的死去，這個物種，正處在生死存亡的緊要關頭。

一位美國生物學家時刻關心著它們的命運。1981年，他來到模里西斯，決心找出它不育的原因。有一次，他偶然發現了一隻渡渡鳥的遺骸，在牠的身體裡找到了一些大櫨欖的種子。

渡渡鳥是一種早已滅絕的鳥，最後幾隻渡渡鳥是西元1681年死去的，離1981年正好是300年，與樹的年齡正好一樣。他想像，這難道是偶然的巧合嗎？是不是渡渡鳥的滅絕造成了大櫨欖樹的不育呢？

渡渡鳥原本也生活在馬達加斯加島上。這裡氣候溫暖，植被豐富，到處是茂密的森林，地上有豐富的果實。牠以樹下的果實和昆蟲為生。這裡沒有凶猛的野獸，猛禽也很少，是渡渡鳥生活的天堂。優越的條件使牠們的翅膀退化，體重增加，變成了一種不會飛的鳥。

誰知好景不長。西元1507年，葡萄牙人發現了這個美麗的島嶼，發現了這種溫馴的鳥，從此，渡渡鳥面臨著厄運。

　　渡渡鳥從來沒有看到過人，不知道人類對牠們的危險。牠們對人類沒有絲毫戒備之心，見到人，也不知道躲避和藏匿。渡渡鳥身體龐大，行走慢慢，人們用刀、槍很容易將牠捕殺。捕殺渡渡鳥成為人們業餘生活的一部分，渡渡鳥成為人們餐桌上的佳餚。

　　狗和豬也成了幫凶。狗行動敏捷，見到渡渡鳥就會窮追不捨。豬是十分貪吃的傢伙，牠們貪婪的吃渡渡鳥的蛋和雛鳥，還用大鼻子把巢拱得亂七八糟。

　　渡渡鳥有翅不能飛，有腳走不快，有爪不能鬥，根本無法保護自己也無法保護自己的後代。因此渡渡鳥越來越少，西元 1681 年，最後一隻渡渡鳥消失了。從此，模里西斯國內再也見不到這種溫馴的大鳥，地球上再也沒有這種鳥了。

　　生物學家猜想，渡渡鳥的滅絕，對大櫨欖樹帶來了生存危機，它與渡渡鳥有共生作用。鳥以樹的果實為生，又為樹的種子催生。樹的種子被堅硬的果殼包裹著，無法吸收水分，無法生出幼芽。渡渡鳥的胃囊有很強的消化作用，經過渡渡鳥胃囊的消化作用以後，硬殼被磨薄，就容易發芽了。而自從西元 1681 年渡渡鳥滅絕後，樹失去了「接生婆」，果實中堅硬的果殼扼殺著種子的生機，生命的訊息就無法萌動，果殼裡的生命只能一直處於沉睡狀態。就是種子得到了一點水分，開始萌芽了，嫩弱的幼苗也沒有能力衝破硬殼的束縛。大自然原本設計用以保護種子的硬殼成了扼殺生命的桎梏。大自然在渡渡鳥滅絕以後，沒有什麼生物能為大櫨欖樹的果實做硬殼變薄處理，它就不再能夠生育後代了。

　　生物學家想像大櫨欖樹不育和渡渡鳥滅絕之間的關係之後，決心利用類似於渡渡鳥的火雞來幫助「接生」，以驗證他想像是否正確。火雞也喜歡吃植物的果實，也不會飛，也有很強的消化功能。牠們吃下了一些大櫨

欖樹的果實後，雞屎中拉出果實。生物學家把它們播種在土地裡，一些日子後，種子果然發芽了，並慢慢變成了茁壯的幼苗！

　　大自然中的生命組成了密切連結的鏈條，它們共生共榮，滅絕一個，可能損害一批。大櫨欖樹和渡渡鳥的生死依戀，就充分說明了一點。

　　生物學家運用自己的想像找到了大櫨欖樹瀕臨滅絕的原因，還用替代方法以火雞代替消失了的渡渡鳥，這一富有智慧的思考，不僅有力的證明了大櫨欖樹不育的猜想，而且找到了一種幫助大櫨欖樹催生的辦法。他善於找到事物之間的因果關聯，善於找到因果關聯中缺失的環節。他的科學思考方法，終於使大櫨欖樹絕處逢生，避免了滅絕的命運。這種奄奄一息的稀有樹種，終於能夠不斷的繁衍生息，用自己的綠蔭和樹木為人類造福。

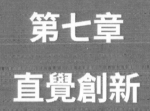

第七章

直覺創新

好奇的目光常常可以看到比他希望看到的還要多的東西。

—— 萊辛（Lessing）

對於直覺，有部分人認為是唯心主義的糟粕，沒有絲毫可靠性。事實並非如此。直覺在科學上是有根據的，並且許多科學家的創新活動，就來源於直覺。

直覺思維的客觀根據

石油的應用是工業社會中一項重要的科學，石油開發被列為高科技，需要投入的資金是以天文數字計，要培育一位石油化工人才也非一朝一夕。不過，直到今時今日，仍有石油公司以重金禮聘「魔杖師」來尋找石油。究竟什麼是魔杖師？

魔杖師是西方其中一種最古老的專業，他最原始的工作是幫人找尋水源。魔杖師雙手各握著一根開叉的 L 形樹枝，小心翼翼的胡亂行走。當走到某一地方時，樹枝好像受到什麼感應似的，不受控制的左右轉動，魔杖師於是斷定水源就在下面，只要往下掘，便一定有收穫。歷史證明，命中率相當高。魔杖師是一種受人尊敬而且收入豐厚的古老專業。

後來，魔杖師的工作範圍也擴展到找尋礦物、失物、失蹤的人、甚至石油。魔杖師這種行業不但存在於科技較為先進的歐洲，在遠古時代的非洲撒哈拉沙漠的壁畫、希臘和羅馬的古書中也有記載。這是否有點荒唐神怪呢？這完全沒有科學根據嗎？據說，這是因為地球磁場的拉力使它轉動，是否如此，已經超越了我們的知識範圍了，站在所謂嚴謹的角度，這是無法解釋的。但從潛意識的角度來看，卻又另有一番世界。

原來，這是「直覺」這傢伙在作怪。每一個人的潛意識都儲存了大量

的資料，一生人所經歷過的、接觸過的東西都會儲存起來，埋藏在腦層的腦海中，由於潛意識長期被壓抑，對清醒有意識的你來說，這些資料都已經全忘記了，或者根本不知道，但當把找尋的工作交給一支所謂「魔杖」，而你又相信它會幫到你時，會不自覺的放下顯意識的警覺性，深藏在潛意識內，以為早已忘記了或根本沒有存在過的記憶便有機會浮上來。

舉「魔杖探水源」這例子來說明，在人的一生中，總會對水源這概念有瑣碎的經驗和認識，但從未經過理性有系統的整理，所以你以為自己不懂，但潛意識早已把它整合並儲存下來，當把尋水源的任務交給「魔杖」，意識放下，潛意識開始工作，當去到一個環境與潛意識的水源環境吻合時，潛意識發出信號，你的身體不自覺的使魔杖轉動。

神祕嗎？是的，確實有點神祕，因為很難用已知的意識認知去解釋一個更高層次的潛意識世界。這是迷信嗎？只要不將生活的大部分甚至全部交付給這方法，應該不算是迷信。

找尋失物的原理其實也是差不多的。你突然發現鑰匙不知放到哪裡，四處刻意的找也找不到，終於放棄了，意識也放鬆了。但是過了一會，在街上散步，看到類似的物體或環境時，噢！突然想起來了，原來鑰匙就放在……

關於直覺思維的客觀根據，目前主要有以下兩種對它加以闡釋的理論。

➤ **邏輯思維壓縮論**：這種理論認為，直覺雖然表現為瞬間的頓悟，實際上它也是運用邏輯思維的結果。因為：

· 在直覺的背後「隱藏」著一系列邏輯推理的鏈條，直覺思維只不過是在一瞬間就進行和完成了複雜的推理過程，因而讓人感到頭腦中似乎並沒有經過邏輯思維，思維過程已在頭腦中完全「自動化」。

· 在得出了直覺判斷之後，還須再展開其邏輯推理過程，以檢驗其所

得出的直覺判斷的合理性。所以，直覺思維只不過是邏輯思維的「壓縮」（或稱為「簡化」、「濃縮」、「內化」等）。

➤ **潛意識作用論**：所謂潛意識，是指思考者自己意識不到，不能直接加以控制，而它卻能獨立的進行資訊加工的思維活動。與人可以意識到、並且能直接加以控制的顯意識相比較，潛意識可能具有以下特點和優點。

- **潛意識可以檢索、調用的資訊量要大得多**：顯意識只能檢索、調用顯意識資訊庫中的資訊，潛意識則不僅可以利用顯意識資訊庫中的資訊，還能檢索、調用潛意識資訊庫中的資訊。潛意識資訊庫蘊藏的資訊量，遠遠超過顯意識資訊庫中蘊藏的資訊量。就像人們所比喻的那樣，顯意識與潛意識相比較，只不過是海洋中一座冰山露出水面的那一小部分而已。

- **潛意識的速度要快得多**：顯意識活動的進行必須以語言為手段，這不能不使它的速度受到限制。潛意識活動可以不借助語言手段，它的運作速度可以大大超過顯意識。

- **潛意識可以利用更靈活多樣的思考途徑和方法**：直覺思維、靈感思維和夢思維作為幾種重要的創新思考途徑和方法，它們有著突出的「創新」作用，而它們都不同形式、不同程度的包含著潛意識的運用。

- **潛意識比顯意識更能承受疲勞和辛苦**：潛意識能夜以繼日的堅持長時間的連續思考。它不厭其煩，能一遍又一遍的反覆檢索和提取相關資訊。它不怕失敗，能一次又一次的反覆嘗試新的資訊組合。

19 世紀著名的法國數學家龐加萊（Poincaré）曾這樣說過：「潛在的自我無論如何也不比自覺的自我低下，它不是純粹自動的，它能夠辨認，它

機智、敏銳，它知道如何選擇，如何憑直覺推測。我說了什麼呢？它比自覺的自我更清楚的了解如何憑直覺推測，它在自覺的自我失敗的地方獲得了成功。一言以蔽之，潛在的自我難道不比自覺的自我優越嗎？」

　　由於潛意識可能具有上述特點和優點，因而它也就可能造成以下作用。

> **潛意識能對顯意識發揮配合協助作用**：人的顯意識思考某個複雜的問題時，儘管思考者並不知道潛意識的存在，更沒有對它下達過指令，而它卻會主動的配合顯意識思考，積極的進行發揮配合作用的資訊檢索與加工。這不僅包括潛意識獲得某種成果後會以直覺或靈感的形式輸送給顯意識，而且包括透過潛意識的暗中加工，能使思考者更快的熟悉相關資訊，或掌握某種技能技巧。

> **潛意識能在創新思維中發揮關鍵性作用**：在思考有待創新的問題上，能靈活的採用多種多樣思考途徑與方法的潛意識，往往可以造成關鍵性的作用。

　　曾有學者這樣說過：「我在這裡一邊講課，一邊思考，運用的是我自己能意識到、能直接控制的顯意識。同時我頭腦還有一個甚至多個自己意識不到、不能直接控制的潛意識也在為我現在講課而積極活動，很可能它在那裡這樣試那樣試，一有結果，就衝破阻攔輸送給顯意識。」

　　對於潛意識作為顯意識祕密助手的這種作用，還可以做以下這樣一個簡單的比喻：潛意識幫助顯意識，就像舊小說中描寫的劍俠那樣，他們總是在暗中竭盡全力保護和幫助某個人平安的到達目的地，但又始終不顯形跡，不露聲色。

直覺思維的基本特徵

英國物理學和化學家卡文迪許，有一段時間致力於氫氣的研究。他曾在一次實驗中將氫氣與空氣混合，並且用電火花去點燃它們。突然，裝滿這種混合氣體的容器發生了猛烈的爆炸。他對這種現象感到十分奇怪。後來，他又曾再次重做這樣的實驗，每次都會發生爆炸現象；而且他發現，每次爆炸後的容器壁上，都會出現一些小水滴。經過化驗得知，這些小水滴都是純淨水。這些小水滴是從哪裡來的呢？儘管他在後來所做的實驗中，容器都擦得非常乾淨，爆炸後仍然還是有小水滴出現。於是，他憑直覺，做出了這樣的判斷：「水滴肯定與氫氣有關。」從此，他把水滴與氫氣之間的關係作為自己的研究課題。經過反覆試驗和研究，他終於揭開了水的組成成分之謎。直覺是指人們對事物或問題不經過反覆思考的一種直接洞察。例如，我們在讀一篇文章時，覺察到某個句子不通，往往並不是透過對這個句子進行了語法分析所得到的結論，而是一下子就覺察到了它的毛病。這種覺察，不同於感官所提供的一般的「感覺」，而是一種「思維活動」。這種思維活動又不同於一般的邏輯推理。直接覺察到某個句子有毛病的人，可能根本沒有學過語法。他不是經過語法分析，而是憑藉語言習慣，憑藉語言感覺，覺察出句子的毛病來的。這種覺察往往「知其然而不知其所以然」，儘管評價是正確的，卻不能說出理由和根據。

直覺具有以下這樣一些基本特徵：

➤ **整體性**：這是指思維主體運用直覺思維，總是從整體上觀察、認識事物後，便對它做出某種斷定。而不像一般運用邏輯思維那樣，先分析認識事物的各個局部，然後再綜合認識事物的全局、整體。

➤ **瞬間性**：直覺思維進行的速度極快。所思考的問題在頭腦中的出現和解決，令人感到幾乎是同時發生的。這樣的高速度，遠非一般運用邏

輯思維的速度可比。

- ➤ **頓悟性**：思維主體運用直覺思維獲得成果，表現為思想上的一種「頓時領悟」，一種「豁然開朗」。而不像一般運用邏輯思維那樣層層深入，逐步明確的認識事物。

- ➤ **間斷性**：直覺思維不存在邏輯思維那樣的環環相扣、循序漸進的一連串思考環節。它在一瞬間由觀察事物的整體就了解到事物的本質，從而呈現出思考環節的間斷性、跳躍性。

- ➤ **潛意識參與性**：運用直覺思考問題，特別是思考複雜問題，究竟是怎樣在一瞬間看出問題的實質而做出斷定的，思考者自身並不明確。思考者頭腦中可能有潛意識參與了思考過程，直覺思維的成果可能實際上是潛思維與顯思維共同產生作用的產物。而不像一般運用邏輯思維那樣，整個過程思考者本人都能明確的意識到，自始至終在顯意識領域裡進行。

- ➤ **猜測性**：直覺思維不像邏輯演繹思維那樣，只要思維的根據真實，思維形式正確，思維的結果就必須真實。運用直覺做出的斷定並非必然真實，而是具有猜測性、試探性的。

愛因斯坦的名句：「我相信靈感和直覺。」早已為人們所熟悉。法國著名數學家龐加萊在談到直覺對於數學研究的作用時說：「沒有直覺，幾何學家便會像這樣一個作家：他只是按語法寫詩，但是卻毫無思想。」丹麥物理學家波耳（Bohr）曾說道：「實驗物理的全部偉大發現都是來源於一些人的直覺。」他並舉例說：「拉塞福很早就以他深邃的直覺認知到原子核的存在和它的穩定性。」美國著名的社會學家《第三波》的作者艾文·托佛勒（Alvin Toffler）說：「真正的辦法 —— 不光對我們來說，人人都不例外 —— 是要有『預感』。換個更文雅的詞，就是要有『直覺』。」

　　直覺是人類自古以來就一直存在的一種思維現象，一種人們普遍運用的認識事物、思索問題的思考方法。它不僅在人類的科技發展史、藝術發展史上曾「屢建奇功」，而且至今仍在人們各方面的實踐活動中廣泛的發揮著重要的作用。

直覺思維與理論思維

　　我們找出某些問題的最初階段多半是憑著直覺的感受。許多的創新，都是源自所謂「心有靈犀一點通」或第六感等當事者所產生的直覺。不少現象是憑著最初的直覺，再抽絲剝繭的發展為重大的創新。

　　但是，由於我們從小即被灌輸數學、物理等重視理論性的教育，因此，往往輕視所具有的直覺力。所以，即使覺得有所蹊蹺時，往往認為無所謂而錯失直覺所掌握的問題。

　　我們只重視可以做論理性、具體性說明的問題而忽視了雖然無法巧妙說明，卻覺得奇怪的直覺上的疑問。

　　譬如，察覺到假鈔時絕非根據理論而來，不會有人覺得「鈔票的手感差了」或「頭像的輪廓往左右方向扭曲 0.1 公分」而認為是偽鈔。任何人剛開始都不明究理，只是覺得「有點奇怪，這張鈔票好像不太一樣」。即使無法理論性的說出其中的緣由，然而直覺上卻能掌握住其不同於平常的地方。

　　事實上，世界各地的鈔票上之所以印刷人物像，就是平常看習慣的人的臉孔，如果有點不一樣時，會提醒人的感覺「不太對勁」。換而言之，如果要預防假鈔，人的直覺最值得信賴。

　　任何人都具備這個直覺力，到處都有人會發現假鈔。即使具備敏銳的

理論上的分析能力,卻無法直接分辨出假鈔。理論性的認知發揮效力是在直覺察覺到奇怪之後。一旦發覺有所不對時,才會發現長度不對或沒有浮水印等等。

問題在於是否重視任何人所具備的直覺。許多人雖然在直覺上覺得有些奇怪,卻因為無法具體的說明而任由它去。但是,覺得「十分蹊蹺」時最好在這個問題上深入鑽研,直到自己信服為止。

個人的能力不足時,應該找其他的人參考,把覺得可疑、奇怪的地方當成問題。也許會令他人覺得你是「多管閒事」,不過,既然覺得無法釋懷就應在眾人面前提出疑問。當然,有時可能是疑神疑鬼的關係。但是,一個人直覺上的疑惑常是掌握重大問題的契機。

人的直覺多半直中問題的核心,一點也疏忽不得。但是,如果從理論上來思考時,剛開始的直覺往往被否定。如果能養成發現有所奇怪時,即使不知那個地方不對,也能告訴他人和大家一起思考的習慣,就不會把問題輕易的疏忽掉。

比如,在做經營上的重大決定時,常有經過三番兩次的討論,所得到的結論卻是最初以直覺所擬出的方案。所謂直覺八九不離十正是此意。

「經營者的動物性直覺」這個比喻是表示直覺所具有的某種漸趨衰微的動物性部分,可以彌補常被一切的理論、道理所矇混的人的弱點。

當然,直覺雖然有其不可抹滅的作用,卻不是憑藉直覺就行了。確認直覺的正確性之後運用倫理上的資料或反覆的議論絕非白費心機。因為,所有的發明和創新都是以論理性的方法一再的驗證最初的直覺,不懈的努力結果。

直覺思維的培養

直覺思維的培養，可以透過以下 21 個方法來達成：

1. 容忍含糊。

2. 常問自己：「假如我是……」、「如果這樣，就會……」。

3. 隨身帶備紙筆，將可能隨時在腦中掠過的概念和點子捕捉下來，最好備有不同顏色的筆，以便圖像化的記下。

4. 利用色彩的變化，想出更多更多的事物。

5. 學習一種需要手眼配合的技能，如打字、鋼琴、駕駛等。

6. 每星期最少有一天陪伴小朋友玩耍，或自己扮小朋友。

7. 拿一張人像照片或一幅名畫，將它倒轉然後照樣畫出來。

8. 每星期最少用半小時聽一些自己完全不熟悉的音樂。

9. 嘗試用不同路線上學或上班。

10. 玩拼圖、魔術、迷宮或其他須用想像力的玩具。

11. 到郊外去，細聽大自然的旋律，如風聲、鳥聲、蟲鳴等等。

12. 看完電影或電視劇後，幻想自己是劇中人，改寫劇本，並在腦中播放。

13. 要知道，自然的光線是直覺的泉源，在工作時盡量打開窗簾，讓自然光可以直照入工作室。

14. 做白日夢，體味每一個曾出現過的夢，用心去感覺。

15. 享受空閒和無所事事的時間，孤單不等於孤獨。

16. 祈禱（即使你沒有宗教信仰，也可向天祈禱，聆聽內心的聲音）。

17. 學習太極或其他可以使人放鬆的功夫，每天靜坐最少半小時。

18. 每晚花 10 分鐘時間，回想這整天所發生過的事情，如果可以再做的話，可以怎樣。

19. 無論多麼忙碌，每一個月最少要看一本知識性的書，因為知識是腦的
    資料，累積知識越多，可以浮現的直覺就越多。

20. 如覺得思路閉塞，立即放下工作或學習，做一些其他的工作或休息，
    聽聽音樂，散散步。

21. 做一些你平常不會做的事情。

案例學習：一個畫家的發明

電報的發明，是資訊傳送的一場革命。發明電報的不是職業科學家，
而是一個畫家，他就是美國發明家摩斯（Morse）。

西元 1791 年，摩斯出生於美國麻薩諸塞州的查爾斯鎮。他從小就愛
塗塗畫畫，長大後考取了耶魯大學藝術系，畢業後，成為專業畫家。

41 歲那年，一次偶然的經歷使他從畫家變成了發明家。

那是在西元 1832 年，摩斯從法國乘船回到美國。他乘坐著「薩里號」
郵輪，從法國回國，因為船走得慢，要航行好幾天。在船上閒著沒事，有
個年輕學者傑克森（Jackson）就在船上玩起了魔術。只見他將一塊馬蹄形
的鐵塊繞上了一圈又一圈的絕緣銅絲，再通以電流。這塊平平常常的馬蹄
鐵就變成了一塊魔塊，它能把大大小小的鐵製物質，像鐵釘啦，鐵片啦，
都吸收在自己的身上。而一旦切斷電源，它又變成了沒有磁性的平平常常
的鐵塊，原來吸在它身上的鐵釘鐵片，就都紛紛跌落了下來。

摩斯看得津津有味，深深的被這個魔術吸引住了。他跑上前去，想自
己動手試試。一試，那塊鐵果然也變成了會吸鐵的磁石。傑克森向他解釋
說，這是因為通電線圈會使鐵變成磁鐵。而電流中斷，原本產生的磁性又
會失去。

摩斯憑直覺感覺這個魔術背後有「文章」可作。他想：電流的速度是

很快很快的，能不能用電流來傳送訊息呢？他想深入的研究這個問題，發明一種傳送訊息的機器。

他是個畫家，對電一竅不通，而且已經 41 歲了。他想，天下哪有天生的電學專家？不懂就學，不信學不會。就這樣，他丟掉了畫筆，從事起電學研究來了。

經過了五年的學習和摸索，有一天，他產生了一個傳遞訊息的點子。他想，電流只要切斷一下，就會在遙遠的地方產生一個電火花，一個電火花不就是一個訊號嗎？沒有電火花也是一種訊號，沒有電火花的時間較長也可以看作一種訊號；這三種訊號的排列組合，就可以代表一定的數字或字母；字母的組合，就可以傳遞內容。根據這種設想，摩斯很快就發明了電報機。這一年，摩斯 46 歲。

電報在傳送過程中，訊息會變得微弱起來。怎麼克服這個問題呢？有一次，摩斯在一家驛站休息，他看到，傳送緊急公文的人們到了一家驛站後，就留下已經跑得很累的馬，改騎站裡精力很充沛的馬，這樣，就能一直以很高的速度進行。他由此得到啟發：弱化了的訊號也可以在一個個「驛站」裡得到加強。他每隔一段距離就設立一個訊號加強裝置，使訊號恢復正常。

西元 1844 年 5 月 24 日，摩斯坐在華盛頓國會大廈聯邦最高法院的會議廳裡，在發報機上發出了人類歷史上第一個長途電報。40 英里外的巴爾的摩收到了這個電報。

第八章

靈感創新

> 不要丟棄你的夢想。一旦失去夢想，或許你仍然存在，但你已經如
> 同行屍走肉。
>
> —— 馬克吐溫（Mark Twain）

所謂靈感，是指的這樣一種特殊的思維現象：一個人長時間思考某個問題得不到答案，中斷了對它的思考以後，卻又會在某個場合突然對這個問題的解答有所領悟。

靈感思維是蘊藏在大腦金礦中的第一創新思維，是最具創新活力、最富創新潛力的智慧資源。

在古希臘，人們相信靈感是天神呼吸時的氣息，地上的凡人吸入了天神的氣息後，天神就把音樂、舞蹈、詩歌、色彩圖案這些美妙的東西隨著微風吹進凡人的靈魂中，借助他們的身軀表達出來。

哲學家柏拉圖指出靈感是從天掉下來的一種感覺，是人神溝通結合的媒介。由於天神的氣息和靈感會隨風而飄，卻又隨風而逝，它捉不到摸不著，只可以用身體靜心去感覺，用心靈仔細去觀想，才可以沾上那些氣息。靈感飛躍不定，沒有常規，只有在熱情澎湃的創新過程中才會領悟到這股氣息。這是古希臘時代對創新的一種浪漫情懷。

我們絕不相信靈感是上天對少數所謂天才的特殊眷顧，因為人只發揮自己潛能的極小部分，只要增加一個百分率的能力，每個人都可以天才，都可以如有神助般創作出最美麗的東西。靈感英語是 Inspiration，也指吸入的意思，吸入是要靠眼、耳、口、手、心等五官進行的，利用這五官來學習，才可以吸進新思維、新氣息和新的感覺，捕捉到創新的意念，孕育出各種不同的思考意念和作品。

靈感是在人們頭腦中普遍存在的一種思維現象，同時它也是一種人人都能夠自覺加以利用的創新思考方法。有些人說自己從未出現過靈感，這

主要是因為還不了解什麼是靈感，靈感有些什麼特點和規律，因而即使頭腦中已經出現了靈感，也往往會感覺不深，掌握不住。在靈感問題上呈現出這樣的現象：一些人覺得獲得靈感很容易，而且作用很大，對它的評價很高；另一些人則覺得它似有若無，無足輕重；還有一些人對靈感雖然早已心嚮往之，卻又感到它朦朧不清、虛無縹緲，可望而不可即；少數的人還會根本不相信有靈感存在，而斥靈感之說為歪門邪道、荒誕不經。其實，只要對靈感現象的機制、特點，及其出現的某些規律有所了解，並且有一定的捕捉和利用靈感的精神準備與敏感，那麼每一個人都可能常常會驚喜的發現：自己已經或正在品嘗到靈感的甘露。

靈感的激發

靈感像一座沉睡的活火山，需要外力來激發。

◆ 靈感的誘發

所謂誘發靈感是指，思考者根據自身生理、愛好、習慣等方面的特點，採取某種方式或選擇某種場合，有意識的促使所思考的某種答案或啟示在頭腦中出現。

誘發靈感的方式因人而異，例如，有些人習慣於清晨醒來後故意在床上待一會，回憶一下一段時間以來日夜思考而尚未得到解決的問題，以求獲得某些靈感。還有的人是在沐浴時，在聽音樂時，在散步時，在夜深人靜時，甚至在上廁所、理髮時誘發靈感的產生。不管採取哪一種方式，都是大腦積極活動的結果。

總之，特殊環境中迸發的「放鬆型」靈感，需要放鬆身心以樂觀心境進行誘發。

　　思維科學的研究與創新實踐顯示，靈感的多發環境，往往是在一些比較輕鬆愉快的和諧心境和氛圍中。相反，人們在極度緊張、勞累、恐懼、焦躁不安等心境中，是很難贏得靈感光顧的。

　　在人類發明創造史中，許多科學家、藝術家、工程師的靈感火花，往往是在經過長期緊張思考之後的暫時鬆弛狀態，或在臨睡之前，或在賞樂散步之中，甚至是在生病休養中產生和獲得的，這些寶貴的靈感往往是在幽靜適宜、內外干擾較少，心境平和、情緒相對穩定、心中雜念較少的情況下迸發的。這是因為，緊張的思考使思維高度集中在一點上，對單點深入很有效，但對全面貫通則能量不足。而暫時的鬆弛則有利於消化、利用和溝通已得到知識、資訊等素材，有利於冷靜回味以往的得失和被忽略掉的資訊和線索等，有利於消除大腦的疲勞，使大腦恢復活力，並使大腦高度興奮起來重新投入創新探索之中。

　　思維科學研究顯示，如果長期沿著一條固定的思考路線或單調的思考路徑進行探索，就會使慣性思維視野之外的知識、資訊難以被激發，使蘊含龐大創新活力的潛意識思維的能量得不到釋放。長期在某個狹小的知識、資訊範圍內絞盡腦汁，大腦會特別容易疲乏，思維運轉就會失靈，就不容易找到解決問題的答案。所以，在精力高度集中的緊張思考之後，應善於調劑身心，暫時把工作放在一邊，使大腦得到放鬆，營造適宜的和諧心境，以利於誘發靈感的產生。德國生理學家亥姆霍茲說，他的一些巧妙設想，不是出現在精神疲憊或伏案工作之時，而是出現在一夜酣睡之後的早上或是在緩步攀登小山之時。而一位教授則說，他的靈感常常是在早上刷牙時產生的，有的甚至是在夢中發生的。

　　靈感的障礙是思想的惰性、思維的慣性和鈍守性。過久的、單調呆板而又毫無進展的思考同一問題，往往容易陷入自我封閉的思維怪圈，白白浪費時間和精力而不能自拔，久而久之就會才思枯竭。思維上的峰迴路

轉，有利於步入柳暗花明的創新天地。扭轉的辦法，是暫時把問題放置一旁，或者換一個課題，或者閱讀一些新書報，或者進行輕鬆愉快的娛樂，或者和朋友交換意見。然後再把問題的全過程和相關線索仔細回想幾遍，用新的思路把它們串聯起來，以利於新想法出現。善於從精神疲憊、思維遲鈍中解脫出來，積極的放鬆身心使大腦愉悅並得到充分調劑，就能為靈感的孕育營造適宜的環境和氛圍，樂觀向上、積極進取的光明心境往往是靈感的誘發器，放鬆身心才能以樂觀的心境對「放鬆型」靈感進行誘發。

◈ 靈感的觸發

所謂觸發靈感是指，在對某個問題已進行了較長時間思考的執著探索，這時在接觸某些相關或不相關的事物時，這些事物有可能成為「媒介物」或「導火線」，引發思考問題的某種答案或啟示在頭腦中突然閃現。

籃球運動創始人奈史密斯（Naismith）曾長期思考如何發明一種全新的室內運動項目。剛開始，他老覺得思路打不開。

有一次，一群人向一個看門人要幾個裝東西的盒子，看門人拿出幾個裝魚的竹籃讓他們作為代用品。奈史密斯看見這些竹籃，一下子觸發了靈感：是不是可以把竹籃做成將球投入其中的「球籃」呢？後來，他終於設計出了「打籃球」這一新的運動項目。

日本有個叫鬼塚八朗的人不只一次的聽到籃球運動員說：「現在的運動鞋容易打滑，止步不穩，影響投籃的準確性。」他決心開發出一種克服這一缺點的新產品。他還曾和籃球隊員們一起打籃球，親身體驗運動鞋的這一缺點。他連續在許多日子裡，整天想如何才能克服運動鞋容易打滑的現象。

有一次，他在吃魷魚時突然發現，魷魚的觸足上長著一個個吸盤。他頓時想到，如果把運動鞋也做成吸盤的形狀，不就可以防止打滑了嗎？於

是他把運動鞋由原來的平底改成了凹底。試驗結果顯示，穿凹底鞋比穿平底鞋在止步時的確要穩得多。鬼塚發明的這種凹底籃球鞋問世後，逐漸排擠了其他廠家生產的平底籃球鞋，成了獨樹一幟的新產品。

從以上案例可以看出，這些靈感的獲得者，頭腦中都有一個正在思考的問題，同時他們又大都處於身心較為鬆弛的時刻。正是在這樣的情況下，那些小螞蟻、樗蠶蛾、小竹籃才成了觸發靈感的「媒介物」、「導火線」。

根據很多人的經驗，與人交談，經常都能造成觸發靈感的作用。因為每個人的年齡、身分、教育程度、知識結構、理解能力等各不相同；思考問題的方式、特點和思路也會互有差異。在相互交談中，不同的思路，不同的思考方式和特點互相融會、交叉、碰撞或衝突，就能打破和改變各人原有的思路，使想法產生某種「跳躍」和「質變」，迸發出靈感的火花來。德國著名物理學家、量子力學創始人之一的海森堡（Heisenberg）說：「科學基於實驗，但是只有透過科學工作者的交談、商討，才能使實驗結果獲得正確的解釋。……科學扎根於討論。」

◆ 靈感的逼發

所謂逼發靈感的創新思考方法是指，在緊急情況下，不可驚惶失措，要鎮靜思考，以謀求對策。情急能生智，解決面臨問題的某種答案或啟示，此時有可能就會在頭腦中突然閃現。

人的體力，要經常在有較大負荷量的活動中才能得到鍛鍊而日益增強。運動員不在高標準、高要求之下訓練，是難以獲得優異成績的。同樣的道理，人的腦力在「飽食終日，無所用心」的情況下，也不可能得到正常發展。頭腦不僅越用越靈，而且在快節奏的緊張狀態中，或者在某種急迫危難的情況下，往往還會由於被高強度的使用而活力倍增，並使潛能得以發揮，從而創造出在一般情況下不可能出現的奇蹟。

被譽為創造學之父的美國人奧斯本（Osborn）曾說過：「舒適的生活常使我們變得缺乏創造力，而苦難的磨練卻能使之豐富。」、「在感情緊張狀態下，構想的湧出多數比平時快。……當一個人面臨危機之際，想像力就會發揮最高的效用。」他還說過：「誰被逼到角落裡，誰就會有出奇的想像。」他並舉例說：「一個人氣喘吁吁的跑進你的辦公室大喊：『這棟樓兩分鐘後就要倒塌了！』如果你信以為真，大概就會找到一個或者幾個辦法。」

並不是任何人在緊張、急迫、危難的情況下都能逼出靈感、逼出奇蹟來。據有的科學家統計，當實發性災害發生時，只有約 12% 至 20% 的人能夠保持頭腦清醒、果斷的採取行動；75% 左右的人會茫然失措或表現精神性麻木；10% 至 25% 的人則會出現驚恐、焦急和嚴重的行為慌亂，從而使災害造成更大的損失。

逼發靈感的產生取決於一定的條件。首先要做到臨危不亂，保持鎮靜，同時要冷靜的思考。因為靈感畢竟是透過顯意識和潛意識共同「想」出來的，而並非「急」出來的。

靈感的捕捉

天才往往是善於捕捉靈感閃電這一特殊創新思維的大師。

靈感 —— 大腦「思維宇宙」中的「閃電迅雷」，作為人類最奇特、最具活力而又「神祕莫測」的高能創新思維，它的爆發如同大自然的閃電迅雷一樣稍縱即逝，能捕捉到並迅速記錄下來就是幸運兒，倘若毫無準備，靈感閃電一經消失就會無影無蹤，而且在短期內不會重現，有的甚至在很長時間內也難以再現。

　　例如，奧地利著名作曲家小約翰‧史特勞斯（Johann Baptist Strauss）就是一個記錄靈感閃電的高手。一次，史特勞斯在一個優美的環境中休息，突然靈感火花湧現，當時他沒有帶紙，急中生智的史特勞斯迅速脫下襯衫，揮筆在衣袖上譜成一曲，這就是後來舉世聞名的圓舞曲《藍色多瑙河》。

　　創造學研究顯示，所有智力和思維正常的人，隨時隨地都會有各式各樣、大大小小的靈感在頭腦中閃現，可是由於主人預先沒有做好捕捉的準備，大量的靈思、創意、妙策、奇想、思想火花甚至驚人的發現，都在人們漫不經心、猝不及防，來不及捕捉與記錄的情況下消失得無影無蹤。數學發展史上著名的費馬最後定理的證明就是如此。

　　西元 1621 年，費馬（Pierre de Fermat，西元 1601 ～ 1665 年）曾突然萌發靈感，提出了一個簡單而新奇的數學定理：

當整數 $n > 2$ 時，方程式：

$$x^n + y^n = z^n 沒有正整數解。$$

　　就是說，沒有一組正整數 x，y，z 能滿足上面的方程式。費馬在一本書的頁邊上寫下了這個「定理」，並且自豪的說：「我得到了這個斷語的驚人的證明，但這頁邊太窄，不容我把證明寫出來。」

　　費馬把這件事放下了。但自那以後，費馬自己也沒有重新想起這一難得的靈感，結果害得三百多年來許多人為它絞盡腦汁。

　　直到 1994 年，費馬逝世三百多年後，英國數學家懷爾斯（Wiles）才證明了費馬最後定理。靈感一失三百年！可見及時捕捉、記錄靈感是多麼重要。

　　由於靈感閃現的突發性、瞬時性和高速性往往使人猝不及防，只有那些處處留心、預有準備的頭腦才能以「速寫」的方式快速記下靈感閃電的概貌，然後趁熱打鐵及時進行「精加工」，才能做出經得起時間檢驗的重大發明和發現。

對創新思維的培養與開發來說，最大的浪費就是靈感思維這一創新資源的浪費。由於來不及捕捉，許多孕育著偉大思想的靈感，往往趁人們不注意而逃之夭夭，消失得無影無蹤。因此，善於捕捉靈感是學會創新思維的一項基本要素。

夢與靈感的關係

◆ 夢的啟示

傳統上，人們會貶低做夢的價值。事實上夢對人類的文明世界帶來了極度重要的貢獻，不少科學發明，文學、藝術意念，偉大的思想都是在夢中得到啟發。以下是幾個較經典的夢：

➤ 最經典的夢莫過於 19 世紀德國科學家凱庫勒（Kekulé）所做的一個蛇吞噬自己尾巴的夢，凱庫爾對苯的原子成分是如何結合這個問題百思不得其解。一天，他夢見一條不斷顫動著的蛇，牠把身體蜷曲，張開嘴正吞噬自己的尾巴，並不停的打轉。凱庫勒於是得到頓悟，再做深入的研究，發現苯的原子排列是循環排列的，夢為這位科學家提供了重要的線索。

➤ 曠世天才達文西喜歡在床邊放一本記事簿，詳細記下他自己的每一個夢，以及夢中的每一個細節，作為創作資料來源，他這本夢的筆記可以說是他成就的藍本。

➤ 愛因斯坦幾乎每天都睡午覺，當他想不通問題時，都會蓋被大睡，讓夢中的靈感為他提出指引，找出答案。他在 1905 年發表狹義「相對論」前，曾經花了多年思考和研究，其中有幾個關鍵的要點想不通。一天，他躺在床上，帶著絕望的心情睡著了，突然間在他的眼前好像

出現了一道閃光，他猛然驚醒，馬上執筆將由這道閃光引發出來的思緒再引申，幾個星期後，改變人類的偉大思想終於誕生了。

➤ 發明家愛迪生睡覺前都會在心中誦讀自己想發明的東西和當時遇到的難題，然後就安心入睡，讓夢境為他找尋答案。

➤ 文學名著《金銀島》的作者史蒂文森（Stevenson），在他的自傳中說過，他大部分的創作靈感都是來自夢。史蒂文森習慣在每晚睡前給自己的潛意識特別的指示，然後要求潛意識為他在夢境中詳細延續延伸下去，睡醒後再用筆詳細描繪下來。他說潛意識是一群潛藏在內心深處專為自己服務的小精靈，當他找不到創作靈感時，便會將問題交給這些小精靈，對他們說出自己的要求，通常這群小精靈很快便會幫他實現目標。史蒂文森就是在這種情況下完成了二十多本暢銷小說。

➤ 英國哲學家羅素（Russell）說他在寫作時，幾乎每晚都夢見書的內容，就在夢中，他不但發現了很多的思想和事物，同時更將舊的更新，他常常夢見整頁的文字，並在夢中一一朗讀。

夢引發出人類創新的偉大欲念，別小看每一個夢，它們都可以是改變世界的智慧來源，夢是潛意識為你提供創新資源的重要時刻。

◆ 夢的本質

自古以來，人們都相信夢是智慧的來源。莊子用「莊周夢蝶、蝶夢莊周」的故事道出生命運行的大道理。

心理學上第一個系統的研究夢的意義的是佛洛伊德，他認為夢是通往潛意識的康莊大道。他認為夢是反映做夢者真實的內心世界，是個人真正欲望的假性實現；在現實世界中遇到不安、挫折、敵意和和情緒的壓抑，都會以不同形態在夢中反映出來，所以了解一個人的夢，等於認識他的真正內心世界。

　　佛洛伊德認為人在熟睡時，屬於理性世界的自我會暫時休息，留一段空隙時間讓潛意識世界內被抑壓的情緒浮現宣洩出來。在夢中，各種儲存在大腦內的資訊，都不受制約的自由組合，打破日常的邏輯規範和程序，帶領夢者走進柔順、靈活、變化多端的創新世界。

　　佛洛伊德在他的心理學巨著《夢的解析》中強調，潛意識是不會直接向夢者提供答案，它必須要經過喬裝打扮，將意思扭曲，才可以躲過心靈中的超我所設下的檢查崗哨，以夢的形式將潛意識的原意從冰山的底層浮現出來。

　　夢其實是協助將白天吸收到的資料做文件儲存和整理分類的工作，是將短期資料轉化，儲存到潛意識裡成為長期資料的過程。研究人員發現，長期被剝奪做夢機會的人，即使總睡眠時間完全足夠，其記憶力會衰退，情緒變得急躁和缺乏信心，表現驚慌。所以夢是人類成長和學習過程中的一種非常重要的事情。

◈ 如何解夢

　　對夢的理解實在有太多不可思議了，利用夢來搜尋更多內部資源，發掘更多可行的選擇，所以我們在這裡不準備講太多解夢的技巧。不過，如果能對夢的結構有較多的認識，對解讀這些資源是會有一定的幫助的。

　　佛洛伊德在《夢的解析》一書中提出，潛意識要將夢喬裝一番才可以通過檢查員的崗哨，因此，它絕對不會直接道出你需要的答案，你必須要對夢做出自己的演繹和解讀，才能領悟到其中的象徵意義。佛洛伊德認為夢通常會有以下四類偽裝：

> ➤ **壓縮**：它把現實世界濃縮，刪去不必要的情節，使內容看來精簡短小，沒有邏輯，前文不對後理，或者是將很多瑣碎的小事並列出來，好像沒有什麼意思。佛洛伊德相信，如果將故事透過自由聯想擴大 5

倍、8 倍甚至 12 倍，或者將瑣碎的片段與現實世界對照湊合起來，像拼拼圖一樣組成一組故事，你會發現它已經訴說出很多與現實世界息息相關的啟示。

➤ **轉移**：它會用暗喻、象徵性的符號或一些對做夢者沒有特殊意義的東西來作主題，以求將夢的心中主題轉移到一些看起來次要甚至是毫不相干的題目上。佛洛伊德曾經用自己經歷過的夢來解釋這些現象，他夢見自己在翻閱一本關於植物學的書，書中間的一頁被撕破了，並夾著一片乾枯了的植物，這夢的主題很明顯是植物，但他從來都不喜歡植物學的，經過一番探究後，他解釋其實這個夢是隱喻人際關係中的紛爭和衝突。

➤ **圖像化**：夢會以圖像化的象徵來代替冗長的語言和文字，在缺乏概念和語言國度裡，要說的話都轉化形象表達出來。夢好像一部根深的抽象派電影，它把情節濃縮簡化成為以圖為主的電影畫面，例如以用斷手斷腳的畫面來隱喻破裂的婚姻，急躁的籠中鳥象徵自身的困局和要高飛的決心，被吹走的陽傘象徵失去身分和地位。

➤ **潤飾**：像高麗菜一樣，潛意識將夢一層層的以不同的手法來包裝和潤飾，使它真正的含意和看起來的南轅北轍，夢者必須抽絲剝繭，把夢的表面象徵與自己的現實世界反覆聯想，推敲其意義。

夢是沒有一套標準化的解碼工具，不同的人在不同時間對夢的意義都會有不同的詮釋，但如果把夢作為創新思考工具，夢者可以把夢的劇情細節作聯想，將生活的難題與夢拼湊，看看有沒有新啟示。

舉一個例子，有一位做生意的朋友，近日生意額大幅下滑，他做了一個這樣的夢：夢中他邀請了一位當時名望甚高的政府高官到他家裡做客，高官賞臉出席，並準時到達，但場面卻異常冷靜，沒有其他賓客，他自己

感到非常焦急，高官也非常尷尬，原來他太興奮而忘了發出請束。他反覆思考這個夢，頓悟到生意下跌的並非貨品品質有問題，而是宣傳做得不足，他要加強宣傳，把資訊直接送到客戶中去。在這個夢境裡，從沒有直接出現過要「做好宣傳」或「宣傳不足」幾個大字，而是壓縮成為一個視覺化的餐宴，他的產品化身成為一位德高望重的高官，當中的玄機就留給夢者好好體味，夢留下不少的線索讓夢者主動追溯。

◆ 導演一個好夢

每晚入睡前，靜坐，深呼吸，想想自己的目標，想像實現目標時的情景，再回想現在所面對的問題，盼望潛意識為你找尋答案，感謝它，深呼吸，安靜，然後入睡，在睡床旁放一本簿子，一支筆或一臺錄音機，睡醒後趁尚未忘記，把它記下來。

如果你自己總不能記得夢的內容，可以先做一些「醒」夢，讓潛意識習慣一下吧！

先想想你其中一個難題，合上眼，深呼吸，想像自己在一個美麗的郊外，現在是什麼季節呢？你怎麼知道呢？現在是什麼時間？早上或是中午？下午？黃昏？晚上？你穿著什麼衣服鞋襪呢？這是什麼物料呢？顏色怎樣？你看到什麼？聽到什麼？嗅到什麼？

在你前面出現一隻動物，這是什麼動物呢？牠有什麼特別之處呢？這隻動物又怎樣離開呢？隨即出現一位人物，是誰呢？他跟你說些什麼？

張開眼睛，你對這個「醒」夢的感覺是如何呢？把內容全記在紙上，加以想像和思考，它對你的難題又有什麼啟示呢？

表 8-1 記「夢」表我的一個夢

季節	
時間	
衣著	
所看到的	
所聽到的	
所嗅到的	
所出現的動物	
所出現的人物	
夢後的感覺	

　　把這些資料整理，然後與現在面對的難題進行自由想像，或與朋友商討，找尋新的點子和靈感。

　　我們想起浴缸中的阿基米德的故事。他整個身心都沉浸在國王交給他的問題之中。當他坐下去的時候，洗澡水向他開口說話了，它順著澡盆邊緣徐徐溢出。水的體積、希倫二世的王冠，所有這些都在短短的頓悟中一起湧現在他的腦海：這就是讓他發現物體排水原理的認知的提升。

　　這裡到底發生了什麼呢？

▌案例學習：凱庫勒的千古一夢

　　人幾乎每天都會做夢。夢的內容各式各樣，千奇百怪。許多人對夢都不太留心，過後便忘。但凱庫勒的「蛇夢」，卻令他解決了一大化學難題，堪稱「千古一夢」。

　　在有機化學創立之初，許多有機物的結構是不清楚的，而它們的結構

和性質是密切相關的。因此，要認識它們的性質，就要去搞清楚它們的結構。結構分析，成為有機化學家的一項重要任務。

有機化學王國中有一個特殊的家族，叫做芳香族。這一族化合物在化學合成中有很大的重要性，可以做藥物，做染料，做各種人類需要的東西。這一族中最簡單的化合物是苯，它由 6 個碳原子和 6 個氫原子組成。要充分認識這種物質，就要知道它的結構。

對於苯的結構，科學家曾一直無法解開。碳原子是 4 價的，就是說，它將與 4 個氫原子相結合；氫原子是 1 價的，4 個氫原子才能滿足 1 個碳原子的化合價。苯的分子式中氫原子與碳原子的數量相等，化學價不能達到平衡。在它的內部，氫原子與碳原子是怎麼結合的呢？它的結構是怎樣的呢？這個問題在很長時間中一直是個謎。

德國化學家凱庫勒一直研究著苯的結構。他連續工作了好幾個月，但是一直得不出滿意的結論。一天，他坐了馬車回家，他人累了，馬車在路上搖搖晃晃行駛著，他進入了夢鄉。他做了一個夢，夢見以前思考過的幾種苯的結構圖在眼前飛舞。忽然，其中一個分子結構變成了一條蛇，這蛇首尾相銜，變成了一個環。正在這時，馬車夫對他說，克萊賓路到了。凱庫勒從睡夢中醒來，夢境歷歷在目。這個夢給了他啟發，苯的結構問題之所以長期得不到正確的答案，是化學家們把它看成了鏈狀結構，而沒有想到它是環狀結構。

凱庫勒在夢境的啟示下，凱庫勒很快畫出了苯的結構式：這是由 6 個碳原子組成的環狀物，碳原子之間互相以雙鍵相連接。這是一種相當穩定的結構，每個碳原子除以雙鍵和單鍵與另一碳原子相連外，還與一個氫原子相連。這樣，不僅能很好的解釋苯的分子式，也能很好的解釋它的化學性質。

苯的結構式的發現，是一項重大的成就，它有力的促進了有機化學的發展。西元 1890 年，在德國化學學會的慶祝會上，凱庫勒應邀介紹了這個發現的過程，引起了許多人的興趣。

有好幾個化學學會的人員僱了馬車在傍晚的大街上緩緩行駛，他們希望也能在馬車上酣然入夢，在一覺醒來時也能像凱庫勒一樣做出一項傑出的發現。但是，好幾位乘上馬車躂躂的人沒有睡著；有幾個睡著了，但沒有做夢；有幾個做了夢，但是，做的是與化學無關的夢，有的人做起了關於科學的夢，但是什麼啟示也沒有，什麼作用也沒有。看來，要從夢中得到靈感，也不是一件容易的事。

做夢是對凱庫勒的慷慨恩賜，也是對他長期苦苦探索的一種報償。如果沒有他長年累月的探索，他可能就不會做那個蛇變成圓環的夢，也可能即使做了這樣的夢，也不會有所領悟的。

無獨有偶，美國一個工人也從夢得到啟示，使橡膠得到了廣泛的運用。

西元 1493 年，大航海家哥倫布航行到美洲，發現了許多從未見過的有趣的新事物，橡膠就是其中之一。他看到，印第安人從一種樹上割取乳白色的樹液，固化後做成皮球，做成鞋子。這種球彈得很高，這種鞋雨天不會進水。這種樹，就是橡膠樹，這種乳白色的物質就是橡膠。哥倫布看著有趣，就帶了一些橡膠球回到歐洲。但是，歐洲人不知道它有什麼用處，從美洲帶回歐洲後一直存放在博物館裡。

後來，橡膠漸漸的得到了利用，有人把它塗在布料上，做成了雨衣，有人用它做成靴子。不過，橡膠的性能不夠理想，做成鞋子雖然不漏水，但是，它怕熱，也怕冷。熱天太陽一晒，就會變黏發軟，失去了原來的形狀；冷天裡它又變硬變脆，很容易破裂。如果能耐熱耐冷，增加強度，它

的用處就可以擴大。

300 多年後，美國工人固特異（Goodyear）想到，為何不用化學方法改善橡膠的性能？如果橡膠的性能得到了改善，就可以做成一種耐高溫、耐寒冷、耐壓耐磨的產品。他在橡膠中加進這種東西，就像在黑暗中探索著，但是，效果都不大理想。

一年又一年過去了，固特異還是不斷的實驗著。

有一天晚上，他做了一個奇怪的夢，他夢見自己在做橡膠性能改進的實驗。實驗桌上擺滿了各種試劑，燒杯裡正在加熱生橡膠。突然，他不當心碰倒了一只瓶子，瓶子裡的一種粉末正好撒進了加熱的橡膠裡。後來，橡膠冷卻了，他摸摸橡膠，發現它的性能變得很理想，彈性好，牢度高，耐冷耐熱，熱了不黏，冷了不脆。他夢寐以求的正是這樣的產品啊。他拿起瓶子一看，原來是盛著硫磺的瓶子……

他從夢中驚醒，踏破鐵鞋無覓處，得來全不費功大。他重新用硫磺進行實驗，不斷的探索硫磺的用量與橡膠性能之間的關係，逐步完善了加硫的方法和比例。經過了一次又一次的實驗，固特異發明了硫化橡膠。

原來，天生的橡膠中，橡膠分子的排列比較混亂，分子容易變形。而加入硫磺以後，橡膠分子以硫磺為中心進行了重新排列，分子的位置就相對固定了。由於結構發生了變化，熔點升高了，機械性能提高了，不會變形，也不會脆化。這一次改革，賦予了橡膠新的生命，從此，它在工業、生活中得到了廣泛的應用，輪胎、雨衣、膠鞋，都是橡膠做成的。

靈感拜訪固特異，創造機緣入夢來，這好像偶然，實際並不偶然。他對這個問題已經思考了八年之久，長期的思考激發了他的神經系統，每一個神經元都處於興奮狀態，就是夜晚的睡夢中，他的潛意識也在工作著，思考著，尋覓著。睡夢中，潛意識在工作中發現了什麼，透過夢的形象的

啟示通知他。接著，他的意識開始工作，有意識的進行一次次的實驗，終
於證實了夢中的啟示，並且完善了夢中的結論，做了進一步的探索，最後
做出一項完整的發明。

第九章

聯想創新

　　真正的發現之旅不只是為了尋找全新的景色，也為了擁有全新的眼光。

—— 普魯斯特（Proust）

　　有人說，聯想是打開記憶之門的鑰匙。人的頭腦中都儲存著大量的資訊，它原本可以綽綽有餘的應付各式各樣的問題，但隨著時間的推移，這些資訊會漸漸的被人們淡忘，在頭腦中會變得模糊雜亂、支離破碎，甚至回憶不起來，自然就很難利用。聯想能幫助我們挖掘出記憶深處的種種資訊，把它們之間的關聯在頭腦中再現出來。

　　聯想是創新思考的萬花筒。每個人在兒時都曾有過這樣的經歷：每當把手中的萬花筒轉動一下，或者再放進了一塊小玻璃，萬花筒裡就會又出現一幅新的景象。創新思考好比是一個萬花筒。每當進行新的聯想時，就好像把創新思考又轉動了一次，再放進一塊小玻璃，又一個美妙的新設想就能從這個萬花筒裡迸發出來。

大膽聯想

　　所謂大膽聯想思考法是指，根據事物之間的形式、結構、性質、作用等某一方面或某幾方面的相似之處進行聯想。

　　正如一位俄羅斯生理學家所言：「獨創性常常在於發現兩個或兩個以上研究對象或設想之間的關聯或相似之處，而原本的這些對象或設想彼此沒有關係。」

　　運用這一理論，英國的一位發明家發明了氣壓制動系統。有一次，他乘火車外出旅行，結果兩列火車意外的相撞而耽誤了行程。在當時，每節火車廂的車閘都是用手控制的，遇到緊急情況很難讓整列火車煞住閘。從

此，他決心發明一種能同時煞住整個列車的制動裝置系統。但他絞盡腦汁，也沒有想到一個好辦法。後來他偶然在一本雜誌上看到，有人在挖掘隧道時，用橡膠管從幾百公尺以外的空氣壓縮機輸送來壓縮空氣驅動風鑽。於是他聯想到，可以將壓縮空氣輸送到各個車廂，借助氣閘而使各個車廂同時制動。火車安全運行的氣壓制動系統就這樣的在大膽聯想中誕生了。

一位法國著名的生理學家，他曾致力於研究動物機體與感染作抗爭的機制問題，但一直沒有獲得突破性進展，這令他傷透了腦筋。一次，他仔細觀察海盤車的透明幼蟲，並把幾根薔薇刺向一推幼蟲扔去。結果那些幼蟲馬上把薔薇刺包圍起來，並一個個的加以「吞食」。這個意外的發現使他聯想到自己在挑出扎進手指中的刺尖時的情景：刺尖斷留在肌肉裡一時取不出來，而過了幾天，刺尖卻奇蹟般的在肌肉裡消失了。這種刺尖突然消失的現象成為一個謎，一直困擾著他。直到現在他才領悟到，這是由於當刺扎進了手指時，白血球就會把它包圍起來，然後把它吞噬掉。這樣就產生了「細胞的吞噬作用」這一重要理論，它說明在高等動物和人體的內部都存在著細胞吞食現象，當機體發生炎症時，在這種現象的作用下，機體得到了保護。

一位公司職員對刀特別感興趣，他一直想發明一種價格低廉而又能永保鋒利的刀具。他的設想非常好，但要想把它變成現實卻並不容易。每次用刀時他都在認真思索這件事。

有一次他看到有人用玻璃片刮木板上的油漆，當玻璃片刮鈍以後就敲斷一節，然後又用新的玻璃片接著刮。這使他聯想到刀刃：如果刀刃鈍了不去磨它，而把鈍的部分折斷丟掉，接著再用新刀刃，刀具就能永保鋒利。於是他設法在薄薄的長刀片上留下刻痕，刀刃用鈍了就照刻痕折下一

段丟掉，這樣便又有了新的鋒利的刀刃。這位職員從用玻璃片刮木板聯想到刀刃，從而發明了前所未有的可連續使用的刀具，後來他創立一家專門生產這種新式刀具的工廠，從而走上了成功之路。

把爆破與治療腎結石聯想到一起，也可謂是一個偉大的創舉。目前世界上的爆破技術，能將一棟高層建築炸成粉末，同時又不影響旁邊的其他建築物。醫學家們由此聯想到了醫治病人的腎結石。他們經過精確的計算，把炸藥的分量小到恰好能炸碎病人腎臟裡的結石，而又不影響人的腎臟本身。這種在醫學上被稱為微爆破技術的治療方式，為眾多腎結石病人解除了病痛。

進行大膽聯想主要有如下兩種途徑：一種就是對事物外部的表面特徵進行相似聯想。這種想法簡便易行，因為事物的表面特徵比較容易為人們所發現。美國有一位製瓶工人，偶然看見女友穿著一條膝蓋上面部分比較窄的裙子，這種裙子顯得腰部的線條非常優美，比別的裙子更漂亮。這位製瓶工人聯想到玻璃瓶子，而設計出了別開生面的「可口可樂瓶」。它的優點是，人握住它沒有滑落感，同時瓶內裝的液體看上去要比實際的分量多一些。為此，可口可樂公司給了他 600 萬美元的專利轉讓費。

另一種就是事物內在的本質特徵進行相似聯想。例如，把一種叫做「木天蓼」的植物種子放在貓的面前，貓就會將身子蜷縮起來，過一陣還會流唾液、在地上打滾，或者做出一些奇怪的動作。有位科學家根據獅子、老虎都同屬於貓科這一內在的本質特徵進行聯想，對獅子、老虎做了同樣的實驗，結果獅子、老虎等一類大型猛獸在木天蓼面前也表現出了種種不正常的姿態。事物內在本質特徵一般靠直接觀察很難發現，與就事物的外部特徵進行相似聯想相比，就事物的本質特徵進行相似聯想要困難得多。但它卻更加重要，這種聯想往往能創造出具有更大、更高的理論與實踐價值的成果。

伴生聯想

所謂伴生聯想思考法是指，根據事物在空間或時間上彼此相近之處進行聯想。

一位退休老人，他和其他退休老人一樣，每天都是以看電視來消磨時間。有一天，電視裡播放關於月球探險的節目。在電視螢幕上，主持人煞有介事的將月球的地圖攤開，並口若懸河的加以講解。這位荷蘭老人心想：「看這種月球平面圖，效果不好。月球和地球都是圓的，既然有地球儀，同樣也可以有月球儀。地球儀有人買，月球儀肯定也會有人買。」於是，老人開始傾注全部精力研製月球儀。

當第一批月球儀做好以後，老人就在電視和報紙上刊登廣告。果然不出他所料，世界各地的訂單源源不斷的飛來。從此，他每年靠製造月球儀就可以賺一千四百多萬英鎊。老人運用的就是伴生聯想思考法，從地球儀聯想到月球儀，創造出了大量的財富。

古希臘學者亞里斯多德曾經說過：「我們的思維是從與正在尋找的事物相類似的事物、相反的事物，或者與它相接近的事物開始進行的，……由此產生聯想。」世界的事物並不是孤立的，它們總是在空間或時間上存在著絲絲縷縷的關聯。思考者常常把空間或時間上相接近的事物連結在一起，由此及彼的展開聯想。

「秋水共長天一色」，這是由空間上的接近而產生的聯想。類似對空間接近的事物產生的聯想還有很多，比如見到公路就會聯想到汽車，說到杭州就會聯想到西湖等等。

「葉落知秋意」，這是由時間上接近而引起聯想。這種對時間上接近的事物的聯想也隨處可見，如談到「白話文」運動就會想到胡適，說起秦始皇修築萬里長城就會想到陳勝、吳廣起義等等。

但是，空間上的伴生聯想和時間上的接近聯想不是截然分開的，兩者常常互相交織在一起。例如，「落霞與孤鶩齊飛」，就是將空間上的接近聯想與時間上的伴生聯想相結合。

俄羅斯偉大詩人普希金（Pushkin）說過：「我們說的機智，不是深得評論家們青睞的小聰明，而是那種使概念相接近，並且從中引出正確的新結論來的能力。」這種使概念相接近的能力，指的正是根據事物的空間上或時間上彼此相近而進行聯想的能力。接近聯想使人們在相關的事物之間搭起一座思考的橋梁，而這種將它們在空間或時間上連結起來的思考方法，能將思考者帶入一個新的境界。

有一位學生，走路時不小心踩了別人的腳，他剛想向被踩的人道歉，一抬頭，看見對方的臉上長著一個很大的瘤，臉形非常奇特。從此以後這個奇特的臉形在他腦子裡怎麼也抹不掉，連那個人穿的衣服樣式，鋼筆別的位置都能記得一清二楚。這件事使他聯想到了如何記憶抽象的概念、符號和公式的問題。於是他嘗試著用一種「奇特形象串聯法」來加強對抽象的概念、符號和公式的記憶。比如下面這樣一些互不相關的名詞：

茶杯、罐頭、墨水瓶、獎狀

金魚、桌子、房屋、鉛筆

煙囪、飛機、大衣、口袋

菸灰缸、砲彈、貓、皮鞋

書包、椅子、機器人、大河

要想把它們按照先後順序一一記牢實在不容易，而把它們編成一個稀奇古怪的「故事」來記，就簡單多了：

一個人坐在茶杯裡，懷裡抱著一個罐頭，一看原來是墨水瓶。不小心把它打翻了，弄髒了獎狀。他想把獎狀上的墨水甩掉，卻甩出一條金魚

來。金魚鑽到桌子下，這張桌子變成了一座房屋，房頂上是一個鉛筆形狀的煙囪，裡面冒出的煙冉冉上升，變成了一架飛機。飛機墜毀了，掉在一個人的大衣口袋裡，那人一摸，卻是個菸灰缸。他把菸灰缸扔出去，竟是一發砲彈，打中了一隻貓。貓跳到皮鞋裡，被那個人當作書包掛在椅子上。椅子上坐著機器人，它一看自己被弄髒了，便跳到大河裡去洗個乾淨。

他試著在幾分鐘內把這個「故事」背了下來，以後在很長時間內這段故事一直深刻的印在他的腦子裡。這種「奇特形象串聯法」說明，按照伴生聯想的方法背誦和記憶，可以產生良好的效果。

運用伴生聯想思考法主要有兩種形式：

➤ **對空間上位置相近的事物進行聯想**：有一家新辦的儀表廠，最初對全國究竟有哪些用戶和有多少用戶需要他們的產品，心中完全無數；對各地的用戶，該先與誰聯絡，後與誰合作，心裡也沒底。在解決這個難題時，他們聯想到了查閱市內的電話簿。有了用戶的地址和電話號碼，沒費多大力氣，他們便與市裡的大批用戶一一聯絡了。從市內的電話簿，他們又聯想到了全國各地的電話簿，該廠向全國各個大城市的郵局郵購了兩百多本各地電話號碼簿。就這樣他們先後與全國各地兩千四百多家的用戶聯絡，並向各用戶寄去了產品說明書和訂貨合約，不久他們就收到了幾十萬元的訂貨單。他們的這些成果都是善於進行空間伴生聯想而獲得的。

➤ **對時間上的彼此相近的事物進行聯想**：在進行時間伴生聯想時，不要被表面上的先後順序所迷惑。比如，摩擦在前，生熱在後，摩擦物體，物體就會生熱。摩擦與生熱是「先因後果」的關係。假如由此而聯想到閃電和雷鳴，看到閃電在前，聽到雷鳴在後，便錯誤的認為它

們之間也是因果關係。其實，閃電和雷鳴是同時發生的，誰也不是誰的原因。人們先看到閃電，後聽到雷鳴，只是由於光的傳播速度比聲音的傳播速度快而已。

對比聯想

所謂對比聯想思考法是指透過事物之間的互相矛盾的關係進行聯想。

韓國的金光中曾生產了一種叫「抱娃」的黑皮膚玩具，在購物中心裡銷售。他為了宣傳這種玩具，還刊登了廣告。可是這種玩具的銷路始終不見好轉，幾乎落了個無人問津的地步。商場讓他拿回去。無奈之餘，金光中只得把「抱娃」拿了回來，堆放在倉庫裡。

金光中的兒子是一位肯動腦筋的年輕人。他注意到，賣場裡有一種身穿泳衣的女模特兒模型，女模特兒模型有一雙雪白的手臂。他想：假如把這種黑色的「抱娃」放在女模特兒模型雪白的手腕上，那真是黑白分明。有了這種鮮明的對比，說不定顧客會喜歡「抱娃」呢。於是他的兒子決定試一試。

他費盡了口舌，終於說服購物中心，同意讓女模特兒模型手持「抱娃」。這一招果然奏效！凡是從女模特兒模型前走過的女孩都會情不自禁的打聽：「這個『抱娃』真好看，哪裡有賣？……」原本無人問津的「抱娃」，在短時間內搖身一變成了搶手的熱門貨。

後來，他的兒子又想出了一個辦法。他請了幾位白皮膚的女孩，身穿夏裝，手中各拿一個「抱娃」，在繁華的街道上「招搖過市」，一下子吸引了大量過往行人的注意，連新聞記者也紛紛前來採訪。第二天，報紙上競相刊登出照片和報導。沒想到，這次成功的推銷，一時在韓國掀起了一股「抱娃」熱！歸根究柢，「抱娃」的推銷術之所以收到了奇效，是因為

成功的運用了對比聯想思考法。

客觀世界普遍存在著對立的現象，世界上任何事物的內部都包含著相互對立的兩個方面。對比聯想正是應用和反映了事物之間以及事物內部存在的反對關係或矛盾關係。由於客觀上有這樣的關係存在，所以我們可以由一個事物而聯想到相對的另一個事物，由事物的一個方面而聯想到相對的另一個方面。例如由辯證法聯想到形而上學，由成功聯想到失敗，由順利聯想到困難，由正確聯想到錯誤，依此類推。對比聯想能幫助人們從相反相對的事物中引出巧妙的創新構思來。

唐代草書家懷素，自幼苦練書法，但有一段時間卻長進不大，為此他心裡很苦惱。有一天，他看見別人在舞劍，於是將舞劍與書法對比聯想後，使他受到了很大啟發，從此書汰突飛猛進。

細心的讀者也應該早就注意到，不少成語之間都是一反一正，互相對應的，如「一目瞭然」與「管中窺豹」，「同室操戈」與「共禦外侮」，「目瞪口呆」與「神色自若」，「身無長物」與「富可敵國」，「刻畫入微」與「粗枝大葉」等等。透過類似的對比聯想，對於啟發思維、加強記憶都大有幫助。有一位外國語學院的研究生，在最初學習法語時效率不高，於是他想了一個辦法，他找來了法文版的原著和法文字典，然後用他所嫻熟的英語與新學的法語作對比。由英語而聯想到法語，結果僅用五個月時間，他便能初步看懂法文著作了。這位研究生可以說是巧妙的運用對比聯想進行記憶的「高手」。

在學習數理化知識時，也同樣可以運用對比聯想以幫助理解和記憶，把那些互相對立的定理、公式和規律歸納在一起學習。比如遇到正數和負數，實數和虛數，乘方和開方，微分和積分等相對立的概念，就可以進行對比聯想。又如在記憶圓錐曲線時，採用對比聯想法去理解和記憶橢圓雙曲線和拋物線的定義、方程式、圖形、焦點、頂點、對稱軸離心率等性

質，效果相對會好一些。

對比聯想能使人鮮明的看到事物的共性與個性。詩人王維寫過這樣的名句：「大漠孤煙直，長河落日圓。」句子中所描寫的景象都是常見的。而王維從「直的孤煙」，透過對比聯想，想到了「圓的落日」，把它們組合在一起，便構成了一幅富有詩情畫意的動人景象。

在運用對比聯想思考法時，應該注意什麼呢？

首先，要知道，世界上的事物雖然千差萬別，形態各異，卻又都是互相連結的。即使是在具有反對關係或矛盾關係的事物之間，也不是絕對的「井水不犯河水」。因此，要能夠明確的從事物的互相對立的關係中看出它們的關聯。

其次，要經常根據事物之間的反對與矛盾關係進行聯想練習，從而使對比聯想的能力不斷的得到鍛鍊和提高。在生活、工作和學習中，人們隨時隨地都可以進行這樣的練習。例如在研究許多領域的問題時，經常會與19、20 世紀的狀況加以對比，這種方法對於青少年來說，具有更顯著的效果。在語文學習中，最為簡便易行、富有成效的途徑與方式，就是替各種類型的詞語找反義詞。

飛躍聯想

所謂飛躍聯想思考法是指，根據實踐的需求，在一些從現象上看毫無關聯的事物之間進行聯想。

比起其他的聯想思考法來，飛躍聯想思考法可以在更廣闊的思考範圍內進行，思考的跨度更大，自由度更高。

尤其是在科技方面，許多發明創造都是飛躍聯想的產物。

　　早些年，人們對用煤油代替汽油在內燃機中使用，一直持懷疑態度，因為煤油並不像汽油那麼容易汽化。後來，有個人看到了一種紅色的野花，能夠在早春季節的雪地裡開放。由此他進行了大跨度的聯想：因為煤油吸收熱量比汽油慢，所以煤油不像汽油那樣容易汽化。野花能依靠紅葉在微寒的早春雪地裡快速的吸收熱量而存活，如果把煤油也染上紅色，也許也會像紅葉子那樣更快的吸收熱量。經過試驗之後，結果不出所料，煤油汽化的難題解決了。這樣煤油就可以與汽油一樣在內燃機中使用了。從現象上來看，煤油與野花沒有任何關聯，但是透過飛躍聯想把它們連結起來，卻獲得了意想不到的成果。

　　在火箭的研製過程中，碰到了火箭發射到某一高度時，常常會偏離原定方向這樣一個難題。這個問題使許多火箭研究方案都以失敗告終。問題就出在燃料上，因為超過一定高度，溫度急遽下降，火箭內的固態燃料就會出現裂紋而無法燃燒。誰也沒有想到，後來解決這個問題的竟是一位年輕教師。這位教師在一次偶然的機會看見一群孩子在用黏膠黏捕蟬。他想，如果把黏膠加入到火箭的固體燃料中，也可能把它們黏住而不再產生裂紋。結果卻出乎人們的意料，黏膠果然黏住了固體燃料。科學家們苦思冥想都沒有辦法的問題就這樣迎刃而解了。

　　要想不費力的就把牆上的油漆清除掉，是件很不容易的事。因此有位機械師一直在思考是否能有一種解決這個問題的簡易方法。他想：如果在油漆裡加入一定數量的炸藥，那麼，牆壁的油漆開始剝落時，只須劃一根火柴，就可以把殘留下來的漆通通炸光。這種想法聽起來似乎有點荒唐可笑，擔心油漆爆炸時，會把牆壁也炸毀。但事實上，正是沿著這樣一條思路，他終於研製出了一種新的油漆添加劑。利用這種油漆添加劑可以輕而易舉的把油漆從牆壁上清除掉，牆壁卻安然無恙。

在經營管理方面，有這樣一個運用飛躍聯想思考法的案例：德國 BMW 公司的一位「推銷大王」在許多場合看到一些吸菸的人互相幫對方點菸時，使用最多的是火柴，點菸者常常就把火柴盒留給了對方。由此他聯想到了名片。他想：也許可以讓火柴盒代替名片的作用而宣傳公司、幫助自己推銷業務。於是經過認真的思考設計，他製作了一種與眾不同的火柴盒。在火柴盒上面印上自己的名字、公司的電話號碼，以及表示公司所在位置的地圖。每盒火柴裡都有 100 根火柴，每點一次菸，名字、電話和地圖就在使用者面前出現一次。假設在一個地方放 20 盒這樣的火柴，那麼名字、電話和地圖就會反覆出現 2,000 次，在不知不覺中讓人留下了深刻的印象。他就是巧妙的利用這小小的火柴拓展自己的銷售業務的，並且獲得了顯著成效。

一位匈牙利的諾貝爾獎得主說：「看人人熟視無睹的東西，想人人未曾想過的問題，將兩者結合起來就是創新。」他的這番話一語道破了飛躍聯想的道理。

在實際應用中，飛躍聯想思考法的難度較大，在運用過程中應該注意以下幾點：

首先，要有敏銳的觀察和豐富的記憶。聯想能力是以經驗和知識的累積作基礎的，飛躍聯想更有賴於敏銳的觀察和豐富的記憶。俄羅斯文豪托爾斯泰（Tolstoy）是一位為世人所景仰的著名作家，他具有敏銳的觀察和豐富的記憶。在俄羅斯，牽牛花是一種盛開在田野上、隨處可見的小野花，很少有人注意到它。托爾斯泰卻發現，牽牛花具有頑強的生命力，當它被車子輾過後依然堅強的生長著。這使他從牽牛花的頑強聯想到傳說中的高加索英雄哈吉・穆拉特（Hadji Murad）的忠貞不屈，從而構思並創作了中篇小說《哈吉・穆拉特》。

其次，要有沙裡淘金的韌性與執著精神。飛躍聯想的難度較大，是否能夠有效的運用飛躍聯想，一方面與一個人的聯想能力有關，另一方面還需要具有沙裡淘金的韌性與執著精神。有一個人，一直想發明一種防腐性能好的瓶塞子，他首先對過去人們製造和使用的瓶塞進行了細膩的研究，在五年內收集了六百多種瓶塞，有軟木的、橡皮的、金屬的等等。他在充分的研究了它們各自的特性後，終於發明了一種比較理想的鑲有軟木的金屬瓶塞，他就是執著的運用了飛躍聯想而獲得成功的。

案例學習：原始人的腳印為什麼比現代人大

1978 年，在坦尚尼亞的沙漠裡，英國人瑪麗‧李奇（Mary Leakey）完成了在現代古生物學歷史上最重要的一項發現，他們發現了保存在 350 萬年前火山灰中的 80 英呎長的一系列原始人類足跡。發現和解釋這些足跡包含了一系列整合了多種想像工具的複雜的創造性過程，這最終證明了我們的祖先原始人類是直立行走的。李奇的經歷說明了綜合使用多種不同的思考工具是典型的創造性工作過程的特徵。

在她的自傳《翻開過去》中，李奇告訴我們，意外的運氣在她的小組的發現中產生作用，就像它在很多科學發現中一樣。她的小組在組成的時候不是為了發現原始人類的足跡，而是為了找到史前動植物的特徵。而且，最初發現一些動物足印的三位小組成員，甚至當時並不是在工作，他們當時在玩耍。在 1976 年的一天，在他們回到營地的路上，「出於某種原因……互相投擲乾枯的大象糞便來取樂，而在他們所處的平坦的開闊地帶有很多大象糞便。其中一位在這個過程中摔倒了，發現自己正躺在一塊硬的地面上，它看起來好像含有古代動物的足印，包括犀牛的足印。」偶

然觀察到的這個線索讓這個小組集中精力進行尋找，最後發現了世界上保存得最為完好的、最為廣泛的動物足印群。

　　一年以後，也就是在 1977 年，當這個小組開始發掘動物足印的時候，他們發現了四個類似於人類足印的不平常的印記。李奇小組的專家不能就這些特別的足印是否符合人類足印的一般特徵達成一致意見，但是原始人類可能在幾百萬年以前就在東非活動，這種可能性讓這個小組大為興奮。在 1978 年最後證實了他們的預期，當時一位地球化學家「發現了他認為是原始人類的後腳跟部分的足印，地質侵蝕已經讓腳印的前一部分完全消失了」。專家們再一次就是否為原始人類留下的這些足跡進行了爭論，但是李奇讓自己最為熟練的工人 —— 一位肯亞人進一步開掘了這個地點。沒有多長時間，肯亞人的仔細工作就向人們展示了一排保存得非常完好的原始人類足印。李奇和她的同事們贏了大獎。

　　但是，這個小組的工作剛剛開始。他們所擁有的一切就是處於運動狀態中的三位軀體所留下的靜止的、抽象的、二維的印記。它代表了什麼樣的運動過程？在 350 萬年以前究竟發生了什麼？步幅、足印的尺寸和深度好像顯示了有兩個原始人，一個較小，可能是個孩子，另外一個較大，他們剛剛走過了一段泥濘的道路就發生了一次大規模的火山噴發，火山灰蓋住了他們的足印。但是這種設想提出了問題。肯亞人幾乎立即就指出，那個大人的足印有 12 英吋長 —— 即使拿現代的標準來說也非常巨大，對原始人來講幾乎是不可想像的，因為他們的骨骼說明他們的身材很小。並且，大些的足印遠不如小的足印清晰，開始的時候這個現象也無法解釋。這些異常現象加在一起就是一個支離破碎的模式，李奇和她的同事們沒有辦法解釋。他們在 1978 年花了很長時間用自己的身體感覺來找出一個普通體態的人怎麼才能產生特別大的足印。可能是地面很滑嗎？或者在走路

的時候一隻腳一直在滑行？他們的實驗性的玩耍加表演並沒能給出答案。不論他們怎樣移動自己的雙腳，他們就是不能留下具有那種特徵的足印。這些足印就是沒有辦法得到解釋。

這件事情一直都沒能得到解決，直到 1979 年一位自然攝影家和電影拍攝者來到了現場，然後，用李奇的話說，他產生了一個「非常聰明的想法，可是我們就是誰也沒能想到」。攝影師記得曾經看到一些小黑猩猩會跟著領頭的黑猩猩玩耍，直接踩到前面的黑猩猩的足印裡面。黑猩猩的行為和原始人的行為之間的相似性是不是能夠解釋李奇的神祕足印呢？確實是這樣的。模仿這種跟隨領頭人的遊戲，恰恰產生了這種曾經讓這個小組迷惑不解的過大的、模糊不清的足印。李奇現在意識到，在幾百萬年前是有三個而不是兩個原始人在東非的泥漿裡行走。她想像了兩個成年原始人，可能是一個父親和一個母親，在前面並排行走，還有一個原始人跟在後面，把自己的腳放到前面的原始人留下的足印裡，讓這些足印變得更大了。

李奇合理而又創新的解決了「原始人的腳印比現代人大？」這一難題，得益於她具備聯想創新的思維。

第十章

想像創新

　　人生所有的歡樂是創造的歡樂；愛情，天才，行動 —— 全靠創造這一團烈火迸射出來的。

—— 羅曼・羅蘭（Romain Rolland）

　　想像創新，是指在創新時完全依靠想像力來進行的創新。想像創新在考古及天文學上應用極為廣泛。

填充想像

　　所謂填充想像思考法是指，在僅僅認識了某事物的某些組成部分或某些發展環節的情況下，在頭腦中對該事物的其他組成部分或其他的發展環節加以充實、填補，而構成一個完整的事物形象的發展過程。

　　有這樣一個民間故事：一位外鄉人與他的同伴失散了，心裡感到萬分焦急。正在這時，一個當地的牧民走過來。外鄉人問牧民：「你看到我的同伴了嗎？」牧民回答說：「你的同伴是不是個胖胖的瘸子？他的手裡拄著手杖，牽著一頭瞎了一隻眼睛的駱駝，駱駝背上還馱著海棗。」外鄉人聽了，高興的說：「對！對！這正是我的同伴。他在哪裡？請快告訴我。」牧民笑笑說：「請你原諒，我根本沒有見到他。」聽了牧民的話，外鄉人很不高興的反問他：「你沒有見到他，那你怎麼知道我的朋友是怎麼樣的？」牧民用手，指著地上對外鄉人說：「你看，這是人的腳印，左邊的腳印比右邊的腳印深一些，而且大一些，所以，我想像他是一個瘸子。你再看，他的腳印比我們的腳印要深得多，所以我想像他是一個胖子。」外鄉人又問：「你怎麼知道他牽的駱駝瞎了一隻眼睛，馱的是海棗呢？」牧民又回答說：「這頭駱駝只吃右邊的草，這說明牠的左眼是瞎的。知道是海棗也很容易，你看，地上聚集了很多螞蟻，不正是海棗的漿汁把牠們吸

引來的嗎？」聽完牧民的一番話，外鄉人才恍然大悟：「原來如此！」

　　相傳，在三國時代，丞相曹操曾經大興土木修建相國府，當他到新修建的大門後，叫人在門上寫了一個「活」字，什麼話也沒說就走了。在場的人都不解其意。曹操手下的謀士楊修看了，就叫人把大門拆了重建。有人問楊修為什麼要重建大門？楊修說：門上寫一個「活」字，這不分明是個「闊」字嗎？闊者，寬也，丞相嫌門太寬了，所以要重建。由此可見，楊修是一個善於填充想像的人。

　　人們頭腦中的思考過程，是一種認知活動，它具有間接性的特點。填充想像的過程也同樣具有間歇性。牧民並沒見到牽駱駝的人，他僅僅是根據自己看到的現象，並在此基礎上加以充實、填補，就想像出了外鄉人的夥伴是什麼模樣。楊修沒有直接問曹操，卻能根據門上寫的「活」字，想像出曹操所想的門的形象。

　　一位荷蘭哲學家在他的《形象思維》一書中寫道：「把不完整的東西補足，乃是理性能力中的一個最基本的本領。」人們看到了桌子的一部分，就能想像出整張桌子的形象和結構；看到了設計藍圖，就能想像出將要聳立的建築物；聽到了目擊者提供的某些情況，就能想像出罪犯的模樣。凡此種種，都是創新思維需要具備的本領。

　　在上個世紀末之前，物理學家只知道原子裡有帶正電荷的粒子和帶負電荷的粒子，卻不了解原子的內部是個什麼樣子。原子太小，以當時的技術，用實驗的方法還不可能弄清楚它的內部結構。是填充想像思考法助了物理學家一臂之力，最終研究出了原子的內部結構。上世紀末本世紀初，物理學家們透過填充想像，建立了多種原子結構模型。其中兩位物理學家湯姆森的葡萄乾布丁模型和拉塞福的太陽系模型算是兩個最合理的模型。湯姆森對原子的想像是：帶負電荷的粒子，有如葡萄乾一般，鑲嵌在帶正

電荷的粒子所構成的現狀實體內，它就像一個沒有空隙的布丁；拉塞福把原子想像為：帶負電荷的粒子，像行星圍繞太陽一樣，圍繞著帶正電荷的、占據原子質量絕大部分的原子核旋轉。

建造「模型」是科學研究的一種重要方法，它最顯著的優越性是能形象的表現人們無法直接感知的事物內在的性質與結構。一位當代美國科學家說，科學的基本活動就是探索和製造模型。他的這個論點正說明了模型方法已逐步成為科學研究、工程技術和一般工作所常用的一種方法，它展現了填充想像的重要作用。

在文學藝術創作中，填充想像思考法的應用更為廣泛。陳壽在《三國志》中，記述劉備三顧茅廬總共只有十來個字：「先生遂詣亮，凡三往，乃見。」而在《三國演義》中，經過羅貫中等人的填充想像，卻構成了妙趣橫生、繪聲繪色的動人故事。劉備等人三顧茅廬，每一次的環境、氣氛都不相同。單就景色來講，「一顧」的隆中景色是：「山不高而秀雅，水不深而澄清；地不廣而平坦，林不大而茂盛；猿鶴相親，松篁交翠。」「二顧」：「時值隆冬，天氣嚴寒，彤雲密布。行無數里，忽然朔風凜凜，瑞雪霏霏；山如玉簇，林似銀妝。」「三顧」：「春色融融，映日遲遲，一片寧靜，只見諸葛均飄然而去，真臥龍高枕草堂⋯⋯」羅貫中等人如果不具有高度的填充想像能力，不可能在《三國演義》中把「凡三往，乃見」這一簡短的記述描繪得如此生動。

法國著名作家大仲馬（Alexandre Dumas）在一次偶然的機會，在警察局的檔案中看到一份資料，記錄的是：皮卡德（Picaud）——一個鞋匠與一個富有的孤女結了婚。皮卡德後來被人誣告入獄。在獄中，他忠心耿耿的服侍一個因政治問題而被捕的義大利主教。主教臨死前向皮卡德講了一個埋藏珍寶的祕密地方。7 年後，皮卡德找到珍寶重返巴黎，終於將誣告他的仇人一一殺死。大仲馬就是根據這一件事，經過神奇的填充想像，寫

成了一部波瀾起伏、扣人心弦的著名小說 ——《基度山恩仇記》。可以毫不誇張的說，沒有想像，尤其是沒有填充想像，也就沒有文學創作。

如何自如的運用完全想像思考法呢？下面介紹幾點：

首先，為了有效的鍛鍊填充想像的能力，可以經常想像自己所不了解的一些事物的細節。比如在只知道一個故事的梗概時，不妨盡可能的多去揣想一些它的具體細節，盡力把它「填充」為一個有血有肉、完整、生動的故事。

其次，多參加一些需要發揮想像力的競賽與遊戲活動。對於青少年朋友來說，經常參加「中學生智力運動會」一類的競賽與遊戲，對培養與訓練填充想像能力就很有好處。另外，經常看看電影、電視，以及欣賞包括漫畫在內的各種文藝作品，也可以使填充想像得到有效的訓練。

再次，聰明伶俐、想像力強的小孩都能把一件看似平常的事物加以擴展，經常和這樣的小孩接觸，也會培養自己的想像力。日本的小野中信曾經有過一次對比鮮明的經歷。一次，他主持了一個成年人的討論會，在會上，他曾多次拿出一張白紙，在上面畫一個黑點，然後問現場的人看到了什麼。每次這些成年人的回答都是：「一個黑點。」但當他拿著這張紙到幼兒園，問那些天真無邪的孩子時，一雙雙小手爭著舉了起來。「是一頂墨西哥帽子。」「不對，是一塊燒焦了的漢堡。」「我看是一隻壓扁了的臭蟲。」兒童的想法不受任何社會觀念的影響和束縛，一般都富有想像。而隨著年齡的增長，在生活中逐步學會了各式各樣的「規則」以後，如果不是有意識的培養想像力，這種天性便很容易在長大的過程中越來越弱。正如著名的西班牙畫家畢卡索（Picasso）所說：「每個兒童都是藝術家，關鍵是他長大後如何才能仍然是一個藝術家。」當你感到自己的想像力不強時，不妨多與聰明伶俐、善於想像的小孩接觸，也許你受益匪淺。

純化想像

所謂純化想像思考法是指，在頭腦中拋開某事物的實際情況，而構成深刻反映事物本質的簡單化、理想化的形象。

借助想像，人們可以思考客觀世界所沒有的或不可能看到的東西。比如在現實生活中，找不到沒有大小的「點」、沒有粗細的「線」、沒有厚薄的「面」，但是這些人在頭腦中卻可以想像出來，由此幾何學中「點」、「線」、「面」的概念便應運而生了。

純化想像拋開了思考對象的實際情況，但它不是一種可以不要任何根據的自由想像，它依然要以客觀存在的事物為原型。小球、斜面以及小球斜面上的滾動，這些都是現實生活中所存在的。同時，純化想像還必須有一定的科學依據。伽利略早就做過多次關於落體的科學實驗，比如「比薩斜塔實驗」、「斜面『延緩』重力實驗」等。這些實驗為他的上述純化想像提供了有力的根據。純化想像是主觀的思考活動，它的基礎和前提是實踐，它最終也要透過實踐來檢驗其正確性。

把思考對象置於純化狀態，是人們在研究和認識事物內在的本質和規律時經常使用的方法，在這個過程中，往往要拋開一些因素，突出一些因素。例如，為了弄清楚一頭牛體內血管的分布，在思考時可以把牛、皮、骨骼、內臟等全都捨棄掉，而想像出一頭純粹由血管構成的「牛」。這樣「純化」以後的牛，雖然不再是一頭活生生的、真實的牛，但牠卻能幫助我們更好的弄清楚牛的體內血管分布的情況。

在人類的科學史上，許多獲得了重大的科學成果都是科學家們善於運作創造性思考，善於巧妙的進行純化想像的結果。愛因斯坦曾想像過：當一個人坐在電梯裡，電梯的繩子突然斷了，這個人便開始了自由落體運動。這時，如果電梯裡的人扔下手錶，那麼站在地上的人會看到，這支手

錶也同樣的加速度在下落。可是以電梯裡的那個人看來，這支手錶對於他來說卻是靜止不動的，仍然留在他的身邊。運用這樣的純化想像，愛因斯坦從中發現了「等效原理」。愛因斯坦在創建相對論的過程中設計過一系列的「思想實驗」（一位英國數學家乾脆把「思想實驗」稱為「想像實驗」）。除了「電梯實驗」外，愛因斯坦還進行過「火車實驗」、「追蹤光環實驗」等其他的思想實驗，它們都是純想像化的產物。

亞里斯多德是古希臘的著名學者，他認為：當作用於物體上的外力停止作用時，原本運動的物體便歸於靜止。也就是說，物體的運動需要依靠外力來維持原有狀態。他的這種論斷，在兩千多年的漫長歲月中，一直被公認為「真理」。

亞里斯多德的這一論斷的確符合人們日常生活中的經驗，要使一張桌子動起來，就得用力氣推它；要使桌子動得快一些，就得多用點力氣推；一旦不推它了，桌子就會停下來。因此許多人都不假思索的贊同亞里斯多德的觀點。在歷史上，亞里斯多德既是知識淵博的學者，也是人們頂禮膜拜的「聖人」。誰要是勇於挑他的毛病，說他有什麼問題錯了，立刻就會遭到世人的嘲諷和打擊，會被嗤之為異端而遭棒殺。

第一個公開懷疑亞里斯多德上述觀點的是著名的義大利物理學家伽利略。他沒有單憑直覺經驗去思考亞里斯多德的論斷，而是運用了一種巧妙的思考方法加以研究和分析。

伽利略注意到，一個小球沿著一個斜面滾下來，再滾上第二個斜面，而這個小球在第二個斜面上所達到的高度，與它在第一個斜面上開始滾下時的高度相差很小。這個差距是由摩擦產生的阻力造成的。斜面越光滑，摩擦力越小，這個差距也就越小。於是伽利略想像：在沒有摩擦力（或摩擦產生的阻力為零）的情況下，不管第二個斜面的傾斜度是多少，小球在

第二個斜面總要達到和在第一個斜面上相同的高度。接著,他又進一步想像:假如第二個斜面變成可以無限延伸的水平面,那麼小球從第一個斜面上滾下來後,將沿著平面永遠運動下去。

透過這種巧妙思考,伽利略得出了一個全新的結論:一個運動著的物體在不受任何外力的作用時,將保持原有的運動狀態,維持勻速直線運動。他的這一論點打破亞里斯多德被世人公認了兩千多年的觀點。後來,英國物理學家牛頓將伽利略的這一結論進一步總結為力學第一定律,即慣性定律。

伽利略所想像的「沒有摩擦力(或摩擦產生的阻力為零)」,「把平面無限延伸」等,都是理想化的情況,在現實生活中是根本不可能存在的。伽利略在這個問題的思考過程中運用了純化想像思考法。

法國工程師卡諾(Carnot)於西元 1824 年想像過一部理想化的蒸汽機。透過理想化蒸汽機的研究,卡諾深刻的抽象和概括出了具體的蒸汽機的本質與特徵,闡明了熱效率的極值問題。雖然這種理想化的蒸汽機在現實中是根本不可能實現的,在當時,能夠從理論上深刻認識蒸汽機,純粹是依賴於純化想像。後來,正是基於卡諾的這種純化想像,德國科學家克勞修斯(Clausius)才總結出了力學的第二定律。

現在,流體力學中的「理想流體」,固體力學中的「理想固體」,分子物理學中的「理想氣體」,固體物理學中的「理想晶體」,化學中的「理想溶液」,生物學中的「模式細胞」等等,它們的出現,都是科學家們運用純化想像思考法的結果。

那麼,在實際問題中,如何運用純化想像思考法呢?

首先,較強的抽象思考能力是純化想像的本源。純化想像要求思考者要同時具有一定的形象想像力和較強的抽象思考能力,既要拋開事物的實

際情況，又要深刻的反映出事物的本質。有人說過：「物質的抽象、自然規律的抽象、價值的抽象及其他等等，一句話，一切科學的（正確的、鄭重的、不是荒唐的）抽象，都更深刻、更正確、更完全的反映著自然。」純化想像在各種創造中發揮重要作用，也正是伴隨和依賴著這樣的科學抽象。無論是伽利略還是愛因斯坦，他們進行的純化想像都是科學的抽象。一位德國物理學家說：「物理世界越來越遠離感性世界，就是越來越接近現實世界。」這些都說明，純化想像之所以能夠正確進行，都離不開相當強的抽象思考能力。同時還應掌握邏輯思考方法，這能夠幫助人們培養、提高抽象思考能力。

其次，進行純化想像，要明確需要解決什麼問題，根據問題需求進行不同的想像。如果要把思考對象的深奧、複雜的形象簡單化、理想化而進行純化想像，必須首先弄清楚該事物的哪些因素產生決定作用，哪些因素無關緊要，然後再加以合理的取捨。至於如何取捨，則要針對和緊扣所思考問題的需求。例如，透過純化想像思考砲彈的軌跡，就可以不考慮砲彈本身的轉動性。而如果透過純化想像去思考砲彈如何獲得最有利於發射的轉動性能，或思考在炮膛上如何刻上最佳的來福線，那麼這時就需要考慮砲彈本身的轉動性了。如何運用純化想像，取決於所思考問題的需求，受特定事物和條件的制約。具體情況不同，想像的出發點也不同。

再次，在進行純化想像的同時，要嚴格審查其成果是否偏離了事物的本質。純化想像的目的是為了更好的對事物「去粗取精、去偽存真、由此及彼、由表及裡」，在一定條件把事物化為理想的形象來思考，從而深刻的反映事物的本質。但是純化想像如果偏離了事物的本質，它的意義也就無從談起了。

預示想像

　　預示想像思考是指根據所掌握的知識和經驗，根據已有的豐富的形象累積，在頭腦中構成當前還並不存在，而以後卻可能產生的、能表現某種思想或願望的事物形象。

　　預示想像啟發著人們的聰明才智，許多科學發現和發明都是從大膽的預示、想像開始的。

　　一位俄羅斯著名的科幻小說家，具有非凡的想像思考能力。他在直升機、雷達、導彈、戰車、電視機、潛水艇等出現之前，早就想像出了這些東西，並在自己的小說裡有所提及。第二次世界大戰初期德國人製造了潛水艇，就與其小說中所描寫的一模一樣。

　　更令人驚奇的是，100 多年前，他曾在一部科幻小說中預言：美國將在佛羅里達州設立一個火箭發射點，並將在這裡發射飛往月球的火箭，他還想像出了飛行員在太空船裡失重的情景。而 100 多年以後，即 1961 年，美國真的在佛羅里達州發射了第一艘載人太空船。

　　據說，這位小說家一生很少外出。而他那充滿智慧的大腦之所以能想像出如此眾多的當時並不存在的東西，靠的就是預示想像思考法。

　　他的小說《飛向月球》，描寫了幾個美國冒險家乘坐一顆空心砲彈到月球去探險的故事。書中想像他們沒在月球上著陸，而是在離月球數千公里的地方圍繞月球運行。這樣的想像，令俄羅斯科學家大受啟迪，據此提出了火箭飛行的科學理論。後來人們把火箭實際運用於太空船，就是在這一理論的基礎實現的。

　　預示想像是創新活動中的一個非常重要的方法和途徑。人在改變客觀現實的實踐活動中，必須想像自己行動的後果和在實踐過程中可能遇到的種種困難，然後朝著目標，按照想像中的前景和結果一步步實踐、操作。

中華民族是富於創新精神的民族，在中國歷史上，善於預示想像者不勝枚舉。

相傳在西周時代，有個名叫偃師的人造出了一種機器人。它的外表酷似真人，而且「能歌善舞」。偃師將它獻給了周穆王。有一天，周穆王和妃子們坐在一起觀賞機器人跳舞。表演快結束時，機器人還斜著眼睛挑逗起妃子來。周穆王勃然大怒，偃師連忙解釋道：「這是機器人啊！」說罷，拆開機器人讓大王細看。周穆王後轉怒為驚，讚嘆不已。偃師造機器人的事只不過是幾千年前《列子·湯問》裡記載的傳說，不一定確有其事，但從中所顯現出的中國古人豐富的預示想像力卻著實令人嘆服。

現在，偃師所嚮往的「機器人」已經變成現實。1958 年，美國研製成了能模擬人手部分功能的機器人，即第一代機器人。目前各國研製出的機器人已具有許多人工智慧，模樣也逐步與人類的形象接近。科學家們正積極研製更高階的機器人，過不了多少年，能夠代替人類的體力勞動和腦力勞動的機器人就會廣泛的應用於社會生產和人們的生活中。

在清代李汝珍的小說《鏡花緣》中，曾經描述了作者所想像的「飛車」。「飛車」可坐兩人，「車內四面安著指南針；車後拖一小木如船舵一般；車下淨是銅輪。」這種「飛車」可從院子內直接升空起飛。如今直升機和垂直升降飛機的問世，已經實現了李汝珍的美好設想。

早在 1923 年 1 月，商務印書館出版的《小說世界》雜誌裡，刊登了一篇題為〈10 年後的中國〉的小說。小說描寫主角曾受盡洋人的欺辱，有一天，他看到外國有人發明了「雙倍 X 光」，決定研製一種超過洋人的新「X 光」。五年後，他終於研究出「W 光」，比「雙倍 X 光」還厲害三、四倍。又經三年的努力，他發明了「＿＿光」，能抵上 12 倍的「X 光」。為了改進發光器，他上書當時的政府請求撥款，結果自然不能如願。後來，全國國民紛紛捐款，幫助他研製出了極輕便的「＿＿光」發射器。這

種發射器在反擊外國侵略者的戰鬥中曾立下了大功。

在小說中，作者所想像的「＿＿＿光」發射器，與現代雷射武器有著驚人的相似之處。雷射技術是 1960 年代發展起來的，小型雷射武器現在還正在研究和發展之中。小說作者在 1920 年代就能這麼生動的做出這樣的預示想像，實在令人佩服。

想像是實踐活動的先導，它受到社會歷史條件的制約，尤其是預示想像，更是如此。那麼，在運用預示想像的過程中，應當注意哪些問題呢？

首先，要利用大量的資料並尊重客觀事實。提倡運用預示想像，並不是主張毫無根據異想天開的胡亂猜想。如果沒有大量資料，不尊重客觀事實，就不可能使想像的成果富有實際意義，使它成為現實也就無從變起。運用預示想像，必須閱讀大量的平常書籍，收集大量的科學研究資料。只有在這一堅實的基礎上，才能產生出色的預示想像。

其次，要有豐富的形象累積。如果累積的形象太少，想像就難以豐富多彩。傳說從前有個貧窮的人，一生中吃過的最好的東西是芝麻餅。有一天他告訴別人說：「如果我當了皇帝，我要天天吃芝麻餅。」由於這個人在生活中見到過的食物太少，他的預示想像能力也就不可能強到哪裡去，這是由於物質決定意識這一客觀規律所決定的。要想擁有豐富的形象累積，一方面多參加各個方面的實踐活動，隨時留心觀察周圍的事物；另一方面，還要有廣泛的興趣愛好，包括讀小說、看電影、看電視、繪畫、攝影等等。要透過多種多樣的途徑使自己的思維活躍起來，以利於充實和豐富形象的累積。

再次，不可過高預估預示想像的作用。運用預示想像在頭腦中形成新的事物形象，需要一個複雜的過程，才能使它在現實生活中得以實現。在這個過程中，想像出來的事物形象，一般都需要不斷的加以補充、修正。

頭腦中的預示想像的成果，很少能夠完全、直接的成為現實事物，甚至其中還有很大一部分受著這樣或那樣的主、客觀條件的限制而根本不可能變成實現。

全面想像

所謂全面想像思考法是指，設想自己處於某個人的位置上或某件事的環境中，透過揣摸其人的思想感情或其事的具體情景，以謀求獲得解決問題的辦法。

想像的自由度很大，可以站在自己的位置上想像，也可以設想自己身處他人的境地加以想像。全面想像正是利用了這一特點，以尋找解決問題的途徑。

在遇到困難時，充分運用全面想像，也許問題會迎刃而解。在蘇聯攻打柏林的戰役中，有這樣一段故事：蘇軍朱可夫（Zhukov）元帥的裝甲部隊即將攻到柏林城下，而後續部隊這時還沒有跟上來。這種狀況很容易被對方切斷退路，使兵臨城下的裝甲部隊失去必要的後勤保障。朱可夫元帥向自己的部下──裝甲集團軍司令員卡圖科夫（Katukov）說：「如果你是德軍的柏林城防司令，那麼現在你會怎樣對我採取行動呢？」卡圖科夫想了想，回答說：「那我就用戰車從北面攻打，切斷你的進攻部隊。」

卡圖科夫站在敵方的位置上，想像出敵方可能會採取的行動，這也正是朱可夫司令的想法。於是，朱可夫命令第一裝甲集團軍火速向北開進。實際情況果然與他們想像的一樣，德軍的側翼部隊正在這一帶蠢蠢欲動，企圖切斷蘇軍的進攻部隊。幸好蘇軍行動及時，殲滅了德軍的側翼部隊，最終使攻克柏林的戰役獲得了勝利。

　　全面想像的應用範圍非常廣泛，不只局限在軍事上。有家藥廠規定，本廠人員生病，要先吃本廠的藥，以此來增強員工的品質意識，教育員工為病人著想。在近午來市場上假藥泛濫的情況下，這種以病人為重的想法和做法實在難能可貴。

　　在創新思考中，全面想像充分應用了對立統一的規律。作為矛盾的一方，思考者自覺的將自己置於矛盾的另一方面進行全面想像，矛盾也就容易得到解決。如果忽視了這一點，就會帶來這樣那樣的不利後果。

　　日本生產的汽車曾出口多個國家，但在坦尚尼亞卻一直打不開銷路，而韓國生產的汽車在那裡卻很暢銷。日本製造的汽車品質也不差，那麼問題出在哪裡呢？原來，坦尚尼亞的交通規則與亞洲許多國家不同，汽車都靠左行駛。韓國汽車商很快考慮到坦尚尼亞駕駛員的實際駕車情況，在製造汽車時及時改變了駕駛，從而為駕車帶來方便。日本的廠家和經銷人員卻忽視了這一個問題，生意自然也就落入別家了。

　　中國景德鎮的瓷器舉世聞名，但瓷茶杯在歐洲的銷售中與競爭對手相比卻處於劣勢。原來，歐洲人的鼻子特別高，用中國生產的瓷杯喝茶，鼻子總是碰到茶杯，使用起來不太方便。中國的經銷商沒有注意到這一點，而另一個國家的經銷商卻觀察到了歐洲人用瓷茶杯喝茶的情景。於是他們動起腦筋研製了一種斜口杯，使用這種杯子飲茶喝水，歐洲人就再也不必擔心鼻子會碰到茶杯了。這個小小的改進只是運用了全面想像，其銷量就超過了景德鎮生產的瓷杯。

　　全面想像的作用是不可忽視的，但如何才能使它應用得靈活、有效呢？

　　首先，從自己的位置和處境中「走出去」。就是要求思考者不能「只站在自己的角度上思考問題」。只考慮自己一方、不考慮另一方、死守在自己的思考範圍內「單相思」的人，不可能靈活的展開全面想像，也就無

法預料別人的行動是否與自己的想法相符。

其次，要能從別人的位置和處境中「走回來」。這是要求思考者不僅要認真揣摩對方可能有的想法與行動，而且要善於與自己原有想法進行對照比較，從中獲得啟發。全面想像的最終目的是為了尋找解決問題的方法，如果只是「出得去」而「回不來」，這種想像就失去了意義。尤其是當自己與他人處於某種競爭或對抗狀態時，思考更要牢記設想的目的是「走回來」解決問題。

案例學習：再現 3,700 年前的血腥

1979 年，希臘著名考古學家率領一支考察隊，來到希臘克里特島上的朱克塔山進行考察。這裡是古希臘神話中的宇宙之王──宙斯神活動的地方。他們相信這裡一定有古代文明的化石。

透過小心挖掘，考古隊在一個小山丘的北坡發現了一些陶器碎片，又發現了代表邁諾斯文明的石器雕刻。這些發現顯示，這裡可能是一塊埋藏著古代文化祕密的寶地，於是組織村民和大學生開始了大規模的挖掘。這一次挖掘，不但獲得了豐富的考古資料，而且被考古學家運用合理的推理和系統的綜合，勾畫了古代文明的栩栩如生的一幕。

果然，開始挖掘後一週就不斷的有所發現。考古資料顯示，這裡是古代克里特人的一座廟宇，因為發現了一些用於宗教儀式的器皿，有的還盛放著燒焦了的種子。考古還顯示，這座當年雄偉的廟宇，在一場大地震中被毀滅了。如今的斷石殘磚，曾經是克里特人宗教活動的神聖殿堂。

廟宇遺址上東倒西歪的石頭，看來是在地震中倒塌的，用考古年代測定法一測定，時間是西元前 1700 多年，離當時有 3,700 多年。這一場大地

震，摧毀了這個廟宇，也一定對克里特島帶來極大的災難。

神廟的斷垣殘磚中，發現了兩具屍體，他們的腿骨和臂骨都被壓在巨石之下，發生了斷裂。這兩人是地震的犧牲者。

挖掘中接著又發現了第三具屍體。這具屍體身高 165 公分，體格強壯，年齡 18 歲左右。他的身旁有一個平臺，平臺旁有一根石柱，柱腳邊有一道槽。根據考古學家的經驗，這個平臺可能是一個祭臺，臺上放置祭祀用的犧牲品。柱下的槽子是用來接盛獻祭用動物的鮮血的。在祭臺下發現了這個 18 歲年輕人的屍骨，說明古代克里特人曾用活人進行人祭，這是對神的最虔誠的奉獻。

這是不是人祭的犧牲品？考古隊請來了胚胎學教授和法醫學專家。

法醫學家分析說，如果一個血液供應良好的人被火燒死的話，他的屍骨會變黑；而如果一個人的血液在火燒之前就已經流乾，屍骨就會呈現白色。這具屍體肋骨上方的骨頭是白色的，右肋以下的骨頭是黑色的。這說明，他左肋上方部位的血液在火燒之前已經放乾，他已經因嚴重失血而死亡。右肋下方還有一些血沒有放盡，所以那一部分的骨頭是黑色的。這個人死在祭臺旁，又是失血而死，看來確是個祭天的犧牲品。

另外兩具屍體又是何許人呢？其中的一具年齡 28 歲左右，是一個女人的骨骼，身材中等。另一個人身高約 180 公分，40 歲左右。他雙手前伸，好像要保護自己的臉，也好像是在向上蒼求援。這是一種突然面臨房屋倒塌的無意識的保護姿勢。他的左手的小指上有一枚銀子和鐵做成的戒指。當時是青銅器時代，鐵在當時是很稀有的金屬，只能從隕石中獲得。對青銅器時代的人來說，一枚鐵戒指是十分寶貴的，做一枚鐵戒指是十分艱難的。因此，一枚鐵戒指，該比今天的白金還要貴。他的佩戴，說明此人身分不凡。他的左腕上戴著一個帶有印章的手鐲。考古學家判斷，這個

人是掌有生殺大權的祭師，那個女性屍骨代表的可能是一個助理祭師，就是祭師的助手。當然，在這次殺人祭天事件中，她是一個幫凶。

在祭臺不遠處挖到了一把鏽跡斑斑的青銅刀。刀長 40 公分，重約 450 克。在刀的兩側，雕刻著獸頭圖案，像是野豬的頭，還長有尖尖的獠牙。這可能是因為古代克里特人崇拜野豬的緣故。這是一把祭刀，是專門在祭祀上殺生用的。看來是祭師親自動手殺了這個18歲的年輕男性作為人祭，大概他割破被捆綁的石柱上的年輕男性的頸動脈，用的就是這一把當年寒光閃閃的青銅刀。

女祭師充當男祭師的助手，她的任務是收集人祭的血。古代祭神時最寶貴的東西是人血。血是紅色的，象徵著生命的活力。古代從狩獵時野獸的死亡認識到得血則生，失血則死，因此把血看作最為寶貴的東西。女祭師收集人血一定是用來讓神享用的。人祭被殺死，一定會小心收集他的血。

果然，在人祭屍骨的周圍，發現了一百多塊陶器碎片，把他們拼接起來，就是一隻帶嘴的桶狀陶器。也許，祭師殺了人祭以後，在桶中盛滿了犧牲者的熱血，正要把血放到祭臺上向神敬獻。此時，大地又隆隆的發出了吼聲，腳下的大地又一次搖晃起來。廟宇倒塌了，人血倒了滿地，桶被倒下的廟宇壓個粉碎。那兩位殺人的祭師，也被倒下的神廟所掩埋。

考古學家運用多學科的知識和充滿想像力的大腦，從零碎的考古學資料，再現了 3,700 年前的驚心動魄的一幕：相當一段時間以來，克里特島上不時爆發地震，地下發出可怕的響聲，火紅的熔岩不時流出地面。人們驚惶失措，以為是上天的發怒，於是用各種辦法想請求上帝的寬恕，他們不時用動物祭祀，向神虔誠的敬告。但是，地震依然不時發生。結果，房屋倒塌，田野荒蕪。最後，為了求得島民的安寧，祭師決定實行人祭，這

是對神的最好的奉獻。他們以為，人祭以後，上帝一定會收回災難，恩賜幸福。於是在某一天，在宙斯神廟前舉行了人祭儀式。獻給神的人祭被殺了，女祭師拿起盛著鮮血的桶準備放上祭臺。但是，神沒有接納人們的奉獻，被殺的人祭的血還沒有流盡，又一陣強烈的地震震撼了大地，宙斯的神廟也毀於一旦。兩位祭師也在這次地震中喪生。

　　3,700 年前，歷史上沒有一絲文字記載，但是，這些考古學家卻為我們描繪了當時的故事，真實可信，繪聲繪色。是大膽的想像和科學推理的巧妙結合，使他們從無字的地下的大書上翻譯出了一個歷史故事，揭示了一個古代的祕密。

　　大膽的想像，合理的想像，它會幫助你發現世界的種種祕密，它使科學研究充滿了魅力。

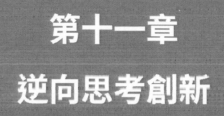

第十一章
逆向思考創新

應該常將心靈之窗往富於變化的方向打開，迎接新事物的到來。

—— 卡內基（Carnegie）

逆向思考是一種超常規創新思考方法，它充滿了辯證思想和哲學智慧。任何事物都有正反兩個方面，都是矛盾的對立統一。在創新探索中運用逆向思考，有時往往能收到意想不到的奇效。

逆向思考的客觀依據

在世界上有這樣一次戰役可以說是逆向思考的經典應用，時值二戰後期，在盟軍攻打柏林的戰役中，有一天晚上，蘇軍必須趁黑夜向德軍發起進攻。夜晚本來是偷襲的好時機，可是那天夜裡天上偏偏月光很好，在月光之下，大部隊出擊很難做到高度隱蔽而不被對方察覺。蘇軍元帥朱可夫對此思索了很久，後來他猛然想到一個主意，並立即發出指示：將全軍所有的大探照燈都集中起來。在向德國發起進攻時，蘇軍的 140 臺大探照燈同時射向德軍陣地。極強的亮光把隱蔽在防禦工事裡的德軍將士照得睜不開眼，什麼也看不見，只有挨打而無法還擊。蘇軍很快便獲得了勝利。

逆向思考這種創新思考方法，不是從誰的頭腦裡憑空想像、捏造出來的。它和其他思考方法一樣，也是從億萬人的思考實踐中來，也是人類思考實踐的經驗總結和提煉。說到底，它也反映著事物的客觀規律。

對於逆向思考的客觀根據，我們可以從以下幾個方面來看。

➤ **事物之間關係的所謂「順」與「逆」都是相對的**：事物本來就是處在龐大的錯綜複雜的關係網之中，事物之間互為條件，互相依存。從一個角度去看，甲事物與乙事物可能是一種「順」的關係；從另一個角度看，它們之間又可能是一種「逆」的關係。比如一些人按高矮順序

站成一排，從這一頭看，是「順」的關係，是由高到低，是一個比一個矮；從另一頭看，則又是「逆」的關係，是由低到高，是一個比一個高。

➤ **客觀世界的許多事物之間，甲能產生乙，乙也能產生甲**：例如，電能生磁，磁也能生電。化學能可以轉化為電能，電能也可以轉化化學能。說話聲音的變化在一定條件下能引起金屬片產生相應的顫動，倒過來，金屬薄片的顫動在一定條件下也能引起說話聲音發生相應的變化。

➤ **在很多情況下，即使在相反的條件下也會產生同樣的結果**：例如前面談到的，「沒有光」和「光極強」，這是剛好相反的兩種情況，但他們都同樣會造成「什麼也看不見」的結果。又如，睡眠過少，人的頭腦會發昏，精神會不好；相反，睡眠過多，人的頭腦也會發昏，精神也會不好。

➤ **當事物發展到一定階段，在有的事物之間，原有的相互關係會發生顛倒**：在以電腦為代表的科技革命發生以前，科學技術和生產的關係是：「生產－技術－科學」。也就是，先由生產實踐提出課題，然後進行技術革新，最後再推動科學研究的發展。現在則倒過來成為「科學－技術－生產」。也就是，往往先有了科學上的某種新的發現，或有了某一新的科學原理、定律的創立，然後透過相關或相應的技術革新，最終推動生產向前發展。現在科學已發揮著領先和主導的作用，走到了生產的前面（大量的新技術、新產品是在實驗裡誕生的）。

以上幾種情況的存在，說明了事物之間的關係在一定條件下是有可能出現某種顛倒的。由此也就能啟發我們：創新思維有時候需要逆向思考。

條件逆向

　　所謂條件顛倒逆向思考法是指，由於一切事物和問題都依賴於一定內外部條件，其中的某個重要條件一旦顛倒，必將會引起事物和問題也發生相應的改變，因而可以就事物或問題的某個重要條件進行逆向思考，從而獲得對事物的新認知，想出解決問題的新辦法。

　　對事物依存的條件進行逆向思考，從而想出解決問題的新辦法，在日本曾有過這樣一個十分突出的案例。

　　日本兵庫縣有一個小村子叫丹波村。當日本全國普遍都已逐漸富裕起來的時候，這裡依然很窮，因為這裡土地貧瘠，什麼特產都談不上；交通又閉塞，既不通鐵路，也不通公路。村子裡的人雖然都急切的想盡快擺脫貧困，可誰也想不出可以脫貧致富的辦法。後來他們從東京請來了一位專家。這位專家按照「要出售得多，才可能換回得多」的常規思維來思考，怎麼也想不出一個切實有效的致富良方來。後來他運用了逆向思考：這個村子既然什麼特產都沒有，只有貧窮落後，那就設法出售它的貧窮落後。

　　於是他向村民們提出：你們要想富裕起來，又沒有什麼特產和資源可以出售，那就只有出售你們的貧窮落後。從現在起，你們就不要再住在房子裡了，要住到樹上去；不要再穿布做的衣服了，要披樹葉、獸皮。你們要像幾千年前我們的老祖宗那樣生活，這樣城裡的人就會來參觀、旅遊，你們就可以富裕起來了。村民們最初聽了都覺得太荒唐、太可笑。後來在這位專家的一再解釋、說服下，大家最後只好同意試一試。經過記者們的一番報導宣傳，很快便引來了大批好奇的旅遊者。這個村子很快便富裕起來了。

　　這位專家想出的致富的辦法，從思考方法來看，也就是把丹波村的「貧窮落後」現象密切相關的一個重要條件 ——「無人關心」、「無人

相助」，透過逆向思考，想出了一個辦法，將它轉變過來變成為：「眾人矚目」、「眾人支持」。

　　一切事物的存在和發展，任何問題的產生和解決，都要依賴於一定的內外部條件。條件的改變，會引起事物和問題也相應的有所改變。特別是如果某個關鍵性條件發生了「有所改變」的話，事物和問題的性質與特點也會相應發生變化。事物和問題變化了，那麼，人們對事物和問題的認知與處理，自然也就會有所不同，這就是為什麼就事物或問題的某個重要條件展開逆向思考，能獲得新認知、想出新方法的根據所在。

作用逆向

　　所謂作用逆向思考法是指透過採取一定措施，使事物因其性質、特點的改變而造成與原本相反的作用，從而在創新思考活動中，就事物的某種作用的相反方向思考，尋找新的線索，新的方法。

　　格德約是加拿大一家公司的普通職員。有一大，他在辦公室裡不小心碰翻一個瓶子，瓶子裡裝的液體潑在了一份正待影印的重要文件上。格德約著急起來，心想這一下闖禍了，文件上被汙染的文字不可能再看清楚了！他拿起文件來仔細察看，讓他大大出乎意料，也大大感到高興的是，文件上被液體汙染的部分，其字跡竟依然清晰可見。當他拿去影印時，又一個意外情況出現在他眼前：影印出來的文件，被液體汙染過而字跡依然清晰的那個部分，竟又變成了一塊塊漆黑一團的黑斑。這使他由喜轉憂。在他為如何消除文件上的黑斑絞盡腦汁卻又一籌莫展的反覆思考過程中，他頭腦裡突然冒出了一個針對「液體」和「黑斑」的倒過來的念頭：自從有了影印機以來，人們不是常在為怎樣防止文件被盜印的事發愁嗎？是不是可以以這種「液體」為基礎，顛倒其不利作用為有利作用，而研製出一

種特殊的能防止盜印文件的特殊的液體來呢？

　　他產生了這種想法之後，立志從事這方面的研究。經過一段時間的努力，他最後推向市場的不是一種液體，而是一種深紅色的防影印紙。這種紙能吸收影印機裡的燈光，使影印出來的文件一片漆黑，什麼也看不清，因而用這種紙書寫的文件是不能影印的。但是用這種紙寫字或影印，卻不受任何影響。格德約 1983 年在蒙特婁市開辦了一家企業，專門生產這種防影印紙。儘管這種紙的價格昂貴，但銷路卻很好。

　　任何事物都能產生各式各樣的作用。就一個事物對另一個事物來說，既可以有正作用，也可以有反作用。就事物對人的利害關係來說，既有有利作用，也有不利作用。人透過採取一定的措施能夠改變事物所產生的作用。其中也包括能夠透過使事物某方面的性質、特點發生改變，從而造成與原有作用正好相反的作用，比如使事物的對人不利的作用變為對人有利的作用。基於這樣的道理，就某事物的某種作用展開逆向思考，有可能想出更好利用該事物或與其相關事物的新設想、新主意來。

方式逆向

　　所謂方式逆向思考法是指在創新思考過程中，就事物產生作用的方式從相反的方向思索，從而引發出某種新的設想和思考方法。

　　多年來，與中醫臨床治療普遍採用煎劑相搭配，從中藥中提取有效成分的方式，一直都是採用「熱提取工藝」。可是沿用這一方式，卻不能從古書所記載的有效抗瘧中藥青蒿中提取出抗瘧的有效成分來。正當很多研究人員都對此百思不得其解的時候，中醫研究院的某研究員，透過查閱大量文獻資料，反覆思索思考，突破慣性思維的束縛，悟出了這麼一條：

「過去慣用的熱提取方法之所以找不到有效成分，很可能就是高溫水煎破壞了療效。」循著對「熱提取工藝」加以逆向思考，該研究員改為採用「乙醇冷浸法」提取工藝。經過反覆實驗，對青蒿這種中藥的有效成分的分離提純，終於獲得成功，得到了青蒿素這種具有世界意義的抗瘧新藥，以及以青蒿素為母體，進一步改造其化學結構而得到的蒿甲醚、蒿乙醚、雙氫蒿素等衍生物。

日本科學家熊田長吉對鍋爐所做的重大改進，也是運用方式顛倒逆向思考法進行思考的。

以往的鍋爐都要在爐內安裝許多水管，用替水管加熱的方式使熱水上升，產生蒸汽。這種鍋爐的熱效不高。日本科學家熊田長吉很早就對它加以改進。他很長一段時間一直在思索著如何進一步加熱，以提高熱效，但進展總是不大。後來，他對「加熱」這一方式展開逆向思考，想到了它的相反的另一端「吸熱」。這樣想以後，他察覺到，爐內管子裡加熱的水只能上升，這對熱水和冷水的交替不利，也會影響鍋爐的熱效。接著他又進一步想到，如果把熱水管中的一根加粗一些，並在它的裡面再安裝一根使冷水向下降的細管子，外管裡的熱水上升，內管裡的冷水下降，使水流和蒸汽得以循環，不就能提高熱效了嗎？果然，這一設想付諸實施後，鍋爐的熱效一下就提高了 10%。熊田長吉為鍋爐的改進做出了重大的貢獻，從而贏得了國際聲譽。

事物都有自己的「產生作用的方式」，它也是事物的一種基本屬性。事物產生作用的方式，與事物本身的性質、特點與作用有著密切關聯。人如果從某種需求出發，採取一定措施，使某一事物產生作用的方式有所改變，那就可能會引起該事物的性質、特點或作用也相應的產生符合人的需求的某種改變。基於事物與其產生作用的方式之間的這種客觀存在的關

係，進行創新思考也可以就事物產生作用的方式展開逆向思考。

　　火箭本來是以「往上發射」的方式產生作用，一位蘇聯工程師卻透過逆向思考，終於在 1968 年設計、研製成功了「往下發射」的鑽井火箭。後來他在此基礎上與人合作，又研製出了穿冰層火箭、穿岩石火箭等。人們把這些向下發射的火箭統稱為鑽地火箭。這些鑽地火箭的重量，只有一般產生同樣作用的鑽地機械重量的十七分之一，能耗可減少三分之二，效率能提高 5 ～ 8 倍。科技界把鑽地火箭的發明視為引起一場「穿地手段」的革命。

　　原本的破冰船產生作用的方式都是由上向下壓，後來科學家們透過逆向思考，研製出了潛水破冰船。這種破冰船將「由上向下壓」改為「從下往上頂」，既提高了破冰效率，又減少了動力消耗。

　　法國微生物學家巴斯德（Pasteur）透過研究和實驗，證實了細菌可以在高溫下被殺死，食物可以煮沸以後保存。英國科學家湯姆森倒過來思考，推想細菌也可能在低溫下被殺死或使其停止活動，食物也可以透過冷卻過程加以保存。深入研究後，他終於發明了冷藏新工藝。

▍過程逆向

　　所謂過程逆向思考法是指顛倒事物產生作用的過程，從而引發新的創意，新的方法的思考方式。

　　發電機的發明，就是法拉第（Faraday）從電流產生磁場（磁力）中得到啟示，對其進行過程逆向思考，即用磁力產生電流而得出的結果。

　　西元 1819 年，丹麥科學家奧斯特發現了一個有趣的現象：通電的金屬線使附近的磁針轉動。這一消息驚動了英國皇家學院，一位化學家做了

實驗後，對這種現象進行科學解釋，證明通電金屬線能夠產生磁場，環繞的通電線圈能使被環繞的鐵磁化。電流產生磁場這一物理現象引起了法拉第的極大興趣，他想：既然電流能產生磁場和磁力，那麼反過來磁場能不能產生電流呢？他透過近十年的實驗，證明這一想法是成立的。在此之後，他又經過反覆實驗，於西元 1831 年製造出世界上第一臺感應發電機，獲得了具有劃時代意義的發明創造。儘管這臺發電機極其簡單，但卻是日後更先進的發電機的始祖。

　　法拉第透過對電產生磁的現象進行過程逆向思考，大膽提出磁能產生電的設想，然後透過反覆實驗來驗證自己的創新思維，終於獲得了突破性成功，獲得了具有劃時代意義的創新成果。法拉第的成功，應歸功於逆向思考的巧妙運用。

　　照相通常都是先拍照，後轉底片。這樣的操作程序有一個缺點：粗心的人容易沒轉底片或底片沒轉完就打開暗盒，而導致整捲底片曝光。有人將這一程序倒過來設計為：先一次性轉完底片，然後再逐張拍照。這樣也就可以避免以上情況的出現。

　　挖隧道，傳統的做法是：先挖洞，挖成洞以後，用木樁支撐洞壁，然後再繼續往前挖。這樣挖好一段，用木材支撐一段，一段一段的連接起來，便成了隧道。這樣挖法，要是碰上土質鬆軟的地帶，困難就會很大，有時還會造成由於洞壁坍塌而將挖好的隧道堵住、堵死。美國有一位工程師，對這種隧道挖掘法展開逆向思考，想出新做法：先按照洞的形狀和大小，挖出一系列的小隧道，然後朝這一系列的小隧道裡灌混凝土，使它們圍成一個大管子，這樣便形成了隧道的洞壁。有了洞壁以後，接下來再採取打豎井的辦法挖洞。這種先築洞壁、後挖洞的隧道修築法，不僅可以避免洞壁坍塌；而且可以從隧道的兩頭同時挖洞，既省工又省時。

　　事物產生作用的過程具有確定的顯著的方向性，顯示著事物的某種發展趨勢。當事物的發展趨勢發生了逆向的重大改變，人們對它的認知和態度也就自然需要隨之做相應的調整。因此，在某一創新問題的思考過程中，如果對問題的原發展過程展開逆向思考，便有可能引發和促成頭腦中產生與問題的新發展趨勢相對應的新念頭。

位置逆向

　　所謂位置顛倒逆向思考法是一種透過顛倒甲、乙兩事物的位置關係，而形成新的看法，產生新的設想和思考方法。

　　冰箱的冷凍室一直都是在冰箱的上半部分。因為冷空氣的比重較大，它會自動的從上向下流動。將冷凍室放在上半部分有利於冰箱對冷空氣的利用，人們認為這樣的設計是合理的。但它存在這樣一個問題：冰箱的上半部分，人們取放食物不必彎腰，是人們使用冰箱最方便的高度。一般家庭開啟冷藏室的次數，比開啟冷凍室的次數要多得多。從這個角度看，將冷凍室的位置定在冰箱的上半部分並不理想。日本夏普公司的科學研究人員對此展開逆向思考，認為可以將冷凍室和冷藏室的位置上下調換，只要能把下面冷凍室的冷空氣提升到冰箱的上半部分就行。沿著這樣一條思路，他們很快就想出了解決問題的辦法：在冰箱內安裝上風扇和一些通風管道，透過它們將下面冷凍室的冷空氣提升到上面的冷藏室。就這樣，市場上便出現了冷藏室在冰箱上半部分的新型冰箱。

　　有一位家庭主婦，煎魚時對魚老是會黏在鍋上感到很惱火。煎好的魚，常常東缺一塊、西爛一片，令人見了大倒胃口。她經過仔細觀察，發現這是由於鍋底加熱後，魚油滴在熱鍋底上造成的。有一天，她在煎魚時

突然產生了一個念頭：能不能不在鍋的上面加熱，而在鍋的下面加熱呢？這一念頭，使她先後嘗試了好幾種從上面燒火，把魚放在下面的做法，效果都不理想。最後她想到了「在鍋蓋裡安裝電爐絲」這麼一個從上面加熱的辦法，終於製成了令人滿意的「煎魚不焦的鍋」。這種鍋不僅能使魚不致煎焦、煎爛，而且還能既不冒煙又省油。

位置逆向這一思路，同樣也可以用於思考其他方面的問題。

美國的蒙哥馬利（Montgomery）將軍在第二次世界大戰中，每當戰鬥開始，他總是要把敵軍統帥的照片放在自己的辦公桌上。他說，他看著對手的照片就會經常問自己：如果我處在他的位置上，現在我會做什麼？他認為，這對他做到知己知彼大有好處。

美國有一位高中校長，當某個學生違犯了校規，他就把這個學生叫到校長辦公室，讓這個學生坐在他的椅子上，他自己則坐在來訪者的椅子上，然後才開始交談。他介紹說，這能使學生處在學校負責人的位置上更好的考慮和認知自己所犯的錯誤。

國外有的城市規定，肇事壓傷人的汽車司機，必須到醫院去當護士，負責照顧被他所壓傷或撞傷的傷者。這些城市做出這一規定的目的在於，讓司機透過照顧傷者，體會被汽車壓傷或撞傷的痛苦，以便更好的從自身出發總結經驗教訓，防止今後再發生汽車肇事事故。

兩個（以及多個）事物之間在空間上總是保持著一定的位置關係。或兩兩相對，或一前一後，或一上一下，或一左一右……從甲所處的位置看乙，以及看乙與甲的關係；與從乙所處的位置看甲，以及看甲與乙的關係，得出的認知往往會不同。由於有這種不同，在創新思考過程中，對事物之間的位置關係展開逆向思考，也就有可能產生新的看法和設想。

案例學習：1 美元的貸款與馬鈴薯的保衛

　　猶太人素以的精明的商業頭腦著稱於世，但同時他們也是守法的楷模。與眾不同的是，他們的經營謀略理念是在不改變法律的形式前提下，善於運用逆向思考等各種創新思考方法，變法律為我所用。

　　一天，有位穿著極高貴的猶太商人走進紐約的一家銀行，大搖大擺的來到貸款部。

　　經理熱情的接待他：「先生，我能為您效勞嗎？」

　　「我想貸款。」這位猶太商人回答說。

　　「可以，請問您要貸多少？」

　　「1 美元。」

　　「只要 1 美元？」經理以為是自己的耳朵聽錯了。

　　「沒錯，只借 1 美元。可以嗎？」

　　「當然可以，美國的法律並沒有規定不能貸 1 美元。不過，只要有擔保，再多點也無妨。」

　　「不，我只貸 1 美元，您看這些擔保可以嗎？」

　　猶太商人從豪華的皮包裡取出一大堆股票、國債等，放在經理的辦公桌上。

　　「總共是 50 萬美元，夠嗎？」

　　「當然，當然。不過，您是不是多貸點？您真的只借 1 美元嗎？」

　　「真的。」猶太商人從經理手中接過 1 美元。

　　「貸款利息為 6%。只要您付 6% 的利息，1 年後歸還，我們就可以把您的股票還給您。」

　　「謝謝。」

　　用 50 萬美元的股票、國債擔保貸款 1 美元，這是怎麼回事呢？精明

的猶太商人難道瘋了嗎？

其實，這位猶太商人一點也不傻。原來，這位猶太商人根本不是想貸款，而是想找家銀行替自己保管這些股票。因為他來紐約辦事，隨身帶著這麼多的票據很不方便，就想找家銀行委託保管。他在來這家銀行之前，早就問過幾家金庫，但他們的保險箱租金都非常昂貴。怎麼辦？這位猶太商人靈機一動：為什麼不以貸款為名呢？我只貸款 1 美元，一年只須付 6 美分的利息。這麼搖身一變，以 6 美分的「租金」讓銀行替自己保管 50 萬美元的股票，實在是太便宜了，簡直就等於免費保管。

按照人們習慣的常規思維，貴重物品的保管、寄存，為安全起見，要放在銀行或金庫的保險箱裡，寧可多付一點錢，只要安全可靠就行。而這位猶太商人沒有被這種常規思維綁住手腳，而是另闢蹊徑，讓思考來一個 180 度的大轉彎，倒過來運用銀行法律，以貸款（儘管只貸 1 美元）的名義，讓銀行低價保管自己的股票。事先，這位猶太商人對美國的銀行法律早就了解得一清二楚，銀行貸款的抵押必須遠高於貸款金額，而對於貸款數額只規定上限，其下限根本沒有規定，貸多少是貸款者自己的事。就這樣，猶太商人成功的將自己的股票保管費降到了只有 6 美分，幾乎接近零費用的程度。實際上，這位商人鑽的是法律的漏洞，但他這種大膽創新的逆向思考，的確讓人佩服。

另一個逆向思考的典型例子叫「保衛馬鈴薯」。有人也許覺得馬鈴薯太司空見慣了，不值得「保衛」。但是，在馬鈴薯種植的推廣時期，的確享受過一段「保衛」的殊榮。

馬鈴薯原產美洲。它生長在地下的塊根有很高的營養，產量相當高。它可以當糧食吃，也可以當蔬菜食用，還可以用作造酒的原料。但是，由於習慣和偏見，在從美洲向法國引進馬鈴薯時，卻遭到了人們頑強的抵

制，人們不願意種這種從來沒有種過的作物。農民說，這是一種魔鬼的蘋果；醫生說，這種東西吃了會損害身體；土壤學家則說，種了這種奇怪的植物，土壤的肥力會枯竭。由於不了解它，人們產生一種習慣性的恐懼和擔憂。

法國一個叫巴蒙蒂埃（Parmentier）的學者知道這種作物的價值，認為在法國栽種這種植物將為農民帶來良好的收益。如果法國農民栽種這種作物，糧食的產量就會提高，人們的餐桌上就又多了一種食物。由於它易種易收，對於一些貧困的人來說，它將是一種救命的作物，但是農民因為對馬鈴薯感到陌生，根本就不敢種，不想種。雖然他奔走宣傳，但是反應寥寥，馬鈴薯在法國依然得不到推廣。

宣傳的道路走不通，巴蒙蒂埃想出了一個辦法。他向國王做了宣傳，國王也半信半疑。為了使國王相信馬鈴薯無毒有益，他在國王面前吃起了馬鈴薯，以此證明這是一種可以食用的食物。這樣，國王對這種作物產生了興趣。

他向國王說，這是一種十分珍貴的作物，為了防止人們的偷竊這種果實，要求國王派出全副武裝的士兵幫助他守衛自己的馬鈴薯園地，千萬不能讓人們獲得這種珍貴的果實和種子，任何人休想得到這種遠渡重洋而來的美好的果實。

巴蒙蒂埃圍了一塊園地，在周圍打上了籬笆。他在園地裡精耕細作，種上了馬鈴薯。園子的大門口有全副武裝的皇家士兵守衛著，防止人們摘取它的一枝一葉。

全副武裝的士兵產生了廣告效應，引起了農民們的好奇，他們都來偷偷的觀看這種奇怪的作物，心想，這一定是一種很珍貴的東西，不然為什麼要派皇家的士兵來守衛呢？他們饒有興趣的觀看巴蒙蒂埃怎樣耕種，

怎樣除草，怎樣施肥，無形之中把耕種這種新作物的技術全部學會了。其實，巴蒙蒂埃是用一種特殊的方式在傳授著馬鈴薯栽種的技術。

白天圍觀的農民趁晚上士兵們換班之際，三五成群的前來偷偷挖走塊根，把馬鈴薯栽種到自己的田地裡。一時，有的討，有的偷，人們紛紛栽種這種作物。一傳十，十傳百，不花幾年工夫，馬鈴薯傳遍了整個法國。

人類有一種根深蒂固的心理狀態：越是不容易得到的東西越是想得到，越是不能知道的東西越是想知道，越是不易看到的東西越是想看到，越是禁果越是想吃。巴蒙蒂埃正是利用人們的這種想偷嘗禁果的心理，巧妙的在法國推廣了馬鈴薯。

在正常情況下，透過宣傳馬鈴薯的優點來推廣它，這是一種有效的辦法，這是一種常規的思路。但是，這種常規方法在一定條件下也不適用。巴蒙蒂埃沒有執著於一種辦法，他另闢蹊徑，運用心理學方法，利用人的好奇心理，使這種作物得到了迅速的傳播。當某種道路走不通時，及時的改變思考方向，是一種聰明的選擇，它是思考靈活性的反映。特殊情況下要努力採用特殊的方法。傳播馬鈴薯的創新就在於它一點也不落俗套，出人於意料之外，結果又在意料之中。

人是有意識的動物，人的活動和行為受著心理的支配，不同的心理產生不同的行為。聰明的人有時為了達到某種目的，巧妙的利用人的反抗心理，調節人的行為，達到科學的目的。科學家巴蒙蒂埃在傳播馬鈴薯的過程中，就巧妙的利用了人的好奇心理。

第十二章
團體創新

　　不要急著決定，因為你經過一夜的深思熟慮之後，會湧現出更好的智慧。

—— 普希金

　　俗話說：三個臭皮匠，勝過諸葛亮。一個人的智慧畢竟有限，因此，許多創新都是一個團體智慧的結晶。

　　一位美國社會學家透過對眾多的諾貝爾獎金獲得者的研究，在《科學界的菁英》一書中寫道：「榮膺諾貝爾獎金的研究成果大都是透過合作獲得的。」可見，創新者要注重建構創新團體，並積極投入到創新團體中去。

　　團體創新的方法有很多，本章我們將以風靡全球的「腦力激盪」為主，介紹幾種切實有效的團體創新方法。

腦力激盪法

　　腦力激盪最先興起於美國商業界，是一種激發自然創意產生的工具。腦力激盪的目的就是，暫不評估其實用性和價值，只是盡可能想出越多越好的解答、創意或者結果等等。等到下一步再對這些想出的方法另做評論。腦力激盪運用想像的力量，提供創意給某個特定的對象或問題，希望藉這麼一個點子帶出另一個點子，再帶出下一個點子，一直下去。

◆ 把焦點放在一個已清楚定義的點子、問題或目標上

　　如果你還沒做好，你便要先開始把你的焦點問題定義清楚。你要做的就是，想到許多可能的解答來克服某個特定的障礙，而不是想出許多不相關的辦法，腦力激盪這時才會發揮最大的效率。舉個例子，如果你想換一個職業，那麼你的腦力激盪焦點就該放在「找一個新的工作」上。

◆ 重新整理先前的點子

　　另一個腦力激盪的技巧就是，把你以前想過的點子或策略，拿出來再做修正。你並不需要重做一次腦力激盪，只要做你現在做的事，一切都會變得更好、更有效率。舉個例子，如果有一個朋友的朋友跟你聊起關於你現在所從事的工作，重新整理這個點子，你便會想到可利用當地商業或協會的組織網，擴展你和他們接觸及被聘用的機會。

◆ 產生大量的點子

　　成功的腦力激盪通常會產生大量的點子、建議和可能，從其中過程產生的點子越多越好，這樣你就有機會在稍後將它們做分類。你不必急著在腦力激盪期間就把某些點子排除掉，儘管它們在當時看來實在毫無價值可言。這個規則的理由是，人們最初想出的玩笑點子通常卻可能在後來變成最了不起的創意。千萬不要把這些潛力無窮的寶石給拋棄掉。

　　舉個例子，在1930年初，查爾斯是一位住在美國賓州的失業工程師。為了打發時間和轉移自己對財務窘困的注意力，他設計了一種既複雜又擬真、用骰子玩的房地產遊戲，有「借據」、「飯店」、「房子」等遊戲。當時每日新聞曾經報導有些手推車經銷商引用這套遊戲的原始點子及構想真的在房地產投資，有人贏得財富，也有人輸錢。接著，他到了紐澤西州的大西洋城海濱勝地，激發更多遊戲的點子，包括一些擁有昂貴財產名稱的遊戲等等。

　　有一天，當他和其他幾個失業的朋友，正在玩一個新遊戲來打發下午時間，有個傢伙開玩笑的對他說，他應該把這個遊戲賣給遊戲玩具公司。這就是故事的經過，到了1935年，查爾斯的新桌上遊戲——「獨占事業」上市一週便賣了兩萬套，他也逐漸成了百萬富翁。

◆ 讓一個點子引出另一個點子

有效的腦力激盪是因為我們把自己想到或聽到的話和點子，做成心智上的聯想或結合。這些話或點子會使我們想到更多的話和更多的點子。這些新的想法，也將輪流引出其他一系列的話和點子。如果你專注於腦力激盪，你便能將這些新的話語和點子連接成一個有定義的概念，或甚至成為一個問題的解答。當其他人也能針對問題提供不同的看法、點子及解答時，腦力激盪會因此更加有效。

一位業餘的攝影師想從律師轉換到以自己的興趣攝影為主的工作。運用這個腦力激盪的技巧，他的核心問題便在於他要如何利用他的攝影技術來賺錢。然後他要盡可能想出所有可能提供解答的看法和點子。藉由一個點子引導出另一個點子，而且不要錯失其中任何一個，這樣就可以列成一個尚未組織的條目。

腦力激盪問題：我要如何賣出攝影作品及運作我對相機與暗房的知識來賺錢？

➤ 學校與個人肖像
➤ 促銷手法
➤ 印刷發表
➤ 刊登廣告
➤ 報紙
➤ 雜誌
➤ 張貼海報
➤ 旅行書籍
➤ 日曆
➤ 實驗室

- 幻燈片展覽
- 照相館展覽
- 明信片
- 婚禮
- 攝影器材專賣店
- 運動比賽
- 動物書籍與雜誌
- 模特兒
- 照片檔案室
- 任教於當地學院或娛樂部門
- 記者

　　須強調的是，這個腦力激盪的技巧的焦點就是，先不要考慮其可行性與實用性，只要產生大量的所有可能的點子。這些點子的評估與順序問題則留待稍後再做。

◆ 將你的概念記錄下來做成檔案

　　記不記得你最後一次想出的偉大點子是在半夜的時候，或是正在慢跑的中途，可是你卻忽略掉沒有把它寫下來？那個偉大的點子可能就從此消失，或者只好等你下次又突然想起。所以千萬不要讓那些偉大的點子，或甚至只是小小的點子，從你的身邊溜走。當它們竄進你的腦海，要馬上把它們寫下來或是用錄音機錄下來。事實上腦力激盪可以產生許多有用的點子，但是如果你不及時抓住，它們就會像風中的煙霧一般，馬上消失得無影無蹤。

　　記住一點，腦力激盪的目的就是產生點子，所以要避免成為點子終結者。

不可做：

在想到點子時就先做評估和判斷。

立刻回絕點子因為它們有明顯的瑕疵。

忽視任何點子，不管它們在你想到的時候看來是多麼不切實際或不可能。

如果你是和別人一起合作腦力激盪，沒有什麼會比過度的競爭氣氛、愚蠢的評論和不圓滑的言語，更快的抹煞掉一個有創意的會議。同時，在一個團體的腦力激盪過程中，要避免下面「扼殺點子」的言語發生：

「那個沒什麼用處。」

「我們以前就試過那個點子，它在當時毫無作用，現在也不可能會有用。」

「你的腦袋瓜究竟在想什麼東西？」

「這個想法簡直瘋了。」

「它已經被用過了。」

「它要比它本身看起來可笑多了。」

「那是我聽過最笨的事。」

「不要這麼可笑好不好。」

▍6－3－5法

腦力激盪法由美國傳入德國後，創新家魯爾巴赫（Rohrbach）創立了默寫式腦力激盪法——6－3－5法。按照這個方法每次會議由6人參加，每個人拿一張卡片，每次在5分鐘內寫出不重複的3個解題方案，然後按順序依次交換，以此一共6次，這樣在半小時左右共可產生108個設想。

6-3-5 法實施時的技巧與腦力激盪法大體相同，只是這種方法還應遵守以下原則：

➤ **專用設計表格**：所用表格是統一設計的，表格紙相當於 A4 紙大小，上面有 18 個分格，每個人在最上面一行裡填寫三個解題構想或創意，要求語言概括、精練。

➤ **順時針方向傳遞**：每人在 5 分鐘內填寫 3 個構想後，都按順時針方向傳到相鄰者的手裡。接著每人在第二行裡填寫新的三個建議，不能重複自己和別人的觀點。如此反覆，直到最後一行填完。

➤ **公布商討**：按 5 分鐘一次，每次每人寫三個構想，一共 6 次，30 分鐘一個循環。在這種方式下，6 個參加者被強制性引導在創新思考上，一個循環叫得到 108 個構想。將完成後的構想卡片貼在板子上，予以公布，然後對各種構想進行分析、論證，歸納出實用的解題方案來。

6-3-5 法的特點是：不說話，但思維活動自由奔放；由 6 個人同時作業，可產生高密度構想；可參考、改進卡片上他人的構想；不因參加者地位上的差異或怯弱的性格而影響意見的提出。

腦力乒乓法

這是兩人之間進行腦力激盪的方法，就像打乒乓球一樣，你來我往，輪流擊球，它要求必須和自己的夥伴一起來尋找最佳觀念。

腦力激盪法和 6-3-5 法中的規則同樣適用於腦力乒乓法，即從量求質，禁止批評，提倡對別人的觀點加以改善，用關鍵詞概括觀念內容。

腦力乒乓法還應遵循下列規則：

➤ 有 A 與 B 二人，確定研究課題二人要一起商量，二人以「為了……
我們能夠做什麼」的形式，一起修改問題、完善問題。

➤ 二人各備卡片，輪流發表觀點。A 發表觀點時 B 做紀錄，B 發表觀點
時 A 做紀錄。

➤ 針對提出的問題，首先尋找一般的觀點，然後再進一步尋找特殊的元
素，即從一般到特殊。

➤ 雙方要有時間壓力，一方要控制對方發表觀點的時間（如 1 分鐘
內），同時要有一定時間考慮對方的觀點，以便使自己產生新觀點。
雙方還要透過相互融合排除障礙。

➤ 發言者盡可能講出新觀點，或發展夥伴的觀點，這樣一來一往的繼續
下去，直到再沒有新的觀點出現為止。

此法的特點是使腦力激盪法進一步廣泛應用，且用較短時間準備就能
進行，融洽的溝通氣氛利於提出問題和解決問題。

TEAM 工作法

TEAM 在英語中是小組、團隊的意思。企業工作中 4 ～ 10 人組合為
一個 TEAM，每個 TEAM 對與該 TEAM 任務相關的一切事項負責，還
要對品質、物流、設備維護、工藝流程改善和工作環境改善負責。每個
TEAM 將企業的目標轉化為 TEAM 自身的具體的工作目標，實行自主管
理。TEAM 內部成員之間在工作中密切交流和合作，共同承擔責任、解決
問題和分享成果。這種勞動組織、管理方法就是 TEAM 工作法。

◆ TEAM 工作法的特點

➤ **職責下放**：工作組除了完成規定的工作任務以外，還要擔負這樣做好不好、有沒有問題、能不能改進的責任。

➤ **合作**：每個人的基本任務是爭取團體的勝利，一個人的困難就是每個人的困難，TEAM 的成就才是個人的成就，需要時主動去做任何需要做的工作，不受分工的約束。

➤ **工作的豐富化**：每個員工不是只做某項簡單、單調重複的工作。而是把一個完整的工作過程交給 TEAM 去負責，從而大大提高了工作的豐富化，以下為具體表現。

· **多樣性**：人人都要有多種能力，能夠承擔任務所需要的多種工作，不僅會做，還要會思考，能解決問題。

· **自主性**：即 TEAM 可以自主的控制和支配自己的工作。

· **整體性和重要性**：即 TEAM 成員清楚的感受到自己產品或工作對顧客、對企業的貢獻和意義。

· **反饋性**：TEAM 可以及時得到顧客和企業對自己工作的評價、對成就的肯定以及繼續改進的要求。

· **員工參與管理和技術工作**：職責下放使員工實質上參與管理和技術工作，自主的研究達到目標的途徑，從而樂於貢獻自己的力量，對目標的實現產生道義上的責任感，對管理部門的管理意圖主動的理解、接受和合作。

· **資訊溝通與共享**：TEAM 工作法要求每個員工成為企業活動的主動參與者，因而資訊暢通，員工共享。小組成員能隨時掌握生產現場的相關資訊，了解他們當前工作所處狀況：整體任務和目標、目前的情況、有什麼問題、與自己工作相關的部門的情況等等。溝通的形式也是多種多樣的，有上行溝通、下行溝通、橫向溝通等。

◆ TEAM 工作法的基本原則

TEAM 的每個成員擔任自己相應的角色，保證自己 TEAM 完成工作的職責。

（1）對 TEAM 成員的要求

➤ 具備相應的知識、技能，是全才，能承擔 TEAM 任務所需要的其他工作。

➤ 與 TEAM 中其他成員團結合作，能為團隊貢獻自己的力量。

➤ 有責任心和創造精神，永不自滿，樂於追求 TEAM 的最大成就，禁止說「這不是我的工作」。

（2）TEAM 活動須遵循的主要思考方法

➤ 不斷跳出傳統觀念和習慣做法的束縛，採用非尋常的思考方法，為活動提供一個活躍的思維基礎。

➤ 面對生產流程，在工作職位上發現問題。

➤ 不要追求完美，一個 60% 的解決方案總比一個近乎無法實現的 100% 的方案要好。

➤ 馬上實施措施，盡快追求效果。

➤ 追根究底，發掘出問題的真正原因。

➤ 認為每個人的意見都是有價值的。

提喻法

提喻法是採取自由運用比喻和類比方式進行正式交換意見和創造性思考，從而促使萌發各種設想的一種團體創造技法。

　　提喻一詞在希臘語中是「把表面上看來不同而實際有關聯的要素結合起來。」這種連結的基礎是類比。提喻法的創始人威廉‧戈登（William J. J. Gordon）認為，這個技法有兩個重要的思考出發點：

> **變陌生為熟悉**：把自己接觸到的新事物應用到自己熟悉的事物中去的方式。如電腦領域「**病毒**」、「**駭客**」等就是利用人們較熟悉的語言，描述電腦很專業的事物或現象。

> **變熟悉為陌生**：對已有的各種事物，運用新知識或從新的角度來觀察、分析和處理，使看得慣的東西成為看不慣，熟知的變為陌生的。如拉桿天線原是收音機用的，把它用到照相機支架上。

　　提喻法在新產品開發、已有產品改進設計、廣告創意，以及解決某些社會經濟問題等方面已得到廣泛應用，並被實踐證明是一種行之有效的方法。

◆ 提喻法特點

> 提出設想時鬆散隨便，確定方案解決實際問題時嚴謹縝密。為達創造目的，就得自覺的將常規智力標準擱置起來，不怕提出荒誕的設想。對各種設想，努力找到一些有益的成分。

> 討論時不界定問題，而只是將當事人對問題的陳述看作是討論的起點。當事人對問題的背景簡潔的解釋和介紹，可以完全按照自己所看到的情形說明。接著會議參與者與當事人一起對問題再加以陳述的闡釋，這種再述可能是理想化的、非現實的。

> 每人不必產生很多的設想，有兩、三個就可。

◆ 提喻法小組構成

一般有主持人一人，與主題相關的專家一人，各學科人員 4～6 人，即共 6～8 人。

主持人任務是發揮每個成員的積極性，巧妙引導全體成員提出新奇問題並產生有意義的類比，自己不捲入小組成員的競爭，不使成員陷入防衛心理。同時，適時的向專家交代相關任務。

主題專家往往是當事人、顧客、問題擁有者，任務是：向各學科成員交代問題的背景、現狀及其關鍵所在；與主持人一起研究要發明創新的目標；從各學科成員中吸取有價值的啟示，切記不可批評任何意見，不要讓別人陷入自己的思維框框中。

成員是各學科專家或會運用類比、隱喻的各專業人員，最好與自己發明的東西無較多的業務關係，可以是心理學、社會學、美學、市場學等各方面專家，以及熟悉化學、生物學、機械、電子技術的人員。成員的任務是最大限度的應用專業知識，無限制的自由聯想。

◆ 提喻法實施步驟

➤ **提出問題**：要討論解決的問題，一般由主持人向小組成員宣布。主持人和專家應預先對問題有較詳細的分析。

➤ **專家分析問題**：會議先由主持人宣布問題，再由專家簡明扼要說明，無須做詳細解釋，偶爾根據需求再加以說明就足夠了。這一步驟的目的是透過使用類比使陌生的東西熟悉起來。

➤ **提出解決問題的試行方案**：每個成員都要提出與所要解決問題相關的各種設想。專家盡力對這些設想做出判斷與評價，以便使成員從多方面加以體察。

➤ **寫出解決問題必須達到的目標**：寫出能反映該設想實質的要點或關鍵詞。可從選擇的問題某一部分來分析入手，利用荒誕類比和胡思亂想來描述他所看到的問題，主持人記錄下各種觀點。鼓勵成員用期望性的、理想化的語言陳述問題，如可以說：「我們怎樣才能……」，以便弄清楚解決問題的關鍵所在，並提出解決問題的目標形式。如問題是：「任何場合都可使用的能零星取錢的容器」，解題目標就可定為「每次使用時不必取下或裝上蓋子」等等。

➤ **類比聯想**：成員們使用直接類比、切身類比、象徵類比、荒誕類比等技巧，獲得許多類比設想，這是提喻法的高潮。主持人要將此記錄下來並寫在大張白紙上以便成員查看，激發想像。

➤ **類比的選擇**：從提出的類比中，選出可以用於實現解題目標的類比。選擇類比十分重要，典型做法是，主持人依據與問題的相關性以及成員們對該類比的興趣和關於這方面的知識進行篩選。

➤ **類比的研究**：研究選出的類比，從類比的例子中找出更詳細的啟發。如為尋找吸引更多消費者的途徑，特洛伊木馬是一個很好的類比，這個類比的啟發是：要為消費者提供某種獨特的產品。

➤ **適應性聯想**：將各種啟發與現實中能使用的設想結合起來，產生既可實現又有奇招的方案。要強制性聯想，成員們要竭盡奇思幻想，把設想和問題牽強的連結起來。這一過程要始終圍繞解題目標進行，直到找到新途徑為止。

➤ **制訂方案**：主題專家將合適相應的聯想所得方案綜合起來，透過實驗、檢查確定方案，並定出完整的、具有可操作性的方案來。

在應用時可參考這些步驟進行，不必完全照搬。

◆　提喻法操作技巧

類比是提喻法的靈魂，運用類比聯想才能實現「變陌生為熟悉」和「變熟悉為陌生」，具體有四種技巧：

（1）直接類比聯想

直接類比聯想就是直接找出本質上相似的東西，以獲得啟示而萌發想法。此法大都在自然界中尋求啟示。例如模仿海豚的皮膚以減少潛水艇在水中的阻力的仿生研究。但如果考慮的現象或材料與手頭問題的關係太接近就難以變熟悉為陌生，如將摩托車與自行車比較，會因二者太相似而很難刺激出有用的創見。如果將生物系統與非生物系統加以比較，或將生物的、生存的及其他自然科學系統與社會系統加以比較，都會獲得豐碩的成果。

（2）擬人類比聯想

指成員進入「角色」，變成要發明的或要研究的對象，體會其功能、承受能力……，從中得到有益的啟迪。如，「改革現有的起重機」一題，可叫一位成員扮演成起重機並和人對話，既回答其他成員提出的問題，又向其他成員提出問題。這樣可帶動我們的情感，獲得對問題的深入理解或創見。個體在想像自己成為被研究的對象時，有四個可能介入的層面，即：

➤ 透過列舉其基本特性來描述物體。
➤ 描述物體在給定情境中可能具有的感情。例如，描述窗戶在開合過程中，合頁是如何的疲勞。
➤ 當使用某一物體時，人的感覺如何？
➤ 描述如果你成為那個物體會有的感覺。

(3) 象徵類比聯想

　　這一技巧是從童話、神話、寓言、典故、諺語、奇幻小說中的某種景象、物體上獲得啟示並使問題的關鍵點得以簡化的方法。如戈登曾描述：要設計一種可裝進 4 英吋 ×4 英吋的箱子，約有 3 英呎高，並能承受住 4 噸重的物體的超重裝置。小組討論中，一成員建議把這個問題「比作印度人的繩索雜耍」。小組成員利用這個建議作為刺激，開始考慮印度人的繩索雜耍有何實際利用價值。這就是把熟悉的現象陌生化了。最後，果然從中獲得啟示，解決了問題 —— 運用自行車鏈條的機械原理，讓車鏈從一個方向展開，透過把兩個鏈狀的裝置連在一起，設計出一個既靈巧、又足以承受重物的起重器來。

(4) 荒誕類比

　　佛洛伊德認為創造性思維與願望實現強烈連結在一起，如藝術家的創造需求，只能透過期望獲取某種最後可轉化為藝術作品的東西才能夠得以滿足。荒誕類比就是借用了這種思維，並給予可操作性。

　　例如，我們生產成本在增加，而我們的競爭者卻沒有任何提高價格的跡象。用荒誕類比法，會提出這樣的問題：我們如何提高產品的價格，而又不動聲色，讓人留下價格似乎未曾提高的印象？

　　最後會導致如下想法：調整折扣結構，使價格不變而總利潤增加；增加最小訂單的限額，消除小額訂單以使總成本下降；對送貨及特別服務收取費用；提高已購設備的維修費；收取工程管理、安裝及監督費；顧客需要加班送訂單，就另收一定費用；對過期帳務收取一定利息；把產品做得更小一點。

案例學習：拯救滯留月球的太空人

在戰爭電影《搶救雷恩大兵》中，美國出動了許多軍人拯救一名叫雷恩的大兵。電影裡的故事也許是假的，但美國在 1960 年代末，曾火速召集大量科學家演出了一場「拯救滯留月球太空人」的一場「戲」，卻是真的。

1969 年 7 月 20 日，美國阿波羅太空船的登月艙在月球赤道附近著陸，太空人阿姆斯壯（Armstrong）和艾德林（Aldrin）先後走出登月艙，第一次在月球上留下了人類的足跡。他們工作了兩個半小時之後，帶著 22 公斤的月球土壤和岩石，返回登月艙，準備乘坐它的「上升艙」與指令艙會合。由於「上升艙」的座艙狹小，兩位太空人進入時，身上背著的「生命保障系統」外殼不小心撞上了座艙內壁，竟把「上升艙」噴氣推進啟動開關的塑膠旋柄撞斷了，開關無法使用。登月艙的「上升艙」啟動不了，將會把太空人留在月球上，無法返回地球。由於沒有攜帶修理工具，損壞的啟動開關無法修復，而攜帶的氧氣和食品又有限，如果遲遲想不出挽救的辦法，太空人就會有生命危險，情況非常緊急。

阿姆斯壯立即用無線電話向地面的休士頓控制中心報告這一十萬火急的情況。對這一意外情況，控制中心的科學家無不為之震驚。飛行模擬小組立即行動，尋找解決的方法。

科學家們提出了許多解決方案，地面模擬操作都不成功。一位科學家靈機一動，提出登月太空人身上特製的太空原子筆或許可以派上用場。這位科學家認為，也許可以用這支太空原子筆代替已損壞的塑膠旋柄去啟動開關。於是，科學家們在模擬器上把已損壞的塑膠旋柄的殘餘部分取下，再把太空筆的筆管前端伸進啟動開關內部，去撥動一個小小的金屬片，經過幾次試驗，終於找到一種巧妙的手法把電路接通了。模擬小組的實驗成

功了，控制中心馬上把這個消息通知月球上的太空人，讓他們也按照這個方法操作。於是，就在 21 日 13 時 54 分，艾德林手持太空原子筆，如法炮製，啟動開關的電路果真在瞬時接通，點火一舉成功。險情排除了，「上升艙」在噴氣推進器強大的氣流推動下，緩緩飛離月球，與指令艙成功會合。這是人類第一次成功登月留下的一個鮮為人知的小插曲。

太空原子筆救太空人的創新思考啟示我們，團體的智慧是無窮的。

第十三章
天才的 8 個創新工具

> 強有力的創新會嚇跑許多人，但卻迷住了更頑強有力的人。
>
> —— 布蘭德斯（Brandes）

創新的工具，古今中外匯總起來不下百種，但常用的、並且與絕大多數創新有關的工具只有 10 種左右。本章將介紹 8 個創新工具的具體操作。

模仿法

在人類的眾多發明創造中，有許多是建立在對前人或自然界的模仿基礎之上的，如模仿蜻蜓發明了直升飛機，模仿魚發明了潛水艇，模仿蝙蝠發明了雷達……

模仿不是照搬照抄，而是要求創新，是要在以某一模仿原型為參照的基礎上加以變化產生新事物的方法。在模仿方法上模仿可分為形式模仿、內容模仿、思維模仿等多種。運用原理規律或優秀的案例方法去解決問題，也是一種模仿，而且是高層次的模仿。模仿的層次越深，模仿者與被模仿原型之間的相似之處就越不明顯，善於模仿者追求神似。模仿創新比從頭研製的費用低得多，也免去了市場有無需求的擔憂，甚至模仿者反而後來者居上。日本在戰後經濟的飛速騰飛，就得益於從模仿到超越的創新法寶。

一般說來，模仿法的步驟通常如下：

➤ **發現問題**：留心身邊的事物，發現並抓住問題的實質。

➤ **選準樣本**：在弄清楚問題癥結的基礎上，想想哪些生物或事物對這種問題有解決辦法，選一種最感興趣的進行剖析、仿效。

➤ **觀念移植**：設計將某個領域的理論、方法和策略引用到另一個領域。如戲劇表演的手法，就可以用到英語情景教學中和銷售員培訓的模擬銷售場景的訓練中去。

➤ **利用矛盾**：就是利用事物的對立面。如玻璃窗是為解決透光而不透風。百葉窗則相反，為了透風而不透光。橡皮擦鉛筆也是為了做兩件相互矛盾的事：寫字和擦字。

➤ **要「快」而「高」**：如果是模仿已出現的新產品、新事物，就要學得快、用得快。同時，要在品質上「青出於藍而勝於藍」。只有這樣，才能最大限度的防範科學研究投資和市場風險。

值得注意的是，模仿法是更多的激發創意的一種方式，並不一定是為了產生仿生產品或仿做新事物。

5W2H 法

美國陸軍總因軍事後勤管理的混亂而傷盡腦汁，最後，他們找到了一個有效的解決方案，即 5W2H 法。之所以叫「5W2H 法」，是因為該解決方案的 7 個切入點的英文字母是以 5 個「W」和 2 個「H」開頭。其步驟如下：

➤ 先要對一種現行的方法或現有的產品，從七個角度檢查問題的合理性：為什麼（Why）；做什麼（What）；何地（Where）；何時（When）；何人（Who）；怎樣（How to）；多少（How much）。

➤ 對七個方面提問一一審核，將發現的困難點、疑問列出來。

➤ 分析研究，尋找改進措施。經七方面審核無懈可擊，說明這一方法或產品可取。如果有不令人滿意的方面，表示還應加以改進。如果哪方面的答覆有其獨到之處，則可擴大其效用。

在創新中，5W2H 法的七個設問要抓住事物的主要特徵，視問題的不同，確定不同的具體內容。例如：

➤ 「**為什麼**」可以問：為什麼要創新？原事物為什麼用這個原理？為什麼必須有這些功能？為什麼用這樣的造型、結構？為什麼該物品要這樣製造？為什麼非做不可，不做怎麼不行？

➤ 「**做什麼**」可以問：創新的目標是什麼？創新的重點是什麼？創新的條件是什麼？創新欲達到的功能、造型、結構、技術水準是什麼？與什麼有關係？功能和規範是什麼？

➤ 「**何地**」可以問：原事物什麼部位要創新？原物品什麼部位可以創新？何地做最經濟、最有效？安裝在什麼地方最適宜？

➤ 「**何時**」可以問：該項創新何時進行最合適？何時可以或應該完成？何時啟動？需要幾天才算合理？

➤ 「**何人**」可以問：誰來創新？誰能勝任該項創新？該創新要與誰打交道？誰被忽略了？誰是決策人？

➤ 「**怎樣**」可以問：怎樣進行該項創新？怎樣做方可減少失敗？怎樣做才少費料、少費工、少費時、少費錢？怎樣使產品更美觀大方？使用起來更方便實用？

➤ 「**多少**」可以問：該項創新要多少人、財、物的投入？第一批創新產量多少？該創新的成本、利潤多少？能維持多少時間？

經過「5W2H」的思索，就可以創新的解決許多繁瑣的難題。

訊息交合法

訊息交合法是指運用訊息、訊息標、訊息反應場以及透過對訊息反應場的推演、分析、綜合完成系列發明的技法。訊息交合法可分為四步進行：

第一步，定中心：即確定所研究的訊息，也就是零坐標。如研究「大頭針」就以大頭針為中心。

第二步，畫標線：即用矢量標根據「中心」的需求畫坐標線。

第三步，註標點：在訊息上註明相關的訊息點。

第四步，相交合：以一標線（如 X 軸）上的訊息為母本，以另一標線（如 Y 軸）上的訊息為父本，相交合後產生新訊息。

以 X 軸上大頭針的訊息為母本，以另一線 Y 軸上的訊息為父本，註上標點相交合。Y 軸上的數學點與 X 軸上材質在訊息反應場上交合後，得出大頭針可以彎成 1、2、3……＋、－、×、÷、∠、（）、＝等等數字、符號，用來進行四則運算；Y 軸的文字點與 X 軸材質、直邊等交合，大頭針可以做成英、俄、日等外文字母，世界上有多少文字，就有多少種這方面的用途；大頭針由鐵元素構成，與硫酸反應生成氫氣，與幾十種元素分別化合，生成的化合物成千上萬種；材質與磁交合可做成指南針；美術與材質、顏色交合可做成鐵畫……

訊息交合法在實施中有三個規律：

➤ **整體分解律**：就是把所研究的事物看成是其構成部分之和，再把各個部分分解為因子，直到不能再分為止。分解時，事物要循一定層次和序列逐步展開，盡量全方位、多角度進行，不要遺漏事物的哪怕是微小的特徵表現。

➤ **訊息交合律**：是指訊息的「繁殖」，不同性質訊息的「交合」可以生成新訊息。訊息交合有四條原則：

· **本體交合原則**：本體交合是自身分裂，是原訊息標系中因子依次相

乘，看「乘積」中的各項能否給予大腦創造性的設想。如訊息標上的各個訊息之間相互組合排列，可得到多組結果，這就為創新思維提供了一系列可參考的「形象資料」。

· **功能拓展原則**：即對任何產品或事物，都不能局限於現有功能，要打破傳統的思維框架，拓展出許許多多種功能。

· **雜交原則**：以本體訊息標為「母體標」，引進某類知識做「父本」進行交合，可以獲得許多新的設想。如以杯子為母體標，引進數理化等訊息為父本進行「雜交」，就可以得出杯子系列，如開發地圖杯、電熱杯、製冷杯、磁療杯、指南杯等等。

· **立體動態原則**：把事物放到立體動態中分析，訊息間的關係呈現出更複雜的化合趨勢，產生更高階的創新構想。如以杯子為母體標，以數字為父本，加上旋轉杯蓋，可製作成函數表杯、節氣杯、照相曝光表杯等，旋轉杯蓋，即可查出所需資料。

➤ **結晶篩選律**：要按一定的標準對訊息交合產生的眾多新訊息進行評析、篩選，尋求最優方案。篩選標準可以按照經濟性、可行性、操作性、安全性、市場性等來掌握。

希望點列舉法

希望點列舉法是指透過提出對產品的希望和理想作為創新的出發點，在希望中尋找創新的目標和可能性的一種思考方法。

希望點列舉法是一個重要的創造技法。人們對未來的追求和憧憬，往往是創造發明的強大動力。這個方法就是把人們對某個事物的要求，諸如「希望……」、「如果是那樣就好了」之類的想法列舉出來，聚合成焦點

來加以考慮，成為新產品、新技術和新工藝的創造性設想。實踐證明，希望點列舉法是一個重要的、收效極佳的創造技法。

日本的原子筆製造公司曾一度紛紛倒閉，製造商中田君也陷入了困境，他希望生產一種新型的筆來擺脫困境，希望這種原子筆能達到這樣的要求：

➤ 原子筆不漏水。
➤ 圓珠磨損雖變小，但不至於立刻脫落。
➤ 墨水在紙上不乾涸。
➤ 雙色。
➤ 可用於複寫紙。

從希望點出發，他設計了一種鉛筆原子筆，兼有三種筆的特性，推出市場後，大受歡迎。

➤ 決定主題。
➤ 列舉主題的希望點。
➤ 選出所列舉的主要希望點。
➤ 根據選出的希望點來考慮改善的方法。

組合法

組合法是指從兩種或兩種以上事物或產品中抽取合適的要素重新組織，構成新的事物或新的產品的創造技法。在自然界和人類社會中，組合現象非常普遍，組合的可能性無窮無盡。如橡皮擦和鉛筆的組合，有了帶橡皮擦的鉛筆。火箭和飛機的組合，產生了太空船。愛因斯坦說過：「組合使用似乎是創造性思維的本質特徵。」組合創新的機會無窮，方式也很多，常見的有以下幾種：

➤ **同物組合**：是指兩種或兩種以上相同或相近事物的組合，特點是參與組合的對象與組合前相比，其基本性質和結構沒有根本變化，只是透過數量的變化來彌補功能上的不足或得到新的功能。

➤ **異物組合**：是指兩個或兩個以上科學領域中的技術思想或物質產品在一起組合，組合的結果帶有不同的技術特點和技術風格。異物組合實際上是異中求同、異中求新，由於其組合元素來自不同領域，一般無主、次之分，參與對象能從意義、原理、構造、成分、功能等任何一個方面或多個方面進行互相滲透，從而使整體發生深刻變化，產生出新的思想或新的產品。

➤ **主體附加組合**：這是指以某一特定的對象為主體，增添新的附件，從而使新的物品性能更好、功能更強的組合技法。這種技法容易產生組合設想，但不可能對原有事物產生有重大突破的改進。

一位年輕人對普通手杖進行主體附加改裝，使其具有拄杖助行、照明、按摩、磁療、報警、健身防衛等多項功能。

帶閃光燈的照相機，安裝載物架、車筐、打氣筒的自行車等，都是運用了主體附加組合技法。

運用主體附加組合時，可以參考以下步驟：

· 有目的、有選擇的確定主體。

· 全面分析主體的缺點或對主體提出新的希望和功能。

· 考慮在不改變主體的前提下，增加附屬物，以克服、彌補主體的缺陷。

· 考慮能否透過增加附屬物，實現對主體寄託的希望。

· 考慮能否藉主體功能，附加一個別的東西，使其也發揮更大的作用。

➤ **重組組合**：這是指改變原有事物的結構組合方式，而使原有元素在不增加數量的情況下，改變原有事物的性質的組合。重組組合是在事物的不同層次上分解原來的組合形式，然後再以新的思維重新組合起來。特點是改變了事物各部分之間的相互關係。

開孔挖槽法

日本一家調味品廠曾為調味料銷量下降而犯愁，這時一位來買調味粉的家庭主婦抱怨說，調味粉使用時不方便，不是放多了就是放少了，要是能在調味粉的瓶蓋上開些小孔，放調味粉時就方便多了。廠家按照這個主婦的話，在各種調味粉的包裝瓶蓋上都開了一些小孔。果然，調味料銷售量大幅度上升，使這家企業走出了困境。

這家企業使用的開孔的方法使產品成為創意的新物品。

美國的華特曼（Waterman），對當時人們使用的書寫時不太流暢的「自來水筆」進行了改進，他在鋼筆尖中部鑽一小圓孔，並在圓孔與筆尖之間開了個細縫。這種新型鋼筆下水流暢，很受市場歡迎，華特曼也因此成為世界上的「鋼筆大王」。他的這一改進，至今還在世界各國廣泛使用。

華特曼採用挖槽的方法，賦予了鋼筆全新的生命力。

由此可見，現實生活中，挖個孔、挖個槽，常常可以獲得創新的效果。只要我們留意一下，關於帶孔的產品的確不少；電話機傳聲孔、鞋帶孔、門上的貓眼觀察孔、壺蓋和杯蓋上的透氣孔、底片上的過片雙邊孔、郵票分離齒孔、電腦專用紙走邊孔、漏勺孔、籠筐孔、衣扣孔、涼鞋孔、涼帽孔……

利用「挖槽木」的創造發明也很多：我們在使用普通訂書機時會遇到訂書針用完時而空按，開槽後形成帶觀察槽的雙針訂書機就能避免這種情況；在普通鍋鏟上拉出槽口，既能炒花生、豆類食品，又能很方便的在熱油鍋中濾出熗鍋的調料。

換元法

換元法是指對不能直接解決的問題採用「替代」方式，使問題得以解決或使創新活動深入展開。如孔明將「造箭」替換為「借箭」（實為「騙箭」），阿基米德將「稱金」替換為測量「金的排水量」等等，都解決了難題。

換元法在運用中有以下特點：①應用領域廣泛。在科技、生產、管理、教育、藝術、軍事等學科中，對事物進行各種定性、定量、定型分析和測算時使用。②成果一般是產生解決問題的新方法。比如，檢驗產品的新方法、統計計算的新方法、度量的新方法、模擬的新方法等等。③關鍵是尋找可以代替的事物。相互代替的事物及其等值關係和實施代替的具體方法構成了解決問題的途徑。④換元事物之間客觀上存在著某方面的等值關係。某些事物的某種功能，或成分、條件、狀態，在另外一個不同的事物上也能夠或多或少的表現出來，即說明他們在某方面存在著等值關係，我們稱這兩個事物之間有可換元要素。

一位美國核物理學家喝啤酒時，手中的雞骨掉到啤酒杯裡，隨著雞骨逐漸沉落，不斷冒出氣泡顯示出雞骨的運動軌跡。正為如何顯示高能粒子軌跡發愁的他見此情景，靈機一動：若用高能粒子所能穿透的介質來代替啤酒，再用高能粒子來代替雞骨，是否能顯示高能粒子的運動軌跡呢？

他急匆匆回到實驗室，經過不斷實驗，當帶電粒子穿過液態氫時，所經路線同樣出現了一串串的氣泡，從而發明了探測高能粒子運動軌跡的儀器——「液態氣泡室」，因此榮獲諾貝爾物理學獎。

古希臘科學家泰利斯（Thales）到埃及去遊覽，埃及人請他測量金字塔的高度，泰利斯答應了。測量的這一天，泰利斯讓助手在地上垂直地面立下一個標竿，不時的測著它的影子。當影子長度與標竿的高度一樣時，泰利斯讓助手馬上測出金字塔影子的長度。他說，這個影子的長度，就是金字塔的高度。原來，太陽光是平行的，當標竿的影子的長度與標竿的高度一樣時，說明標竿與自己的影子組成一個等腰直角三角形，垂直邊與地面上的直角邊相等。因此，可以透過測出它影子的長度來測量它的長度。

換元法就屬於物元分析學科。物元分析把事物的三個基本要素，即事物、特徵和量值，稱物元。這個學科研究的是現實問題，分兩類：一類是現有條件下就可以解決的，叫做相容問題，另一類是在現有的條件下不能夠達到目的的，叫不相容問題。物元分析要把不相容的問題轉化為相容問題，並找出解決相容問題的最好辦法。著重研究變換規律，即如何對不相容問題中的事物進行變換，就可使不相容的問題轉化為相容問題。

移植法

所謂移植法在創新中指的是將某一個領域中的原理、方法、結構、材料、用途等移植到另一個領域中去，從而產生新事物方法。移植法是科學研究中最簡單、有效的方法之一，也是應用研究中使用最多的方法之一。

從移植內容上分，常見的移植內容有四大類：

◆ 方法移植

即將一個學科的研究方法移植到另一個學科中去，創造出新的交叉學科或新的解決問題的方法。方法移植使用較廣，除了研究方法的移植外，還有工作方法的移植、學習方法的移植、加工工藝的移植、思考方法的移植、行為習慣的移植和訓練方法的移植等等。

例如，麵團經過發酵，進入烤箱後，麵團內部產生大量氣體，使體積膨脹，變成鬆軟可口的麵包。這種可使物體體積增大，重量減輕的發酵方法，移植到塑膠生產中，便發明了價廉物美的泡沫塑膠。這種塑膠質地輕，防震性能好，可以作為易碎或貴重物品的包裝材料，也可用來製作救生衣等。發酵方法用在金屬材料上，德國製造出了泡沫金屬，可以充填工藝構件中的洞隙，還可以懸浮在水上，有很大的開發價值。

在創新或發明活動中，如何將設想變成實物，或將創意付諸實施，就要研究它的製作方法或操作方法，不妨將別的事物的方法拿來試試，這種方法的移植，或許會使你很快獲得成功。

◆ 原理移植

就是將已有的某產品或事物的原理移植到別的產品或事物上去。這種移植不是照搬，而是移植其核心部分，再根據事物特點建立輔助部分，形成一個完整的新的產品或事物。

例如，量子化學就是將量子力學中的基本原理、基本關係等核心部分移植到化學，再根據化學運動過程的具體條件，建立起輔助理論，並對量子力學的核心部分在化學領域的應用進行辨析，才完成了量子化學的理論體系。

原理移植法還可以創造新產品或擴大原有物品的使用價值。例如，人們利用蝙蝠回聲定位原理，在醫學上用超音波來檢查疾病，在漁船上用聲波來發現魚群，在遠洋輪船上應用超音波探尋海面下有無暗礁等障礙物。

◆ 材料移植

是將某種產品使用的材料移植到別的產品的製作上，以造成更新產品、改變性能、節約材料、降低成本的目的。

例如，洗衣機的外殼原本用鋼板製作，容易發生觸電事故，且易鏽蝕，現在改用硬塑膠外殼，提高了綜合性能。又如，利用玻璃製作器皿、桌面和門窗，這是我們知道的。現在保加利亞的科學家竟然用玻璃來造橋。有的國家還製造出玻璃小提琴、大小黑管及小號等樂器，據說，它們音質優美，外觀品瑩華貴。

◆ 結構移植

是把動物、植物或物品的良好形狀移植在創造發明中。

例如，人們利用動物骨骼結構，把它用於橋梁設計上，於是創造出平直橋、吊形橋、懸臂橋等許多新穎橋梁，這就是屬於「結構移植法」。

胰臟病患者手術後治療，必須經常對腹腔進行處理，要將縫合的傷口重新切開，換藥後再行縫合，每次長達 60 分鐘。在這種反覆「折磨」下，僅有 10% 的患者能死裡逃生。一位美國醫生想到了將拉鍊移植到患者的身體上，創出了「皮膚拉鍊縫合術」。他將一根七英吋的普通拉鏈，經嚴格的消毒後，直接縫在了患者的肚皮上。這樣可以隨時打開拉鍊檢查病人腹腔進行常規治療，使患者避免了多次手術的傷害，並使胰臟病患者的康復率達到了 90%。

應用結構移植法，一要廣泛的研究各種物品的結構，開發它的應用領域，去進行創造發明。二要從需要解決的問題出發，尋求應用合理的結構，實施結構移植，解決實際問題。

只要細心，世上可以運用移植法創新的例子舉不勝舉，反映了移植法這一創新工具的實用與有效。

案例學習：模仿大自然

在人類發明降落傘之前千萬個世紀，大自然已經發明了自己的降落傘。蒲公英的果實就像一個小小的降落傘，它能帶著種子隨風飄蕩。

在義大利物理學家伏特（Volta）發明電流之前，電鰻早就有了效率很高的發電器官，牠產生的高壓電流，足可以擊倒一隻水牛。

在魯班師傅發明鋸子之前，大自然也發明了鋸子，茅草就有了鋸子似的葉片。

蝙蝠在人類發明超音波之前，就使用超音波來探測事物。

在 20 世紀初美國的萊特兄弟發明了飛機之前，飛鳥們就在長空展翅飛翔了。候鳥們南來北往，飛行萬里，只消耗很少的一點能量，牠的飛行效率，使現代的飛機設計師驚嘆不已，如果飛機也像候鳥那樣節能，那麼高效，那將節約多少燃料啊！

大自然中的生物，是我們無聲的老師。從生物界尋找發現和發明的啟示，模仿生物器官的功能和行為，是啟發思路、獲得發明和創造契機的一種重要的方法。

這種方法，就是仿生方法。

蒼蠅的眼睛是由 12 萬個小眼睛組成，這種眼睛，稱為複眼。它們自成體系，各自成像，又能組合起來，發揮更大的功能。

科學家們仿照蒼蠅的複眼，用千百塊小透鏡做成了蠅眼透鏡，用它製造的照相機，一次能拍出千百張同樣的像來，這種發明在製造電腦的微電路和印刷中發揮了獨特的功效，一次就能複製出千百個電路，拍成千百幅同樣的圖像。

青蛙有一對大眼睛。牠對靜止的物體視而不見，而對運動中的目標卻十分敏感，能迅速的判斷目標的位置、方向和速度，敏捷的捕捉飛蟲。

仿照青蛙的眼睛，科學家們研製了電子蛙眼，它能像蛙眼一樣迅速的捕捉到飛機、導彈等目標。它的很強的抗干擾的能力，阿波羅奔月的大量清晰的月球照片，就是利用蛙眼的抗干擾原理拍攝的。

仿生方法不僅是指模仿生物器官，而且還可以模仿生物的行為。

奧運會的一百公尺賽跑是激動人心的項目之一。20 世紀初，在奧運會的一百公尺比賽中，運動員們都是直立著起跑的。用這種方式起跑，速度不夠快。

有位運動員為一百公尺成績不理想而苦惱。有一次，他來到澳洲，看到袋鼠蹦跳的速度很快，心中猛然一動。他看到袋鼠起跳的時候彎著身子，起步時彷彿一張弓，每起跳一次，就收腹彎腰，非常矯健有力。他感悟到，這樣收腹彎腰，能使身體增加彈性，有了張力，能提高起跑的速度。在一次奧運會上，他採用了下蹲式的起跑方式，創造了新的世界紀錄。對袋鼠起跑姿勢的模仿，使運動員創造了新的好成績。

醫生們也對袋鼠的行為進行仿生。不過，他們仿的不是運動方式，而是育兒方式。

袋鼠都是早產兒，一頭幾百克的大袋鼠，生下的小袋鼠只有幾十克。雖然幼袋鼠非常弱小，但是，母袋鼠卻有辦法把牠養大。牠的辦法是把小袋鼠放在胸口的袋裡，這裡能獲得母親的體溫，能聽到母袋鼠的心跳，對小袋鼠的成長很有利。

醫生們從袋鼠的育兒袋得到啟示，發明了早產婦用的育兒袋。她們生下早產兒以後，醫生就讓她們像袋鼠帶著育兒袋一樣撫育早產的孩子，這種辦法使嬰兒的存活率大大提高。

動物的某些在進化中產生的行為，也是科學家們進行仿生學研究的對象，這些行為常常有著內在的意義。

　　英國靈長類學家珍古德（Jane Goodall）等人在坦尚尼亞自然保護區的密林中考察黑猩猩的時候，發現黑猩猩常常在吃飽以後吃一種名叫阿斯皮里亞樹的樹葉，不停的把樹葉放在嘴巴裡咀嚼。有時候，黑猩猩所活動的地區沒有這種樹，牠們也會走上好一段路程，到有阿斯皮里亞樹的地方去採這種樹的葉子吃。一些生病的黑猩猩，更是經常的吃這種樹葉。珍古德和一些科學家們認為，黑猩猩青睞這種樹葉，可能不是偶然的，其中另有意義。當地的一些土著居民們，他們也吃這種樹的樹葉，如果身體不舒服，也會採一點樹葉煮茶吃，對一些疾病很有效。看起來，這些原始居民不自覺的運用了仿生的方法，從自然界尋找啟示，模仿自然，從黑猩猩的行為中，發現了一種治病的良藥。

　　科學家們採集了一些樹葉，加以萃取、提純、進行生物學研究，發現這種樹葉中有一些抗菌能力很強的物質，它能治療好幾種疾病，能減少體內的寄生蟲。用它對金黃色葡萄球菌、肺炎桿菌等病菌進行實驗，發現它有很強的殺菌能力，即使稀釋幾百倍，抗菌能力還很強。原來，黑猩猩在長期的進化過程中，無意識的發現了這種樹葉的治療功能，養成了吃這種樹葉進行保健、治療的習慣。

　　向生物學習，拜生物為師，幾乎能在各個領域獲得啟示，提供發現、發明的契機，提供新思維的種子。

　　海豚的皮下組織中的脂肪能消除湍流引起的阻力，為船舶設計師們提供了設計高速輪船的啟示。

　　鴿子能在幾千里外安全的返回故鄉，牠的導航功能對航海家和航天工程師有著多麼強大的吸引力啊！

　　螞蟻的費洛蒙、飛蛾的性激素，有著出色的傳遞訊息的本領，對於資訊工作者有多麼大的借鑑啊！

　　仿生方法正在向微觀領域深入。生物膜、生物遺傳分子、生物酶的結構和功能，正在成為仿生學研究和模仿的對象。

　　仿生方法已經獲得了令人驚奇的成就，有意識的向生物學習，將激發更多的創造性思維，萌發創造性思維的胚胎，產生更輝煌的思維成果。

第十四章

創新能力自我測試

往高處探索吧！因為星星通常隱藏在你靈魂的背後；向深處夢想吧！因為每一個夢想都走在目標的前方。

—— 史塔爾（Stahl）

現有創新能力測試

下面 45 個問題需要你做出選擇，只花幾分鐘時間就可以得出結果，你便能對自己現在的創新能力程度有一個基本的評價。

1. 我在工作時總是很有信心是用正確的方法解決問題。

   A. 非常同意　　B. 一般同意　　C. 模稜兩可

   D. 不同意　　　E. 強烈反對

2. 如果明知道提出問題沒有希望得到答案而依然提出問題，這是浪費時間。

   A. 非常同意　　B. 一般同意　　C. 模稜兩可

   D. 不同意　　　E. 強烈反對

3. 我認為解決問題的最好途徑是循序漸進。

   A. 非常同意　　B. 一般同意　　C. 模稜兩可

   D. 不同意　　　E. 強烈反對

4. 有時我明知我的有些意見提出之後別人不會感興趣，我仍然要提出我的看法。

   A. 非常同意　　B. 一般同意　　C. 模稜兩可

   D. 不同意　　　E. 強烈反對

5. 我花費很多時間考慮別人對我的看法。

   A. 非常同意　　B. 一般同意　　C. 模稜兩可

   D. 不同意　　　E. 強烈反對

6. 我認為做一件事主要是自己覺得應該去做，而不是為了贏得別人的贊同。

A. 非常同意　　B. 一般同意　　C. 模稜兩可

D. 不同意　　　E. 強烈反對

7. 我能長時期盯住困難問題不放。

A. 非常同意　　B. 一般同意　　C. 模稜兩可

D. 不同意　　　E. 強烈反對

8. 有時我會對某些事物顯得過分熱情。

A. 非常同意　　B. 一般同意　　C. 模稜兩可

D. 不同意　　　E. 強烈反對

9 我經常在無所事事的時候獲得靈感。

A. 非常同意　　B. 一般同意　　C. 模稜兩可

D. 不同意　　　E. 強烈反對

10. 在解決問題的過程中，分析問題很快，而綜合得到的訊息卻很慢。

A. 非常同意　　B. 一般同意　　C. 模稜兩可

D. 不同意　　　E. 強烈反對

11. 我有蒐集某些物品的嗜好。

A. 非常同意　　B. 一般同意　　C. 模稜兩可

D. 不同意　　　E. 強烈反對

12. 幻想是我的許多設想的泉源。

A. 非常同意　　B. 一般同意　　C. 模稜兩可

D. 不同意　　　E. 強烈反對

13. 如果現在讓我在醫師和勘察人員兩種職業中任選一種，我選擇前者。

A. 非常同意　　B. 一般同意　　C. 模稜兩可

D. 不同意　　　E. 強烈反對

14. 我在同行面前比在其他人面前顯得更為自在。

A. 非常同意　B. 一般同意　C. 模稜兩可

D. 不同意　　E. 強烈反對

15. 我具有很強的審美能力。

A. 非常同意　B. 一般同意　C. 模稜兩可

D. 不同意　　E. 強烈反對

16. 直覺的預感對解決問題並不可靠。

A. 非常同意　B. 一般同意　C. 模稜兩可

D. 不同意　　E. 強烈反對

17. 我對提出新的想法比兜售它更感興趣。

A. 非常同意　B. 一般同意　C. 模稜兩可

D. 不同意　　E. 強烈反對

18. 我力圖避免處於對自己可能不利的場合。

A. 非常同意　B. 一般同意　C. 模稜兩可

D. 不同意　　E. 強烈反對

19. 在評估資訊時，我著重研究它的來源，而不是在於內容。

A. 非常同意　B. 一般同意　C. 模稜兩可

D. 不同意　　E. 強烈反對

20. 一個人的自尊遠比別人對自己的尊重重要。

A. 非常同意　B. 一般同意　C. 模稜兩可

D. 不同意　　E. 強烈反對

21. 我認為追求盡善盡美的人是不明智的。

A. 非常同意　B. 一般同意　C. 模稜兩可

D. 不同意　　E. 強烈反對

22. 我喜歡做對人有一定影響的工作。

 A. 非常同意　 B. 一般同意　 C. 模稜兩可

 D. 不同意　　 E. 強烈反對

23. 我認為每件事各得其所是很重要的。

 A. 非常同意　 B. 一般同意　 C. 模稜兩可

 D. 不同意　　 E. 強烈反對

24. 那些願意考慮「古怪」念頭的人是不切實際的。

 A. 非常同意　 B. 一般同意　 C. 模稜兩可

 D. 不同意　　 E. 強烈反對

25. 我願在一些新的想法上花時間，即使實際上會毫無收穫。

 A. 非常同意　 B. 一般同意　 C. 模稜兩可

 D. 不同意　　 E. 強烈反對

26. 如果思考某一問題的進展停步不前，我能很快把我的思維轉變方向。

 A. 非常同意　 B. 一般同意　 C. 模稜兩可

 D. 不同意　　 E. 強烈反對

27. 我不願提出顯得自己無知的問題。

 A. 非常同意　 B. 一般同意　 C. 模稜兩可

 D. 不同意　　 E. 強烈反對

28. 轉變志趣方向的能力比轉向適合自己工作的能力強。

 A. 非常同意　 B. 一般同意　 C. 模稜兩可

 D. 不同意　　 E. 強烈反對

29. 不能解決問題往往是由於提錯問題。

 A. 非常同意　 B. 一般同意　 C. 模稜兩可

 D. 不同意　　 E. 強烈反對

30. 我能經常預料到問題的答案。

    A. 非常同意　　B. 一般同意　　C. 模稜兩可

    D. 不同意　　　E. 強烈反對

31. 分析失敗原因，這是在浪費時間。

    A. 非常同意　　B. 一般同意　　C. 模稜兩可

    D. 不同意　　　E. 強烈反對

32. 只有糊塗的思想家才會求助於隱喻和比擬。

    A. 非常同意　　B. 一般同意　　C. 模稜兩可

    D. 不同意　　　E. 強烈反對

33. 在某些工作剛開始時，我往往只能朦朧預感一些，還不能說出什麼。

    A. 非常同意　　B. 一般同意　　C. 模稜兩可

    D. 不同意　　　E. 強烈反對

34. 我會經常忘記人的姓名、街道、公路以及小鎮的名字。

    A. 非常同意　　B. 一般同意　　C. 模稜兩可

    D. 不同意　　　E. 強烈反對

35. 我認為成功之路在於刻苦工作。

    A. 非常同意　　B. 一般同意　　C. 模稜兩可

    D. 不同意　　　E. 強烈反對

36. 我有約束自己內心衝動的能力。

    A. 非常同意　　B. 一般同意　　C. 模稜兩可

    D. 不同意　　　E. 強烈反對

37. 我感到自己對事業可以做出很大的貢獻。

    A. 非常同意　　B. 一般同意　　C. 模稜兩可

    D. 不同意　　　E. 強烈反對

38. 我厭惡那些變化不定和無法預測的事情。

   A. 非常同意　B. 一般同意　C. 模稜兩可

   D. 不同意　　E. 強烈反對

39. 我在工作中願意和別人一起做，不喜歡獨闖。

   A. 非常同意　B. 一般同意　C. 模稜兩可

   D. 不同意　　E. 強烈反對

40. 許多人之所以煩惱，主要是他們過於認真。

   A. 非常同意　B. 一般同意　C. 模稜兩可

   D. 不同意　　E. 強烈反對

41. 我經常被問題迷住而不能自拔。

   A. 非常同意　B. 一般同意　C. 模稜兩可

   D. 不同意　　E. 強烈反對

42. 我能為了最終目標而很快的放棄暫時的成果。

   A. 非常同意　B. 一般同意　C. 模稜兩可

   D. 不同意　　E. 強烈反對

43. 如果我現在是大學教授，我寧可講一些實際的課程。

   A. 非常同意　B. 一般同意　C. 模稜兩可

   D. 不同意　　E. 強烈反對

44. 我寄託於直覺性的預感或感覺上的「好」、「壞」逐步解決問題。

   A. 非常同意　B. 一般同意　C. 模稜兩可

   D. 不同意　　E. 強烈反對

45. 我對人生充滿信心。

   A. 非常同意　B. 一般同意　C. 模稜兩可

   D. 不同意　　E. 強烈反對

計分標準：

凡　第 4、6、7、8、9、12、15、17、20、25、26、29、30、33、34、35、37、40、41、42、43、44、45 題選答 A 者得 2 分，B 者得 1 分，C 者無分，D 者得 -1 分，E 者得 -2 分；其餘各題答 A 者得 -2 分，B 者得 -1 分，C 者無分，D 者得 1 分，E 者得 2 分。

創新智力測試

①：從不發生

②：甚少發生

③：偶然發生

④：經常發生

⑤：總是發生

1. 思想及行動有彈性 ①②③④⑤

2. 能面對逆境 ①②③④⑤

3. 有大量的主意及念頭 ①②③④⑤

4. 主意及念頭是獨特創新的 ①②③④⑤

5. 性格獨立 ①②③④⑤

6. 不愛拘束的 ①②③④⑤

7. 愛冒險的 ①②③④⑤

8. 有發明力的 ①②③④⑤

9. 愛做白日夢 ①②③④⑤

10. 有豐富想像力 ①②③④⑤

11. 繪畫時喜歡加上許多細節 ①②③④⑤

12. 不害怕與別人不同 ①②③④⑤

13. 願意冒險 ①②③④⑤

14. 安於現狀 ①②③④⑤

15. 喜歡向人提出有建設性的批評 ①②③④⑤

16. 提出有建設性的建議 ①②③④⑤

17. 追求改變、創新和進步 ①②③④⑤

18. 對美麗事物敏感 ①②③④⑤

19. 善解人意 ①②③④⑤

20. 對自己很了解 ①②③④⑤

21. 對自己很誠實 ①②③④⑤

22. 富幽默感 ①②③④⑤

23. 自信 ①②③④⑤

24. 情緒穩定（但有時會激動） ①②③④⑤

25. 易激動的 ①②③④⑤

26. 情緒化 ①②③④⑤

27. 容易發怒（特別是當有人打擾你的私人活動時） ①②③④⑤

28. 不喜歡刻板的工作 ①②③④⑤

29. 喜歡朝著目標工作 ①②③④⑤

30. 很快便能看到問題的全貌 ①②③④⑤

31. 強烈的平衡感（視覺的、精神的、身體的） ①②③④⑤

32. 如有選擇的話，寧可挑選發揮創造力的活動或工作 ①②③④⑤

計分・評析：

　　凡是選 ① 的都得 1 分，選 ② 得 2 分，選 ③ 得 3 分，選 ④ 得 4 分，選⑤得 5 分。將每個小測驗的得分分別相加。

創造智力得分在：

32 ～ 47 分，創造力受到壓抑。

48 ～ 75 分，創造力一般。

76 ～ 91 分，創造力良好。

92 ～ 128 分，創造力優異。

129 ～ 160 分，創造天分極高。

你存在多大創造潛力

　　一位美國研究人類潛能的心理學家指出：「創造力是人類潛在能力的又一表現。我們所有的人，都有驚人的創造力。」這就是說，人人都有創造潛力，只是大小不同而已。

　　下列題目可以讓我們了解一下自己的創造潛力。如果你基本上同意下面某項的見解，或者下面某項中所講的態度正是你對待生活和處理問題的態度，就在這一項的題號前劃「√」。

1. 你不在乎去問那些顯得無知的問題。

2. 當一種解決問題的方法不能奏效時，你能輕易放棄這種方法。

3. 你能經常在正常工作時間以後還繼續堅持處理問題。

4. 你認為本能的預感是處理問題的可靠嚮導。

5. 幻想為你的許多較為重要的想法提供了動力。

6. 經常有思想縈繞在腦中，使你不能入睡。

7. 當你正在做自己特別喜愛的工作時，如果有人打斷你，你會惱火。

8. 你經常感到其實是自己醞釀成的思想，會顯得像不受你的意志的影響，而是由其自身的根基生長出來的一樣。

9. 你經常在沒有特別做什麼事時得到最佳見解。

10. 你喜歡處理問題。

11. 在評估情報時，對於你來說，情報的內容要比它的來源重要。

12. 在著手解決一個重要問題以前，你會把所有你能得到的關於這個問題的情況收集起來，裝在腦了裡。

13. 當你著手研究一個新思維時，你會忘記周圍的一切，完全進入另一個世界。

14. 遇到難題時，你會去嘗試別人根本想不到去試的辦法。

15. 在得到靈感時，你可以比其他人更快的想出更多的主意。

16. 靈感與問題的成功解決有很大關係。

17. 你比多數人更喜愛新奇的事物。

18. 不論情緒和身體狀況怎樣，你都能好好工作。

19. 你能像個小孩子那樣思考。

20. 你已經認定是舊的和熟悉的事物，有時也會顯得陌生、思索不透。

21. 那些即使你認為不會有什麼實際價值的思維，也能使你興奮起來。

22. 在你的頭腦中可浮現出生動、逼真的形象。

23. 你經常感到自己富有靈感和創造力。

評析：

每個劃「√」的題都可得分，第 4、5、11、12、23 題每題可得 2 分，其餘的每題可得 1 分。滿分是 28 分。每一項都表示了處理問題的一種有創造性的態度。分數越高，表明你越具有較高的創造潛力。

擺脫習慣思維程度測試

　　擺脫習慣思維，有人稱為突破慣性思維。這類測試或訓練也被認為是「創造性思維的準備活動」、「軟化頭腦的智力柔軟操」。乍一看，這類測試似乎有些故弄玄虛，其實它的真正意義在於促使人們探索事物存在、運動、發展、連結的各種可能性，擺脫思維的單一性、僵硬性和習慣性，以免陷入某種慣性思維跳不出來，使自己的思維更具有多元性、柔軟性和獨特性，進而發展自己的創新思考能力。

　　下面推出的測試題，大都是一些實際問題需要你去解答，看看你擺脫習慣思維程度到底有多高。

　　測試題：

1. 玻璃瓶裡裝著橘子果汁，瓶口塞著軟木塞。既不准打碎瓶子，弄碎軟木塞，又不准拔出軟木塞，怎樣才能喝到瓶子裡的橘子果汁？

2. 爸爸的襯衫鈕扣掉進了已經倒入咖啡的杯子裡，他連忙從咖啡裡拾起鈕扣，不但手不溼，連鈕扣也是乾的，這是怎麼回事？

3. 玻璃杯裡有一枚 5 分的硬幣，旁邊有一根筷子，一根細繩和一份獎品——一盒泡泡糖。要求你不准直接碰到玻璃杯和硬幣，也不准移動杯子。怎樣才能取出杯子裡的硬幣？得勝者將獲得這份獎品——一盒泡泡糖。

4. 在小紅的房間裡，床和電燈開關（不是拉繩開關，而是一般的電燈開關）相距有 3 公尺遠，她打算變暗之前就到床上。你猜一猜：她是怎樣做到這一點的呢？

5. 一顆網球，使它走一小段距離後完全停住，然後自動反過來朝相反的方向行進。既不允許將網球反彈回來，又不允許用任何東西打擊它，更不允許用任何東西把球繫住，怎麼辦到？

6. 在小韓的房間天花板上，懸掛著兩根長繩。兩繩相距 5 公尺，旁邊桌面上有些小紙條和一把剪刀。聰明的小韓卻能站在兩繩之間不動，伸開雙臂，兩手各拉住一根繩子。你知道他用的是什麼辦法嗎？

7. 有 10 個玻璃杯。左邊 5 個內有汽水，其餘 5 個空著。現在規定只能動 2 個杯子，而使這排杯子變成滿杯和空杯相交錯，該如何做到呢？

8. 某人向大家宣布：在合適的一天。他將在河面上走 10 分鐘而不沉入水裡。後來，他果然這樣做了。你知道他是怎麼做到的嗎？

9. 請用 6 根火柴棒，搭出 4 個三角形，該怎樣搭呢？

10. 餐廳的張師傅切豆腐，一塊豆腐切三刀，切成 8 塊，他是怎麼切的？

11. 公車司機的哥哥叫李強，可是李強並沒有弟弟，這是怎麼回事？

12. 王阿姨替托兒所 20 個小朋友分蘋果。籃了裡剛好有 20 個蘋果，每個小朋友都得到 1 個蘋果，這時籃子裡卻還留著 1 個。請問王阿姨是怎麼分的？

13. 怎樣使火柴在水下燃燒？

14. 兩個父親和兩個兒子分 3 個饅頭，每人都分到 1 個，這是怎麼回事？

15. 小強家的自鳴鐘，每到幾點鐘就響幾下，每逢半點鐘也響一下。一天夜裡，小強醒來，剛好聽鐘響了一下，這之後他沒睡著，又聽到鐘響了三次一下。你知道小強醒來的準確時間嗎？

16. 古時候，有個老人在臨死前把三個兒子叫到身邊，決定把自己的 23 匹馬分給他們。他要大兒子得二分之一，二兒子得三分之一，三兒子得八分之一。

    老人死後，三個兒子按老人的遺言分馬，怎麼分都不合適。正在這時，他們的一位親戚騎著馬回家了。他想了個辦法三個兒子都滿意。於是他又騎著馬回家了。請問，他用了什麼好辦法？

17. 小華買來好幾張唱片，小明想借來欣賞。

小華說：「我將自己的一半唱片和一張唱片的一半借給你，剩下一張自己欣賞，好嗎？」

小明說：「一張唱片的一半？半張唱片怎麼欣賞啊！還是這樣吧：將你唱片的一半借給我，一張唱片的一半就不要了。」

小華著急的說：「那怎麼行！難道你要我掰開一張唱片嗎！」

這是怎麼回事？你知道小華究竟有幾張唱片嗎？

答案與評析：

1. 只要將軟木塞推入瓶內，就能喝到橘子果汁了。而人們平時總習慣將瓶塞拔出。

2. 已倒入的咖啡是固體粉末。人們十分容易習慣的想到咖啡就是一種「液體飲料」，而很少會想到「固體粉末」。

3. 先吃泡泡糖，當嚼成一團黏膠時，用筷子沾上黏膠，把杯中的硬幣黏出來。人們往往這樣想：在問題沒有解決前，獎品是不可以動的。而在這裡，恰巧需要利用獎品來解決問題。

4. 小紅在天還沒變黑時就先上床了。她根本就沒有開過燈。人們在說到燈時，就習慣的想到黑夜和開燈。

5. 這顆網球是在一個斜坡上滾動。人們往往只想到在平地上打網球。

6. 小韓先用一根繩把剪刀縛住，並推動剪刀使它盪動起來，然後走過去用一隻手抓住一根繩，另一隻手接住盪過來的剪刀。人們很少會想到剪刀可以用來當重錘。

7. 將第二個和第四個杯子裡的汽水，分別倒入第七和第九個杯子就行了。人們往往只是習慣的想到移動杯子，而沒想到汽水隨著杯子的移動而流動（倒出）的可能性。

8. 在結了冰的河面上行走。人們平時習慣的將「河」與「流動的水」連結在一起，而忽略了河水結冰的可能性。

9. 先在桌面上搭一個三角形，再把剩下的三根火柴從桌面三角形的三個角的頂點豎起，並相交於一點，這就搭成了四個三角形了。人們看了這個題目，容易只從平面上去搭三角形，而沒有想到立體空間搭成四個三角形的可能性。

10. 張師傅是這樣切的：橫一刀，豎一刀，攔腰又一刀。人們習慣於想在一個平面上試著切割，而沒有從立體空間上去思考切割的可能性。

11. 汽車司機是女的，她是李強的妹妹。由於題目上有「哥哥」與「弟弟」的詞，而鑽入了出題者設下的圈套，忽略了汽車司機是女的可能性。

12. 把最後 1 個蘋果連籃子一起交給第 20 個小朋友。人們習慣將容器中的東西拿出來分給別人，而沒想到還有連容器一起給其中一人的可能性。

13. 把燃燒的火柴放在水杯下面。人們習慣於將「水下」理解為「沒入水中」，而忽略了「隔著某個東西的水的下面」這種意思。

14. 這裡說的「兩個父親和兩個兒子」，實際上就是祖父、父親和兒子三個人。人們習慣於將題目中的「兩個父親」、「兩個兒子」理解為四個人，而忽略一家三代人祖父、父親和兒子，以親屬稱謂時，可以稱為「兩個父親和兩個兒子」的情況。

15. 小強醒來聽到的鐘聲是十二點鐘的第十二響（也就是「十二響」的最後一響）。人們習慣於將聽到的某個鐘點的鐘聲理解為應該敲鐘多少次，而忽略了並不完整的聽到某個鐘點所有敲鐘聲的可能性。

16. 那位親戚把自己騎的馬也加進去分，這樣就有了 24 匹馬。大兒子分

到二分之一，得 12 匹馬；二兒子分到三分之一，得 8 匹馬；三兒子分到八分之一，得 3 匹馬，一共還是 23 匹馬，剩下的仍由他騎了回去。人們在分東西時，只是習慣於將要分掉的東西作為總數，而不去想可以最後並不分掉的東西暫時歸入總數。

17. 小華有 3 張唱片。他將一半的唱片借給小明就是 1.5（一張半），可是唱片是不能借 1.5 張（半張）的，不然就得把唱片辦成兩半了，所以小華才要將 1 張唱片的一半借給小明，就是 1.5 ＋ 0.5（1 張半加半張）等於兩張唱片。人們只是習慣於將「1 張唱片的一半」看成為半張唱片，而把幾張唱片的「一半」認為是一張張完整的唱片。就是沒想到當出借「3 張唱片的一半」時將會不可避免的出現「半張唱片」的不合理情況，而這又恰恰使再加上「1 張唱片的一半」這句聽起來並不合理的話，成為實際上湊成兩張唱片可以借的合理情況了。

創新靈感測試

靈感是一種把隱藏在潛意識中的過去曾學習、體驗、意識到的事物資訊，在強烈的需要解決某個問題時，以適當的形式突然表現出來的頓悟現象。它對一個人的創造性活動具有十分重要的作用。

俄羅斯藝術大師列賓（Repin）說：「靈感是對艱苦勞動的獎賞。」

下面 15 個題目，你認為符合自己實際的請打上「√」，不符合則打「×」，其結果便可大致看出你有無創新靈感。

1. 有時一下子冒出許多想法。
2. 馬上去做突然想到的事情。
3. 愛好並實行坐禪和冥想。

4. 快速讀完許多書後馬上得出結論。

5. 無論做什麼事情總覺得能妥善解決。

6. 喜歡各式各樣的想像。

7. 常常偶然得到所需要的圖書資料。

8. 言語變化很快。

9. 常常夜間突然起床寫筆記。

10. 情緒多變。

11. 非常注意別人忽略的事情。

12. 不願受時間的約束。

13. 習慣於直言不諱的說出自己的想法。

14. 常常在睡夢中得到解決問題的啟示。

15. 習慣於直覺的理解事物。

計分 · 評析：

每打一個「√」記 1 分，然後把全部「√」的得分相加，總分在：

0～3 分，表示你的創新靈感低

4～7 分，表示你的創新靈感稍低

11～13 分，表示你的創新靈感高

14～15 分，表示你的創新靈感很高

靈感並不是虛無飄渺，不可捉摸的東西，也不是只有天才才有的，那麼，怎樣才能產生和捕捉靈感呢？

➤ 長期艱苦的勞動準備，有助於獲得靈感。作曲家柴可夫斯基 (Tchaikovsky) 認為，靈感不愛拜訪懶人。

➤ 當百思不得其解時，要迅速退下來，從狹小的巷子回到廣闊的世界，眾多的任何一樣東西都可能觸發你的靈感。

➤ 要有廣泛的興趣和必要的知識經驗才容易相互啟迪，獲得靈感。

➤ 要擺脫習慣性思考程序的束縛。對此，法國數學家拉普拉斯（La-place）建議把某個複雜的問題擱置幾天不去想它，然後再撿起來重新思考，它就會變得極其容易。

➤ 保持愉快的情緒狀態，有助於思路通暢。

➤ 靈感稍縱即逝，應隨時做好記錄的準備。

➤ 如有可能，最好趁思路清晰，馬上投入行動，付諸實踐。

潛在創新意識測試

　　潛在創新意識，是指實際存在而尚未發揮出來的某些創新傾向。有潛在創新意識的人，只須勇敢的再向前跨一步，便可以爆發出創新的能量。

　　你是否需要對自己來一番測試呢？

1. 是否有能力客觀的檢查、衡量自己的觀點？

2. 是否能夠不怕挫折，並在受到挫折以後依然積極的工作？

3. 是否能在阻礙重重的情況下，仍然不屈不撓的奮鬥？

4. 是否願意放棄眼前的利益，以換取長遠目標的實現？

5. 是否有強烈的進取心和廣泛的興趣、愛好？

6. 是否嚴於律己，寬以待人？

7. 是否勇於認錯，不推卸責任，不連累他人，並能虛心向有經驗的人學習？

8. 是否總覺得自己還有潛力可以挖掘？

9. 是否對傳統習慣的束縛感到討厭，並經常不滿足於現狀？

10. 是否勇於暴露自己不知道的問題？

11. 是否勇於承擔風險？

12. 是否能在遭到一連串的失敗後，仍然自己解決問題？

13. 是否能為了誠實和正義，而不惜付出任何犧牲？

14. 是否總覺得工作特別多，時間總是不夠用？

15. 是否能對權威有恃無恐，並絕不迷信權威？

16. 是否善於用他人的觀點來全面觀察事物？

17. 是否因有內在動力而能不知疲倦的工作，並有遠大抱負？

18. 是否能從創造中得到最大快樂，並體會到征服困難是其樂無窮的？

19. 是否願意傾聽他人的見解，自己卻又很善於判斷？

20. 是否總以自己為競爭對手，永不滿足已有的知識和才能？

　　評析．

　　以上 20 題共 100 分，每題 5 分。如果回答「是」，得 5 分；如果回答「否」，負 5 分。創造才能和分數高低成正比。但是，有一點必須注意：人的性格、愛好、才能都是後天培養的。這個檢驗表，只是為了幫助你分析自己的不足和指明今後努力的方向。只有當你發揚了長處，並不斷克服了自己的短處之後，創造的才能才會不斷增強。

潛在創新傾向測試

　　每個人在衡量自己是否存在有創新傾向的時候，非常需要有一份清醒的自信。我們學習、生活中的許多情形，也許我們自己都沒有意識到其中的創新思維火花和某種發展自己的傾向，於是，「清醒」失去了，「自信」也沒辦法建立起來。

　　下面是一份幫助你了解自己創新傾向的測試題，請如實做答。在下列

句子中，如果發現某些句子所描述的情形很合適你，則請在答案紙上「完全符合」的方格內打「√」；若有些句子僅是在部分時候適合，則在「部分符合」的方格內打「√」；如果有些對你來說，根本是不可能的，則在「完全不合」的方格內打「√」。

注意：

➤ 每一道題都要做，不要花太多時間去想。

➤ 所有題目都沒有「正確答案」，請憑讀完句子後的第一印象填答。

➤ 雖然沒有時間限制，但應盡可能的爭取以較快的速度完成，越快越好。

➤ 憑你自己真實的感覺回答，在最符合自己情形的圓圈內打「√」。

測試題：

1. 在學校裡，我喜歡試著對事情或問題做猜測，即使不一定都猜對也無所謂。
   □完全符合　□部分符合　□完全不合

2. 我喜歡仔細觀察我沒有看過的東西，以了解詳細的情形。
   □完全符合　□部分符合　□完全不合

3. 我喜歡聽變化多端和富有想像力的故事。
   □完全符合　□部分符合　□完全不合

4. 畫圖時我喜歡臨摹別人的作品。
   □完全符合　□部分符合　□完全不合

5. 我喜歡利用舊報紙、舊日曆及舊罐頭等廢物來做各種好玩的東西。
   □完全符合　□部分符合　□完全不合

6. 我喜歡幻想一些我想知道或想做的事。
   □完全符合　□部分符合　□完全不合

7. 如果事情不能一次完成，我會繼續嘗試，直到成功為止。

□完全符合　□部分符合　□完全不合

8. 做功課時我喜歡參考各種不同的資料，以便得到多方面的了解。

□完全符合　□部分符合　□完全不合

9. 我喜歡用相同的方法做事情，不喜歡去找其他新的方法。

□完全符合　□部分符合　□完全不合

10. 我喜歡探究事情的真假。

□完全符合　□部分符合　□完全不合

11. 我喜歡做許多新鮮的事。

□完全符合　□部分符合　□完全不合

12. 我不喜歡交新朋友。

□完全符合　□部分符合　□完全不合

13. 我喜歡想一些不會在我身上發生的事情。

□完全符合　□部分符合　□完全不合

14. 我喜歡想像有一天能成為藝術家、音樂家或詩人。

□完全符合　□部分符合　□完全不合

15. 我會因為一些令人興奮的念頭而忘記了其他的事。

□完全符合　□部分符合　□完全不合

16. 我寧願生活在太空站，也不喜歡住在地球上。

□完全符合　□部分符合　□完全不合

17. 我認為所有的問題都有固定的答案。

□完全符合　□部分符合　□完全不合

18. 我喜歡與眾不同的事情。

□完全符合　□部分符合　□完全不合

19. 我常想知道別人正在想什麼。

　　□完全符合　　□部分符合　　□完全不合

20. 我喜歡故事或電視節目所描寫的事。

　　□完全符合　　□部分符合　　□完全不合

21. 我喜歡和朋友在一起，和他們分享我的想法。

　　□完全符合　　□部分符合　　□完全不合

22. 如果一本故事書的最後一頁被撕掉，我就自己編造一個故事，把結局補上去。

　　□完全符合　　□部分符合　　□完全不合

23. 當我成年以後，常想做一些別人沒想過的事情。

　　□完全符合　　□部分符合　　□完全不合

24. 嘗試新的遊戲和活動，是一件有趣的事。

　　□完全符合　　□部分符合　　□完全不合

25. 我不喜歡太多的規則限制。

　　□完全符合　　□部分符合　　□完全不合

26. 我喜歡解決問題，即使沒有正確的答案也沒關係。

　　□完全符合　　□部分符合　　□完全不合

27. 有許多事情我都很想親自去嘗試。

　　□完全符合　　□部分符合　　□完全不合

28. 我喜歡唱沒有人知道的新歌。

　　□完全符合　　□部分符合　　□完全不合

29. 我不喜歡在同事或同學面前發表意見。

　　□完全符合　　□部分符合　　□完全不合

30. 當我讀小說或是看電影時，我喜歡把自己想成故事中的人物。
    □完全符合　　□部分符合　　□完全不合

31. 我喜歡幻想 3,000 年前人類生活的情形。
    □完全符合　　□部分符合　　□完全不合

32. 我常想自己編一首新歌。
    □完全符合　　□部分符合　　□完全不合

33. 我喜歡翻箱倒櫃，看看有什麼東西在裡面。
    □完全符合　　□部分符合　　□完全不合

34. 畫圖時，我喜歡改變各種原有事物的顏色和形狀。
    □完全符合　　□部分符合　　□完全不合

35. 我不敢確定我對事情的看法都是對的。
    □完全符合　　□部分符合　　□完全不合

36. 對於一件事情先猜猜看，然後再看是不是猜對了，這種方法很有趣。
    □完全符合　　□部分符合　　□完全不合

37. 玩猜謎之類的遊戲很有趣，因為我想知道結果如何。
    □完全符合　　□部分符合　　□完全不合

38. 我對機器有興趣，也很想知道它裡面是什麼樣子，以及它是怎樣轉動的。
    □完全符合　　□部分符合　　□完全不合

39. 我喜歡可以拆開的玩具。
    □完全符合　　□部分符合　　□完全不合

40. 我喜歡想一些新點子，即使用不著也沒關係。
    □完全符合　　□部分符合　　□完全不合

41. 一篇好的文章應該包含許多不同的意見或觀點。

　　□完全符合　　□部分符合　　□完全不合

42. 為將來可能發生的問題找答案，是一件令人興奮的事情。

　　□完全符合　　□部分符合　　□完全不合

43. 我喜歡嘗試新的事情，目的只是為了知道會有什麼結果。

　　□完全符合　　□部分符合　　□完全不合

44. 玩遊戲時，我通常是有興趣參加，而不在乎輸贏。

　　□完全符合　　□部分符合　　□完全不合

45. 我喜歡想一些別人常常談過的事情。

　　□完全符合　　□部分符合　　□完全不合

46. 當我看到一張陌生人的照片時，我喜歡去猜測他是怎麼樣的一個人。

　　□完全符合　　□部分符合　　□完全不合

47. 我喜歡翻閱書籍和雜誌，但只想知道它的內容是什麼。

　　□完全符合　　□部分符合　　□完全不合

48. 我不喜歡探究事情發生的各種原因。

　　□完全符合　　□部分符合　　□完全不合

49. 我喜歡問一些別人沒有想到的問題。

　　□完全符合　　□部分符合　　□完全不合

50. 無論在家裡或在學校，我總是喜歡做許多有趣的事。

　　□完全符合　　□部分符合　　□完全不合

計分・評析：

　　本量表共 50 題，包含冒險性、好奇性、想像力、挑戰性四項，測驗後可得四種分數，加上總分，可得五項分數。

　　得分順序分別為：正面題目 —— 完全符合 3 分，部分符合 2 分，完全不合 1 分；反面題目 —— 完全不合 1 分，部分符合 2 分，完全不合 3 分。

➤ **冒 險 性**：包含 1、5、21、24、25、28、29、35、36、43、44 等 11 道題。其中 29、35 為反面題目。得分超過 30 分者為優秀，25 ～ 30 分之間為良好，25 分以下為一般。

➤ **好 奇 性**：包 含 2、8、11、12、19、27、32、34、37、38、39、47、48、49 等 14 道題。其中 12、48 為反面題目，其餘為正面題目。得分超過 36 分者為優秀，30 ～ 36 分之間為良好，30 分以下為一般。

➤ **想 像 力**：包含 6、13、14、16、20、22、23、30、31、32、40、45、46 等 13 道題。其中 45 為反面題目，其餘為正面題目。得分超過 36 分者為優秀，26 ～ 33 分之間為良好，30 分以下為一般。

➤ **挑 戰 性**：包 含 3、4、7、9、10、15、17、18、26、41、41、50 等 12 道題，其中 4、9、17 為反面題目，其餘為正面題目。得分超過 30 分者為優秀，25 ～ 30 分之間為良好，25 分以下為一般。

創新潛質測試

創造力與人的個性心理特徵有很大關係。創造力強的人總有特殊行為表現。此量表就是從個性心理特徵角度測量人的創造力潛質。這些測試題是根據心理學家們研究成果編成的。

下面的每個問題，如符合你的情況，請在（　）裡打上「√」，不符合的則打「×」。

1. 1. 不迷信權威。（　）
2. 喜歡尋找事物的各種原因。（　）
3. 觀察事物向來都很精細。（　）
4. 常從別人的談話中發現問題。（　）

5. 在進行帶有創造性的工作時，經常忘記時間。（　）

6. 挫折和不幸並不會使我放棄熱衷的工作。（　）

7. 我知道保持內心鎮靜是關鍵的一步。（　）

8. 我只是提出新建議，而不是說服別人接受我的新建議。（　）

9. 在做事、觀察事物和聽人說話時，能專心一致。（　）

10. 我說話、寫文章時經常用類比的方法。（　）

11. 能全神貫注的讀書、書寫和繪畫。（　）

12. 能主動發現一些問題，並發現和問題相關的各種關聯。（　）

13. 通常，對事物能預測其結果，並能正確的驗證結果。（　）

14. 平常遇到困難和挫折，從不氣餒。（　）

15. 我的興趣總比別人的發生慢。（　）

16. 有時我對事情過於熱心。（　）

17. 我喜歡客觀而又有理性的人。（　）

18. 我認為「天才」與成功無關。（　）

19. 我喜歡有強烈個性的人。（　）

20. 我喜歡一個人獨自深思熟慮。（　）

21. 我很有自信。（　）

22. 經常思考事物的新答案和新結果。（　）

23. 在解題或研究課題時，常採用自己獨特的方法去解決。（　）

24. 遇到問題，我習慣從多方面來探索解決它的可能性。（　）

25. 總是有些新想法在腦子裡湧現。即使在遊玩時也常能產生新的想法。
（　）

26. 想創造出一種比別人設計更好的東西。（　）

27. 平時差不多都在學習或思索問題。（　）

28. 總對周圍的事物保持好奇心。（　）

29. 對某一些問題有新發現時，總是感到異常興奮。（　）

30. 我不很注重別人對我的看法和議論。（　）

評析：

➤ 如果 30 道題答案都是肯定的（即打 √ 的題目為 30 道），就表示你的創造力潛質很好。

➤ 如果 24 道題答案是肯定的（打 √），說明你的創造力潛質較好。

➤ 如果有 15 ～ 23 題答案是肯定的，說明你的創造力潛質一般。

➤ 如果有 14 道以下答案是肯定的，說明你的創造力潛質較差，需要加強訓練。

管理創新特質測試

請用「是」或「否」回答下列各題。

1. 你對本職工作有濃厚的興趣嗎？

2. 你對所承擔的工作勇於負責嗎？

3. 你對工作的態度是嚴肅認真的嗎？

4. 你經常想出有創造性的工作方法嗎？

5. 你對工作精益求精嗎？

6. 你在受到挫折時也能夠對前景充滿信心嗎？

7. 你能夠受到同事的信賴嗎？

8. 你能夠把工作堅持到底嗎？

9. 你勇於克服工作中的困難嗎？

10. 你善於帶動下屬的工作積極性嗎？

11. 你經常對工作提出建設性的意見嗎？

12. 你有工作的熱情嗎？

13. 你對待工作一向目標明確嗎？

14. 你經常能夠發現工作中別人不容易察覺的問題嗎？

15. 你的工作效率高嗎？

16. 你思考問題總是深謀遠慮嗎？

17. 你能夠迅速擺脫工作中遇到的困難嗎？

18. 你的同事都認為你有幽默感嗎？

19. 你能夠堅持長時間的緊張工作嗎？

20. 你善於做出正確判斷嗎？

21. 你能夠獨立完成工作嗎？

22. 你從不人云亦云嗎？

23. 你具備工作所需要的專業知識嗎？

24. 你勇於大膽創新嗎？

25. 你能夠認真、靈活的執行工作計畫嗎？

26. 你的同事關係融洽嗎？

27. 你具有豐富的工作經驗嗎？

28. 你能夠合理的安排下屬的工作時間嗎？

29. 你對下屬的工作經常進行監督和檢查嗎？

30. 你善於與下屬交流和溝通嗎？

31. 你總是可以找到最簡便的工作方法嗎？

32. 你善於與他人協調工作嗎？

33. 你能夠根據下屬的特點合理安排他們的工作嗎？

34. 你相信自己是有工作潛力的嗎？

35. 你對下屬要求嚴格嗎？
36. 你善於說服下屬的不同意見嗎？
37. 你關心下屬的進步與成長嗎？
38. 你經常鼓勵下屬進行培訓嗎？
39. 你熟悉下屬的個人特點嗎？
40. 你善於處理人際關係嗎？
41. 你善於解決複雜問題嗎？
42. 你對工作有責任心嗎？
43. 你能夠為了團體利益而犧牲個人利益嗎？
44. 你對別人充滿信任嗎？
45. 你能夠知人善任嗎？
46. 你注重自我完善和提升嗎？
47. 你處理問題公正、公平嗎？
48. 你為人廉潔嗎？
49. 你勇於做自我批評嗎？
50. 你是用高標準來嚴格要求自己的嗎？

計分標準：

每回答一個「是」加 1 分，最後得出你的總分。

評析：

45～50 分：你具備管理者的優秀特質，極具創新潛力。

35～44 分：你基本具備管理者的特質，但創新能力有待提高。

25～34 分：你的創新特質一般。

15～24 分：你的創新特質較差。

14 分以下：你不具備管理者的特質。

管理創新能力測試

　　任何企業的創新精神和創新水準，都要集中表現在企業管理者的創新特質上。如果一個企業管理者缺乏創新特質和創新管理能力，企業要在激烈的競爭中獲勝，進而得到長足的發展，那是不可能的。

　　管理者的創新管理能力反映在他的綜合特質上，包括他的智商、情商、心理特質、社交能力等各個方面，作為管理者，哪一方面有缺陷，都將影響他的創新管理能力的發揮。本測驗有 20 個問題，每一問題的答案有五種，在每一問題中還有 2 個測驗要點，每個測驗要點，又有三種情況，在你認為對的答案上畫圈。可複選。

　1. 你對目前國際局勢、企業界及公司狀況了解多少？（視野、洞察力）

　　　A. 非常了解　B. 大概都知道　C. 知道一點

　　　D. 不太清楚　E. 完全不了解

　　測驗要點：

　　（1）a. 對報紙上政治、外交、經濟各欄及電視報導不太有興趣。

　　　　　b. 對於與自己工作無直接關係的消息不感興趣。

　　　　　c. 對地理、歷史不感興趣。

　　（2）a. 等到公司的方針或上司的判斷指示出錯後才做批評。

　　　　　b. 對政治、經濟與社會方面的問題好發議論，但沒有具體的方法。

　　　　　c. 自己無法如期完成的工作，總是找藉口，推卸責任。

　2. 你對周圍的狀況及工作場所了解多少？（狀況把握力）

　　　A. 非常了解　B. 大概都知道　C. 知道一點

　　　D. 不太清楚　E. 完全不了解

測驗要點：

（1）a. 發生上司比自己更了解自己部屬的尷尬情形。

　　　b. 當上司、其他部門或是外人詢問工作狀況時，常無法立即回答。

　　　c. 大部分的時間都在工作。

（2）a. 時常覺得工作忙碌，而沒有做其他事的心情。

　　　b. 不善於寫工作報告。

　　　c. 拘泥於小事，而不注意大要點，同時不易改變觀念。

3. 你是否了解公司與經營部的方針？（方針的理解與具體化）

A. 非常了解　　B. 大概都知道　　C. 知道一點

D. 不太清楚　　E. 完全不了解

測驗要點：

（1）a. 上層的人經常改變工作方針，我不了解他們。

　　　b. 我只是個小職員而已，和工作方針無關。

　　　c. 聽到部屬批評方針時，我不但不反駁，反而和部屬一起批評。

（2）a. 方針雖明確，卻和現實情況不符，反而變成口號。

　　　b. 雖不完全了解公司的方針，卻將方針整個傳達給部下。

　　　c. 上司訂的方針抽象而不具體。

4. 是否充分了解自己的工作內容？（職務內容的明確化與標準化）

A. 非常了解　　B. 大概都知道　　C. 知道一點

D. 不太清楚　　E. 完全不了解

測驗要點：

（1）a. 只了解特定的工作內容。

　　　b. 有時不了解自己職務的權限範圍。

　　　c. 不知道工作必備的資料、零件或工具等放置在何處。

（2）a. 如果你不在工廠，工作不但無法進行，而且效率也會降低。

　　b. 很多工作只有經辨認才知道。

　　c. 每個人都按照自己的方式工作。

5. 依你的計畫，工作是否進行得順利？（計畫性）

A. 非常順利　B. 相當順利　C. 大體上還算順利

D. 不太順利　E. 問題很多

測驗要點：

（1）a. 由於自己的計畫不妥當，害得其他人徒勞無功。

　　b. 經常更改計畫，使工廠陷於混亂之中。

　　c. 雖有計畫，卻很少依計畫行事，所以乾脆不訂了。

（2）a. 計畫訂好後，沒有核對。

　　b. 雖然核對過，卻沒有追蹤。

　　c. 不按計畫行事已成習慣。

6. 工作分配得是否適當？（工作的分配）

A. 非常適當 B. 相當適當 C. 還算適當

D. 不太適應 E. 分配得很不公平

測驗要點：

（1）a. 部屬經常沒工作可做。

　　b. 上司包辦所有的工作，非常忙碌。

　　c. 部屬不可靠。

（2）a. 工作偏重於某些特定的部屬身上。

　　b. 即使是工作能力強的人，也經常做任何人都能做的簡單工作。

　　c. 沒有工作經驗的部屬很不容易適應工作環境。

7. 日常工作中的指示、追蹤、報告做得是不是適當？（指示、追蹤、報告）

   A. 做得非常徹底　B. 做得相當徹底　C. 做得還算徹底

   D. 做得不太徹底　E. 幾乎完全沒有做

   測驗要點：

   （1）a. 上司沒有充分傳達指示。

   　　b. 部屬不按指示工作的情形很多。

   　　c. 雖然不太可能出錯，但是，一旦出錯，一定無法彌補。

   （2）a. 做報告的部下很少，所以無法充分了解工作狀況。

   　　b. 大部分部屬都只報告工作的結果，對過程卻隻字不提。

   　　c. 即使部屬沒有定期交報告，管理者也不會催促，任憑部屬決定。

8. 有沒有達到工作場所對營業額、利潤、品質、交貨日期、成本等目標？（業績目標的完成）

   A. 每次都完成　B. 完成的次數很多　C. 完成的次數還算不少

   D. 沒有完成比完成的次數多　E. 幾乎完全沒有完成

   （1）a. 工作目標不明確。

   　　b. 工作目標訂得太高，根本無法完成。

   　　c. 無法完成目標之時，會向管理者說明無法完成的理由。

   （2）a. 在工作場所中，大家都很少一起研究如何使工作更早完成。

   　　b. 部屬沒有完成目標時，管理者也不會主動的追究責任。

   　　c. 雖然目標訂得太高，卻不敢向管理者反應，只好硬著頭皮做。

9. 對工作場所中經常發生的問題，你有沒有努力的研究解決或防止的辦法？（問題解決能力）

A. 非常努力的研究　B. 相當努力的研究　C. 還算努力的研究

D. 不太願意研究　E. 差不多沒有研究

測驗要點：

（1）a. 工作場所一切良好，不會有什麼大問題。

　　　b. 已經盡力防範問題。

　　　c. 雖然很想解決問題，但是卻沒有足夠的時間可以運用。

（2）a. 有很多問題不是用個人的能力就能解決的。

　　　b. 對意外發生的問題，常不知從何著手解決。

　　　c. 雖然用盡各種方法，仍無法解決問題。

10. 你認為工作處理得適當嗎？（處理能力）

A. 非常適當　B. 相當適當　C. 還算適當

D. 不太適當　E. 完全適當

測驗要點：

（1）a. 雖然想到很好的解決方法，卻沒有徹底實行。

　　　b. 常常以馬馬虎虎的態度處理事情。

　　　c. 有拖延回答的習慣。

（2）a. 雖然工作進行得不錯，但是處理的工作做得不夠。

　　　b. 管理者經常會問：「是什麼原因導致這種結果？」

　　　c. 常在處理工作後，才後悔處理不當。

11. 一般來說，你的部屬幹勁如何？（激發部屬的幹勁）

A. 非常有幹勁　B. 相當有幹勁　C. 稍有幹勁

D. 不太有幹勁　E. 完全沒有幹勁

測驗要點：

(1) a. 要求部屬完全照自己的意思工作。

　　 b. 對部屬喋喋不休，責備不已。

　　 c. 任何事都不明說，使部屬有種被諷刺的錯覺。

(2) a. 給部屬一個具體的目標。

　　 b. 向部屬說明必須完成目標的原因。

　　 c. 使部屬了解目標完成後，能獲得的好處。

12. 你認為自己是否充分的輔助上司？（對上司的輔助）

　　 A. 輔助上司不遺餘力　　B. 經常輔助上司　　C. 偶爾輔助上司

　　 D. 不太輔助上司　　E. 完全沒有輔助上司

測驗要點：

(1) a. 部屬與上司從不交談。

　　 b. 從沒有想過上司會為自己做什麼。

　　 c. 沒有充分的了解上司的為人。

(2) a. 當別人問你是否幫上司做事時，你啞口無言。

　　 b. 從沒有想過自己是否做過令上司困擾的事。

　　 c. 很少站在上司的立場考慮事情。

13. 你在工作單位裡，是否將目標明確化使部屬易於了解，並集中部屬的
　　 努力方向及意志力？（目標的明確化和集中意志力）

　　 A. 非常徹底的實行　　B. 相當徹底的實行　　C. 還算徹底的實行

　　 D. 不太徹底的實行　　E. 完全沒有實行

測驗要點：

(1) a. 自己的工作單位很少開會討論。

　　 b. 工作目標不太明確。

　　　　　c. 很少討論如何盡速完成工作目標。

　　(2) a. 雖說清楚了，但部屬主觀意識太強，不願放棄主見，與別人和
　　　　　諧工作。

　　　　　b. 上司單方面要求部屬完成目標的情形太多。

　　　　　c. 上司很少說明工作目標與公司方針的關聯性。

14. 假如你是一位管理者，目標完成後，你的賞罰適當嗎？（目標完成
　　後的位置）

　　A. 非常適當　　B. 相當適當　　C. 還算適當

　　D. 不太適當　　E. 完全不適當

測驗要點：

　　(1) a. 完成工作目標是理所當然的事，因此，只大略的說明一下整體
目標後，就不再多說。

　　　　　b. 很少完成自己的工作目標，甚至不會確認自己的工作目標。

　　　　　c. 總是挑剔的否定部屬的功勞。

　　(2) a. 當你完成工作目標時，並沒有忘記協助你的幕後功臣。

　　　　　b. 對完成工作目標的部屬，都給予適當的鼓勵。

　　　　　c. 對沒有完成工作目標的部屬，只要他工作認真，確實努力過，
　　　　　同樣也給予適當的鼓勵。

15. 你認為你為個人工作單位設定的目標及理想抱負適當嗎？（設定未
　　來理想及目標）

　　A. 非常適當　　B. 相當適當　　C. 還算適當

　　D. 不太適當　　E. 完全不適當

測驗要點：

　　(1) a. 對討厭的工作，會逃避或拖延。

b. 工作失敗時，會把責任推得一乾二淨。

c. 很少和部屬討論公司或是部屬發展遠景。

(2) a. 不能坦率的指出部屬的缺點或錯誤。

b. 無法清楚的告訴部屬目前的工作和未來的關聯。

c. 只為眼前的工作忙碌，沒有時間考慮其他。

16. 你是否充分了解部屬的能力及適應力？（適應力）

A. 非常了解　B. 相當了解　C. 還算了解

D. 不太了解　E. 完全不了解

測驗要點：

(1) a. 相當注意部屬的缺點。

b. 常拿部屬的作為和自己年輕時的一言一行比較。

c. 對工作效率較差的部屬，不但不協助，還不理睬或冷嘲熱諷。

(2) a. 對部屬意外的好表現，感到驚訝或高興。

b. 看到部屬因工作上的磨練、考驗獲得進步，感到欣慰及滿足。

c. 對部屬的優點，大加讚賞。

17. 你認為自己對部下的評價基準與處置方法是否適當？（對部下的評價和處置）

A. 非常適當　B. 相當適當　C. 還算適當

D. 不太適當　E. 完全不適當

測驗要點：

(1) a. 常用主觀意識及初次印象來衡定別人的看法。

b. 沒有明確的審核標準。

c. 沒有洞察力，常被事情完美的外表所矇騙，而遭到失敗。

(2) a. 對部屬的過錯，大致上採取姑息的態度，不會積極懲治。

    b. 對部屬非常嚴格，稍一犯錯，就嚴厲懲處。

    c. 不知如何處置犯錯的部屬。

18. 你對部屬的想法及心情了解多少？（了解部下的心情）

    A. 充分了解　B. 相當了解　C. 勉強了解一些

    D. 不太能夠了解　E. 完全不了解

測驗要點：

（1）a. 從不關心、注意部屬的健康狀態。

      b. 只依自己的喜怒做事，從不考慮部屬的心情。

      c. 認為關心部屬、了解部屬的心情，既費時又複雜，所以總是不
        願嘗試去做。

（2）a. 不太了解年輕部屬的想法。

      b. 有時不知道應怎樣對待年輕部屬。

      c. 從未考慮年輕部屬的想法。

19. 你的健康情形如何？（身心的健康）

    A. 非常良好　B. 相當良好　C. 還算良好

    D. 不太良好　E. 完全不好

測驗要點：

（1）a. 雖然身體強壯，但卻常感心神不寧或急躁不安。

      b. 總覺得身上某個地方有毛病。

      c. 雖然情緒平和，卻百病纏身。

（2）a. 性情急躁，脾氣不好。

      b. 對任何事都很容易動感情。

      c. 腦子經常一片混亂。

20. 你和同事有沒有充分的溝通？（人事溝通）

A. 非常徹底的溝通　B. 具有相當程度的溝通　C. 還算可以溝通

D. 不太能夠溝通　E. 完全沒有溝通

測驗要點：

（1）a. 老覺得自己口才遲鈍，不會說話。

b. 如果有人提出反對的意見，馬上三緘其口。

c. 不管任何反對意見，都堅持己見。

（2）a. 自己的言行常引起別人的誤會。

b. 對背後的批評及毀謗，一概認為是無稽之談，不加理會。

c. 總是以一種輕視的眼光看別人的缺點。

計分・評析：

以 A ＝ 10 分，B ＝ 8 分，C ＝ 4 分，E ＝ 2 分來計算。

在每個題目中得到 10 分或 8 分的人，可以說「已具備管理能力的條件之一」。至於得 6 分的人剛好及格，而 4 分及 2 分的人就需要加強了。

測驗要點是把這項測驗打圈的分數從測驗題目中扣除，選三項扣 3 分；選二項扣 2 分；選一項扣 1 分。例如在測驗題目中自我評價為 A（10 分）扣掉測驗要點中自己選擇的項目，選一項扣 1 分剩 9 分，如果選二項扣 2 分剩 8 分，三項都選扣 3 分剩 7 分。

自我評價為 B、C 的人也依此法扣分。

如果在測驗題目中自我評價為 D（4 分）或 E（2 分）的人，現在就不必扣分，因為一開始你已承認自己 D「不太清楚」，E「完全不知道」。所以相信在測驗題中，自我評價 D 和 E 的人，在這個測驗要點中會選一項到兩項，甚至三項都選，由於這些人了解自己的缺點，所以這個測驗對這些人的建議是：「應改善」。

　　另外在測驗問題二、四的測驗要點 2 的評分方式和前述不同。全沒選，扣 3 分；選一個，扣 2 分；選二個，扣 1 分；選三個，不扣分。

　　最後，算出全部總分在 140 分以上的人，管理能力相當不錯；140 分以下的人就需要加強管理能力的培養與訓練了。

案例學習：5 個小問題

◆ 古幣

　　有人帶了一枚古幣給博物館館長，希望賣給博物館。古幣上刻著「西元前 540 年」。館長根本沒有考慮是否購買它，而是立即通知了警方。這是為什麼？

◆ 撒哈拉沙漠

　　一個人開著吉普車穿越撒哈拉大沙漠時，遇到了一個人，那個人俯臥在沙堆上，已經死了。周圍沒有任何足跡。已經很多天沒有起風了，因此不可能是風毀掉了足跡。他仔細查看了他背上的背包。他會發現什麼？

◆ 兩兄弟賽車

　　一位富翁的兩個兒子，在賽車運動、社交和生活中一直都爭得你死我活。他們的父親已經厭倦了他們之間的爭奪，於是決定好好教訓他們一頓。

　　有一天，他叫他們開著賽車到一條廢棄的賽車道上與他見面。他宣布說：「這次賽車的勝利者將得到一輛全新的賽車。但是這次比賽有些不同之處。誰的賽車最後越過終點線，誰就是勝利者。」

兩兄弟馬上衝進車中，開始比賽，繞著跑道疾速前進。這是為什麼？

◆ 被自己射中

有一天，有一個人在擺弄來福槍的時候，不小心射中了他的頭部。來福槍是很長的，他可能會不小心射中自己的腳，但射中頭部，可能嗎？

難道是子彈反彈了？不是的，當時這位男子在一片開闊的田野上。那麼他到底是怎麼弄的？

◆ 扇子

一位男子看完《太平天國》後在沙發上睡著了，他夢見了自己參加了金田起義。夢中，他被俘虜了，被帶到了劊子手的斷頭臺前。與此同時，她的妻子注意到他在打瞌睡。正當這位男子夢到斧頭正往他頭上砍的時候，他的妻子把扇子伸了過來，輕輕的敲著他的脖頸背面，想把他叫醒。這位男子馬上就被嚇死了。

讓我們假設這樣的驚嚇真的會致一個人於死命。但是這則被當作真事講的故事，之所以不可能是真實的，有著一個更為基本的原因。究竟是什麼原因，你知道嗎？

相信讀者在讀完這 5 個小問題時，都有一些創新的回答。現在讓我們來看看你的回答是否比本書提供的答案更創新。

首先，為什麼博物館館長打電話給警方？因為如果那枚古幣真是正品的話，這枚古幣的鑄造者，生活在西元前 540 年，他是無論如何都不知道以基督誕生為紀元標記歷史年代的做法，這一做法正是「此地無銀三百兩」之舉。

至於撒哈拉沙漠的死者，他是怎麼死的呢？周圍沒有任何足跡，那麼他是怎麼到這裡來的呢？是自己走到這裡困死的？是別人殺害後棄屍到這

裡的？顯然，這些並不是問題的關鍵，關鍵在於四周沒有任何足跡，那麼他一定是從天而降的了，這樣，問題就簡單多了。你可以設想他背上的背包是未打開的降落傘 —— 他跳傘時沒打開降落傘摔死了。

　　兩兄弟賽車這一個問題，很多人會說那是一條環形跑道，其實，這個答案起初看起來好像是正確的，其實不對，關鍵是我們要記得他們的父親說的是「誰的車最後越過終點線，誰就獲勝」這樣的話，他們因此跳入並開動的都是對方的車。

　　那個糊塗的男子是怎樣擊中了他自己的頭的呢？這個愚蠢的男子垂直往上開了一槍，當子彈落下來時，擊中了他的頭部。

　　最後的那則謎題，即關於正夢見劊子手用斧頭砍頭的男子的故事，到底錯在什麼地方呢？其實，答案真的很簡單。如果這名男子在扇子碰到他的脖子的一剎那就死掉了的話，也就沒有人能夠知道他到底夢見了什麼。

八大創新理論：

模仿法、5W2H 法、組合法、換元法、移植法，一本專屬沒創意人士的創新工具書

作　　者：陳劭芝，千高原

發 行 人：黃振庭

出 版 者：財經錢線文化事業有限公司

發 行 者：財經錢線文化事業有限公司

E-mail：sonbookservice@gmail.com

粉 絲 頁：https://www.facebook.com/
　　　　　sonbookss/

網　　址：https://sonbook.net/

地　　址：台北市中正區重慶南路一段六十一號八
　　　　　樓 815 室

Rm. 815, 8F., No.61, Sec. 1, Chongqing S. Rd., Zhongzheng Dist., Taipei City 100, Taiwan

電　　話：(02)2370-3310

傳　　真：(02)2388-1990

印　　刷：京峯彩色印刷有限公司（京峰數位）

律師顧問：廣華律師事務所 張珮琦律師

定　　價：450 元

發行日期：2023 年 02 月第一版

◎本書以 POD 印製

國家圖書館出版品預行編目資料

八大創新理論：模仿法、5W2H 法、組合法、換元法、移植法，一本專屬沒創意人士的創新工具書 / 陳劭芝，千高原著 . -- 第一版 . -- 臺北市：財經錢線文化事業有限公司，2023.02
面；　公分
POD 版
ISBN 978-957-680-571-4(平裝)
1.CST: 創造力 2.CST: 創造性思考
176.4　　111019945

電子書購買

臉書